君は山口高志を見たか

鎮 勝也

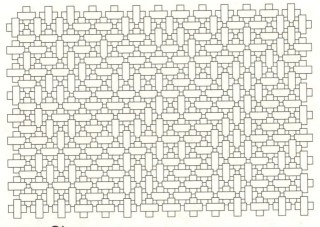

講談社+α文庫
プラスアルファ

プロローグ

山口高志は日本プロ野球界伝説の男である。

169センチとプロ最小の区分けに属しながら、史上最速、最も球威があると言われたストレートで打者のバットを空振りさせた。

日本最高868本塁打、右足を大きく上げる一本足打法を創造した読売ジャイアンツ（巨人）の王貞治からもスイングアウトの三振を奪う。山口は阪急ブレーブス（現オリックス・バファローズ）の新人で二十五歳。王はプロ十七年目の三十五歳だった。

一九七五（昭和五十）年七月二十二日、東京・明治神宮野球場でのオールスターゲーム第三戦。九回二死走者なし。ホップしたボールは顔面付近を通りながらも、球界を代表する四番を尻もちがつくほど強振させた。

１６９センチの山口は１７７センチの王より存在感は大きい。

「王さんは打ち損ねたら苦笑いする。ボール球を振って三振した後、その顔が印象に残ってるなあ。幸せやった。うれしかった」

四半世紀の人生でもっともあこがれた強打者を仕留め、山口は試合を締める。３－０。パシフィック・リーグ勝利に貢献するセーブを挙げた。

剛速球は時代を超え投手を、そして野球ファンを捉えて離さない魅力である。球速を測るスピードガンのない時代、右腕を真っ直ぐに振り上げ叩きつける山口の直球のＭＡＸは１６０キロを超えた、と証言する関係者は多い。プロ野球がアメリカからスピードガンを導入したのは七六年。山口のプロ二年目だった。自己最速だったとされる関西大学三、四年時や松下電器（現パナソニック）時代の計測記録はない。

短身ながら長身をしのぐボールを持っていた。

テキサス・レンジャーズのダルビッシュ有は１９６センチ、阪神タイガース・藤浪晋太郎は197センチ、北海道日本ハム・ファイターズの大谷翔平は193センチである。
　十三年間で日米通算122勝56敗の右腕より、大阪桐蔭高校卒業後すぐに10勝6敗を記録した二年目より、一四年七月十九日のオールスター第二戦で日本最速タイの162キロをマークした二刀流より、山口は約30センチ低かった。三人に共通しているのは高い身長、長い手足を余すところなく使い、高さ10インチ（254ミリ）のマウンドを含め2メートル以上の高さから投げ下ろす点である。最速はダルビッシュが159キロ、藤浪は156キロ。ウエイトなどのトレーニング、アイシングなどのアフターケアが進歩していなかった四十年前の169センチの球速は奇跡である。

　山口は関大二年の七〇年、大学選手権で延長二十回を一人で投げ切り勝利する。四年の七二年は大学選手権や神宮大会など個人五冠を達成。その中にはこの年から始まり、エースとして出場した日米大学野球選手権の優勝も含まれる。松下電器二年目の七四年には全日本社会人チームでキューバに遠征。ただ一人、カリビアンの強力なパワーに屈しなかった。

七四年秋、ドラフト1位で阪急に入団。プロ一年目の翌七五年日本シリーズで広島東洋カープを倒し、チームを球団創設四十年目にして初の日本一に導いた。翌七六年はそれまで五度日本シリーズで対戦し一度も勝てなかった巨人を降《くだ》し、二年連続で日本球界を制圧する。七七年は再び巨人を破り三連覇した。それらは山口がいなければなし得なかったものである。

山口はその後、腰痛やアキレス腱痛を発症して八二年に引退する。現役生活はわずか八年。実質活躍できたのは最初の四年間だけだった。最多勝利など華々しい受賞歴はない。しかし、そのボールの速さや威力を含めて、記録ではなく記憶に残る右腕だった。

さらに付加されるべきは、その剛速球を後進に伝えきったことである。

山口は現役引退後、阪急そして球団譲渡されたオリックス・ブルーウェーブ（現バファローズ）でコーチやスカウトを経験した。〇三年、阪神二軍コーチに就任した際、一人のひょろっとした投手と出会う。

藤川球児だった

高知市立高知商業高校から九八年ドラフト1位で入団した右腕は右肩痛などもあ

って、プロ五年で2勝6敗とくすぶっていた。〇四年、山口がアドバイスを送る。

「マウンドの傾斜を利用して上から一気に投げ下ろせ。地面を目がけて力いっぱい腕を叩くんや」

　自分が十五歳、神戸市立神港高校時代から胸に刻み込んで来た教えだった。助言を受け入れ、精進した藤川はリリーフとして花開き、一二年オフにメジャーリーグへと旅立った。

　山口はいかにして世界に通じる剛速球を作り出し、磨き、伝えたのか。その裏側には才能、努力、そして愛情があった。

写真提供＝ベースボール・マガジン社（帯）、
毎日新聞社（P143、P287）
産経新聞社（P13、53、177，209、249、323）

目次

君は山口高志を見たか　鎮勝也

プロローグ …… 3

一　衝撃

神宮が燃えた —— 14
反対された東京六大学への進学 —— 20
剛速球を生んだ特訓 —— 29
村山実の言葉 —— 36
絶対的エースへ —— 46

二　プロ入り拒否

「打倒東京」の悲願 —— 54
「メジャーでも十分通用する」 —— 63
塗り替えた七つのリーグ記録 —— 70
プロ入りを拒否したワケ —— 79
白紙の小切手 —— 87

三　誕生

原点は長屋の路地 96
制球よりも速球 118
持って生まれた資質 104
後悔と満足感 124
ピッチングフォームを体得 110
甲子園はおまけ 133

四　葛藤

ボールが焦げる臭いがした 144
キューバをねじ伏せた 161
プロで力を試したくなった 151
ドラフト会議の舞台裏 167

五　プロの壁

周囲の期待と山口の不安 178
酒に求めた慰め 186
失いかけた直球への自信 195
恐怖の「羽田ポカリ事件」 202

六　最盛期

勝てない日々 210
二度目の胴上げ 216

七　阪急の悲願

「赤ヘル軍団」との決戦――224
四時間四十九分の激闘――233
祭りの後――243
兼務という激務――250
巨人に勝つために――259
ベテランの意地――266
Nの不在――273
阪急が一番強かった時代――279

八　引退

突然の激痛――288
剛速球の代償――294
黄金時代の終焉――300
衰えていった球威――303
「太く短くでいい」――311
山口が示した生きざま――318

九　継承

山口のコーチ論――324
毎日がピクニックのよう――331
闘将からの電話――338
藤川球児に託した剛速球――347

美しき師弟愛 354
再びスカウトに 359
愛すべき男 368
エピローグ 374
あとがき 379
山口高志の今、これから 384
文庫版あとがき 394

関西大学時代の山口。当時を知る打者たちは、「この頃が最速」と口を揃える

一 衝撃

神宮が燃えた

スタジアムに決勝戦を見に来た人々は驚愕する。

同日開催になった準決勝の決着はまだついていなかった。東京・明治神宮野球場のスコアーボード。イニングは「20」を示している。

一九七〇（昭和四十五）年六月二十四日、第19回全日本大学野球選手権大会、関西大学対法政大学戦だった。関西大学野球連合の上位リーグにあたる関西六大学を制した関大が、日本の学生野球をリードしてきた東京六大学優勝の法大に挑む構図は、延長二十回表を終わって2－2。二試合分を越えた総力戦の得点は法大が四、五回表に1点ずつ、関大は五回裏に2点を挙げたきりだった。

関大のマウンドには169センチの小男が立っている。

山口高志。

二年生ながら、右腕を真っ直ぐ突き上げ、叩きつける直球はすさまじい勢いで伸び上がった。打者はキャッチャーミットに収まってからの空振り、「着払い」を繰り返す。速度計測の機器はない。それでも、そのスイングでボールの速さは見て取れた。

驚くべきことに山口は延長二十回を一人で投げていた。

法大の打撃オーダーに名を連ねた二人は後にプロ野球の四番を張る。山口と同学年、二年生外野手・長崎慶一（のちに大洋ホエールズ、現横浜ＤｅＮＡベイスターズ）と一年生内野手・山本功児（のちに巨人）だった。１７８センチの三番・長崎は八回対戦して、四回の第二打席に山口を強襲した安打を記録したのみ。外野へのクリーンヒットはなく、三振は5を数えた。

「いやー、そりゃあ想像を絶する速さでした。この試合にルイスビルスラッガーの白バットを用意したんですね。ところがその新品がヒットの瞬間、差し込まれて折れちゃいました。東京六大学であんなボールを投げるピッチャーを見たことがありません。対応なんてまったくできなかったですよ」

球威は「野球の神様」のベーブ・ルースも使ったアメリカ渡来のバットを砕いた。

途中出場で二番に入った山本は4打数1安打だった。１８７センチの大型新人は兵庫・三田学園時代、市神港のエースだった山口との対戦は経験ずみ。大学の二年が経過して、その成長曲線の跳ね上がりを知る。

「高校と全然違っていましたよ。あの小さな体がマウンドに立つとずっと大きく見えました。すでにスーパースターの風格が漂っていましたよね」

法大監督は松永怜一。住友金属監督を経て、八四年には全日本監督としてロス五輪で公開競技ながら金メダルをつかむ。アマチュア球界を代表する指導者は指示を徹底する。

「山口のボールは振り遅れる。だからバットを短く持って、振り出しを早くするんだ」

効果はなかった。山口からの2点は安打による打点ではない。押し出し四球によるものだった。ボールの速さと適当な荒れに手が出ない。


先発して一人でマウンドを守った山口とは対照的に、法大は先発・横山晴久から八回に池田信夫につないだ。三年生右腕の横山は七一年ドラフトで東映フライヤーズ（現日本ハム）に1位指名される。二年生左腕の池田は京都・平安高校（現龍谷大学付属平安）の三年時、六八年ドラフトで東京オリオンズ（現千葉ロッテ・マリーンズ）からなされた3位指名を蹴って入学していた。横山も池田も大学トップレベル。その二人が分担した回数を山口は一人で投げた。

長い長い戦いを関大は制する。延長二十回裏、一死走者なし。四番・杉政忠雄が1ストライク3ボールから甘く入った真ん中高め直球を振り抜いた。打球は左翼スタンドに吸い込まれる。四年生がサヨナラ本塁打を放ち、二年生の好投に報いた。

法大	000	110	000	000	000	000	00＝2
関大	000	020	000	000	000	000	01＝3

法大は六九年秋に引き続きリーグ連覇していた。選手権後の七〇年秋、七一年春も優勝し、一九一五（大正四）年の創部以来初の四連覇をする。黄金期だった。

この時、出場した選手のその後のプロ入団数は五対二。法大は長崎、山本、横山、さらに一番・二塁の四年生・野口善男が同年ドラフト1位で大洋、右翼で途中出場の伊達泰司は七二年ドラフト1位でロッテに入った。関大は山口と三年生で五番・左翼の白滝政孝の二人。山口は松下電器を経由して七四年ドラフト1位で阪急に指名された。白滝は新日鉄広畑（現新日鉄住金広畑）を経て七一年ドラフト3位で中日ドラゴンズ入りをする。

　山口を中心に関大はチーム力充実、そしてプロ予備軍でもあった法大を破る。試合時間は四時間五十四分。スタンドでは、隣接する神宮第二球場で先に決勝進出を決めた中京大学の選手たちが観戦していた。関東学院大学に1－0で辛勝した準決勝もう一試合も延長十二回ともつれたが、関大対法大の比ではない。

山口の球数は306。100球を降板の目安とするメジャーリーグでは三試合分を一気に投げ切ったことになる。奪った三振は13、被安打は8だった。監督の達摩《だるま》省一が握手を求め、抱きかかえる。梅雨独特の蒸し暑さの中、山口の疲れは極限に達していた。

「もう腕が上がらん。しんどかった。投げてる最中に二十回行くなんて思ってへん。ウチの打線は法大に抑えられてずっとノーヒット。こりゃ勝てん、と思った。こんな経験、もちろん初めてやった」

関大は七回から十六回まで10イニングで一本のヒットも打てなかった。十六回、二死満塁のピンチで達摩はマウンドに励ましに行く。

「もうええわ。ここまでやったんや。負けて大阪に帰ろうや」

山口は投手本能で投げ続け、長崎を投ゴロに打ち取る。

長崎には孤立無援のピッチングを続けた山口の残像がある。

「あの試合はタカシが一人でウチに立ち向かってきた。その思い出だけがあります」

法大監督の松永は報道陣、そして選手たちの前で言った。
「自分の力を思う存分発揮しようとする、あの底に秘めた闘志を見習ってほしい」
延長二十回を戦ったこの試合は二〇一四年で63回を迎えた大学選手権において、未だに史上最長記録となって残っている。

山口は三連投だった。延長二十回だけではない。一回戦の福岡工業大学戦、二回戦の札幌大学戦も一人で投げ切っていた。3－2とした福岡工大戦は4安打13奪三振、10－0の五回コールドとした札幌大戦は1安打6奪三振。法大戦まで二試合14回を投げていた。

山口、そして関大にとっては準決勝当日に不利な条件が重なる。これまでの雨による日程順延と翌二十五日から社会人野球の都市対抗予選が組まれていたことを理由に、準決勝と決勝の同日開催が決定される。延長二十回を戦ったのも決勝戦のため、二十四日中に決着をつけなければならなかったからだ。法大戦終了後、30分の休憩を挟んだだけで決勝戦は開始される。達摩は山口の将来を考え、四連投を避けた。

中京大戦は四年生の本山順一が先発するが、疲労の色が濃いチームに覇気はなく、1－5で敗北。関大は十四年ぶり二回目の学生王者にはなれなかった。

山口は決勝戦のマウンドに上がらなかった。

達摩は試合後、報道陣に無念さをあらわにしている。

「決勝だけでもまともな状態でやらせてやりたかった。正午から八時間も試合をして、選手には疲労がありありだった。かわいそうだった」

反対された東京六大学への進学

山口には大学野球の頂点に立てない悔しさが残った。

それでも「延長二十回の小さな投手」として全国デビューを果たす。

一躍名を轟かせた山口だが、高校時代は無名といっていい存在だった。甲子園は三年時の春、夏と二季連続で経験していたものの、テレビや新聞などが山口だけを大きく取り上げることはなかった。市神港時代の監督・高木太三朗は証言する。

「有名ではなかった。ボールは速かったがプロ野球のスカウトはほとんどマークしてなかったはず。学校にも全然来なかった。理由は身長だと思う」

山口は公称170センチ。しかし実際は169センチしかなかった。プロ野球に入ってからの活躍は考えにくい。プロは体の大きな選手ほど化ける可能性、「将来性」が高いとする。山口は身長のハンディを克服するほど華々しい記録を残していなかった。プロがリストアップしていなくとも不思議ではない。

　山口自身は進学を考えていた。テレビ中継で東京六大学、早稲田大学対慶応義塾大学を見て漠然と早大にあこがれていた。最初の早慶戦が行われたのは一九〇三年。二十二年後の二五年には早慶と法大、明治大学、立教大学の五校に東京大学が加わり、現在の六大学によるリーグ戦になった。東京六大学は日本でもっとも歴史のある大学野球連盟である。白とエンジのユニフォームの早大は高校球児にとって慶大と並び人気ナンバー1だった。

「ええなあ、と思っとった」

　しかし、早大進学に関してスポーツ推薦など具体的な話は出なかった。それでも山口の甲子園出場を知った法大が、同大ＯＢである前市神港監督・高瀬二郎の縁を使って勧誘に来る。周囲の人間は上京に反対した。

「東京で野球をやるには体が小さすぎる。難しい。打撃投手にされるのがオチだ」

　東京六大学のようなトップレベルでは主戦投手は１８０センチ以上が普通だった。１６９センチの山口が体格的に見劣りするのは明らか。満足な扱いを受けないだろう、と周りは考えた。

山口も大人たちの意見に納得。法大のセレクションを受けることなく、同時に誘いのあった関大進学を決意する。関大は高木の母校でもあった。

「法大に関しては軽い話だった。関大には山口の兄さんも通っておった。本人が行きたい、と言うから、それもあって、いいのではないか、と助言した」

高木が話すように兄・桂一は文学部三年に在籍していた。また関大は山口にとって利便性も高かった。自宅の最寄り駅、神戸高速鉄道の高速長田から大学の最寄り駅、阪急電鉄の関大前へは乗り換えも楽で、一時間強で通学可能だった。そして、通いであれば両親の経済的負担をいくらかでも減らせることも理由の一つだった。

関西大学の硬式野球部は大学設立の二十九年後、一九一五（大正四）年に創部された。

三一年九月、関西六大学野球連盟が誕生する。参加したのは関西、関西学院、同志社、立命館、京都、神戸商業（現神戸）の六校。リーグ戦は三回戦制で2勝したチームに勝ち点が与えられ、多い方が上位に来る。並んだ場合は勝率で決めた。戦前戦中の春秋リーグ戦は二十三回。関大は三二年春から三三年秋、三五年春から三六年秋までの二回の四連覇を含め、六校中最高の十二回の優勝を果たしている。野球部ではこの時期を「第一期黄金時代」と呼んでいる。
五六年の第5回大学選手権決勝では東都大学リーグに所属する日本大学を2－1で破り初の学生日本一に輝いた。阪神タイガースで222勝を挙げ、監督も経験する右腕・村山実と阪急監督になる上田利治の二年生バッテリーが軸だった。関大は村山の二年生の五六年から四年生の五八年まで、六季で四回のリーグ優勝を果たし、「第二期黄金時代」を作る。

村山の大学ラストシーズンとなった五八年から十一年後の六九年、山口が入学する。

野球部監督は達摩省一だった。三六年生まれの達摩は大阪府立寝屋川高校から関大に入学。野球部では村山、上田の同級生になる。村山がいたため、公式戦は四年時に京大戦で2イニング投げただけだった。卒業後、大阪鉄道高校（現大阪産業大学附属）に商業科教員として勤務。その後、関大職員となる。六七年春、監督に就任。その一季目に優勝させる。

六九年春には監督五季目を迎えていた。関大を常勝チームにするため、達摩は好素材の確保を考える。関大の非常勤講師でもあった先輩の高木から山口の話を聞く。五九年から高校野球の審判を始め、甲子園でジャッジをしていたこともあって達摩はその名前を知っていた。高校と大学の指導者は「放り込みたい」、「欲しい」で話が合う。春夏連続で甲子園に出場していた山口には、野球部が部内トップで社会学部社会学科マスコミ専攻に推薦をかけ、合格させた。

山口は入学一ヵ月前の六九年三月、徳島県の小松島であった春季キャンプに参加していた。

大学同期には付属の関西大学第一高校出身で投手だった長沢和雄と豊島光男がいる。長沢は大学卒業後、大阪桐蔭監督として内野手・萩原誠（阪神）や投手・背尾伊洋《よしひろ》（近鉄バファローズ、現オリックス）らを擁して、九一年夏の第73回選手権大会で初出場初優勝を果たす。豊島は九四年から九八年まで五年間、関大監督をつとめる。高校三年の六八年ドラフトで東京オリオンズの6位指名を拒否して入学した177センチの大型遊撃手、同姓の山口円《まかど》（徳島県立鳴門高校）もいた。

長沢は高校時代、隣県で活躍した山口の存在を知らない。

「春季キャンプに行く前の大学の練習でタカシを初めて見ました。ダイナミックなフォーム。石を投げてるみたいな感じ。速いし重量感もあった。びっくりしました。部員が多くなかったので、ピッチャーもキャッチャーをしたりしていました。タカシの球は怖かった。半身になって受けてました。それでもその時には全力で放っていないはずです」

山口の入学時、関大のエースだったのは四年生の久保田美郎である。島根県立安《や》来《ぎ》高校出身で右の技巧派。三年生から主戦だった。山口にはない制球のよさがあった。久保田は山口が一年の第18回大学野球選手権一回戦の千葉商科大学戦で完全試合を達成する。

「久保田さんはすごかった。コントロールがいい。変化球で音がする。スライダーなんかシャーって感じやった。精神的にも強いし、怖かった。一年の時は口をきいてへん。社会人になって、ようやく話せるようになったんやな」

山口は体育会系の人間が直面する上下関係の厳しさも味わった。一年生は四年生に話しかけられなかった。山口は一年春からベンチ入りしていたが例外ではない。体育会のクラブでは常態的だったしごきにも遭っている。

「ウチはめちゃくちゃ厳しくはなかったけど上下関係はあった。何か事があると、連帯責任で殴られたりした。それでも辞めようとは思わんかった。野球で入学させてもらっとったからね」

しごきに臆することなく、山口は新人ながら久保田に次ぎ二番手の座に座る。背番号は村山が大学時代につけていた11をもらった。

山口は達摩やチームの期待を裏切らない。いきなり3勝をマークする。久保田は残り6勝を挙げ、四季ぶりに優勝を果たす。

山口の大学初登板は開幕試合となった四月十二日の大阪商業大学一回戦。先発した久保田の後を受け、二番手として10－2の九回にリリーフする。遊撃内野安打こそ許したが、三振、二ゴロ、遊ゴロと1回を無失点。大学デビューを飾った。

二度目の登板は二十七日の同志社大学二回戦。3－0で勝利投手になる。大学初先発、初完封、初勝利と初物づくし。打者三十一人に対して安打3、四死球2、三振5。同大のヒットはすべてシングルだった。関大は同大から勝ち点を挙げる。

一年の時の記憶は山口にはない。

「新人の時はグラウンド整備とか下働きがあって、毎日ヘトヘト。だから覚えてへん」

入学早々の六九年春は大商大戦、同大戦に続き、近畿大学戦で三試合、龍谷大学戦で二試合の計七試合に登板する。先発は同大戦のみだったが、成績は3勝1敗。27イニングを投げ、失点、自責点ともに近大二、三回戦のそれぞれ1のみ。防御率0・67と非凡さを証明した。

関大は六月、神宮球場での第18回大学野球選手権に二年ぶり七回目の出場をする。関西大学野球連合優勝チームに与えられる権利だった。山口は初めて神宮の土を踏む。初戦の千葉商大戦では久保田が完全試合を達成した。二回戦は久保田から山口の継投で中京大に6－5と九回サヨナラ勝ち。準決勝の日本大学戦に出番はなかった。久保田が完投も0－3で敗退した。

秋季リーグ戦での山口の登板は二回だった。九月五日の開幕カード、同大二回戦で先発。8回を7安打2失点に抑えるが、打線の援護がなく0－3で敗北する。十月二十七日の関学二回戦では1－2の八回から久保田の後を受け二番手で登板。2回を無安打無失点とした。秋は0勝1敗。10イニングを投げ、失点と自責点はともに2、防御率は1・80だった。

山口の出番がなかったのはラストシーズンを迎えた久保田が奮闘したからだ。同大にこそ勝ち点を落としたが、残りの近大、大商大、龍谷大、関学のすべての試合で連投。8勝を一人で稼いだ。山口は久保田に感謝する。

「久保田さんがいてくれたから、自分は壊れなかった。一年から中心で投げていたら、ケガをして四年間もってない」

一年のリーグ戦のトータル成績は3勝2敗。37イニングを投げ、失点、自責点はともに4、防御率0・97だった。新人としては悪くない数字だった。


山口が一年生の六九年秋は3カード目の近大戦から監督の達摩がチームを離脱。コーチの木村憲治が指揮を執った。理由は学生運動の激化である。

山口が入学した前年の六八年、大学の多額の使途不明金が発覚した日大や医学部インターン問題をめぐる学生への不当処分を発端として東大の学生たちが全学共闘会議（全共闘）を組織。学内の自治を求める闘争は全国の主要大学に広がっていった。各大学では全共闘がバリケードを作り、構内を封鎖。ストライキやデモ行進などを行い機動隊とにらみ合う。六九年一月には東大が入試中止を決定するなど国内が大混乱に陥った。関大も内ゲバで死者が出たり、学校施設やグラウンドが使えない時期もあった。達摩は学生課の職員として事態の鎮静化に走り回る。

大学選手権などでの上京時、関大が定宿にしていたのは文京区にある旅館・更新館である。目の前に東大の本郷キャンパスがあり、大学の象徴、安田講堂が全共闘によって占拠されているのを選手たちは生で見た。

長沢はジプシー生活を覚えている。

「学内のグラウンドが使えず転々としてました。千里山にあった日本生命のグラウンドなんかを借りて使っていましたね」

国を巻き込んだ学生運動の中での六九年秋の優勝だった。戦列を離れざるを得なかった達摩の喜びが『関西大学野球部史』（以下『部史』）には描かれている。

「代役の責任を果たした木村は『近大に勝ったとき、あと全勝すれば優勝できるとみんなで頑張った。作戦的には緩急自在の監督のあとを引き継いだだけで別に苦労もしなかった』と笑顔で語ったが、ベンチの横で背広姿で優勝の瞬間をみていた達摩は両手で顔をおおい感涙にむせんだ」

剛速球を生んだ特訓

キャンパス内が絶叫と暴力にあふれる中、山口の大学一年目シーズンは終わった。十一月から始まった冬場のトレーニングが、その後のブレイクを運んでくる。

指導したのは関大陸上部ＯＢで大学職員だった清水省三だった。達摩より一歳上で円盤、砲丸投げなどの投てき種目が専門だった。

達摩は監督就任後、選手たちの基礎体力のなさを痛感していた。天井にぶら下げてある太い綱を主に腕の力だけで登っていくロープクライミングなどはまったくできない者もいた。

達摩から体力アップの相談を受けた清水は答える。

「野球選手には筋力、持久力、瞬発力、柔軟性、巧緻性の五つが必要。今の選手たちは腹筋は強いが背筋は弱いなど、筋肉の付き方や体の強さがアンバランスである」

その観察眼に感銘を受けた達摩は、山口入学の前年、清水をトレーニングコーチとして招聘した。山口が一年生の六九年はコーチ就任二年目を迎え厳しさは増していた。

十二月に明石球場で二週間の強化合宿を行った。清水は部員らに「冬は毎日20キロくらい走る」と宣言していた。言葉通りだった。雪の降る中でも体から汗が吹き出し、白い湯気が上がった。関大一中、一高の社会科教員として人生を過ごした豊島は頭脳明晰。苛酷な走り込みメニューを今でも記憶している。

「それはそれはきつかったですよ。ウォーミングアップは1キロのランニング。体操が終わってから二十分間走をします。清水さんがストップウオッチを持ってタイムをはかる。その後、ライトからレフトのポール間ダッシュを三十本。往路はトップスピードで復路はジョグ。これもジョギングです。それから50メートルダッシュ。これも行きはトップで帰りはジョグ。五本1セットで最低でも20セットさせられました。清水さんの指導は上手かった。飽きないようにショートダッシュの距離を30メートルにしたり、ジグザグに走らせたりしていました。午前中は二時間以上走りっぱなし。陸上部員もびっくりする内容でしたね」

現在、これらは野球における冬季トレーニングの代表的内容だ。しかし当時、野球の道具を使わない練習は腹筋やうさぎ跳び、それに長い距離を走らすだけのものであり、清水のメニューは画期的だった。山口円も走り込みのすさまじさを伝える。

「初めて血尿がでました。本当によく走ったもんです」

清水はハードトレーニングを課しながら、選手を大人として扱い自主性を引き出すことも忘れなかった。部員たちに口癖のように言う。

「オレの練習はサボろうと思えばサボれる。でもやらないとダメなんだ」

長沢は走り込んだ後の打撃練習を思い出す。

「最後には少しだけフリーバッティングの時間が作られてね。一人数球でした。バットを使った練習はそれだけ。だから楽しみだったし集中もできました」

清水のメニューは自律心を引き出すと同時に、バッティングやピッチングへの渇望ももたらし、選手たちを前向きにさせた。

また達摩と清水は当時、野球では肩やヒジを痛めたり、ついた筋肉により関節の可動域を狭める、と考えられ、タブー視されていたウエイトトレーニングを積極的に部員にやらせた。短所より、強い体を作る長所に力点を置く。大学体育館にあったバーベルや鉄アレイを使った。選手たちは昼休みに負荷トレーニングに取り組む。十一月から一月は重いおもりで最大重量を上げ、シーズン前は軽いおもりで敏捷性を鍛えた。

達摩は清水を高く評価する。

「一冬越えたら打球が速くなった。全然違った」

達摩は指導者として「信任する」能力を持っていた。監督は普通すべてを自分で指導しようとする。達摩は真逆。専門外は、いや専門ですら信を置く人間に任せた。日々のトレーニングは野球の門外漢の清水に託す。山口のピッチングに関しても「上から叩け」という市神港監督の高木の教えをそのまま受け入れた。投手出身の達摩は村山と同期。村山の投球を参考に自分自身の理論はあった。しかし、達摩は野球用語で言うところの「いじる」ことをしなかった。

「タカシの投げ方は、高校時代に高木さんが上背の低いのをわかって、どうしたら角度のあるボールを投げられるか、というのを考えた結果や。だから余計な事を教える必要はあらへんかった」

よいものを受け入れる度量の広さがあった。山口が大学時代から全国に名をはせるのは名指導者との出会いの賜物でもあった。

七〇年春、山口は二年生に進級しエースになる。達摩はすでに復帰していた。久保田を卒業で建設大手の熊谷組に送り出した穴を山口が埋める。冬場の清水のトレーニングが実を結び、下半身が安定し腕の振りが速くなる。ボールに加わったスピードとパワーは投手成績となって現れる。

開幕戦の近大一回戦で5安打1失点完投。シーズン初勝利を挙げる。奪三振10は大学入学後初の二ケタ。五月一日の大商大一回戦、二日の二回戦、十四日の龍谷大一回戦と初めての三連勝も経験した。春は6勝3敗。投球回数は78回⅔、自責点12で防御率1・37だった。チームは同大に1分2敗で負け越したが、近大、関学、龍谷大、大商大から勝ち点を挙げ首位で春シーズンを終える。

山口は一年時は9登板だったが、二年春だけでそれを1上回る10登板を記録する。六回から二番手登板した五月二日の大商大二回戦を除き、残り九試合はすべて先発だった。一年時の先発は二試合。投げる位置を見てもエースへの昇格がわかる。

春の優勝の理由は清水のウォーミングアップも一因と「部史」は伝えている。公式戦でも試合前にランニング中心で一時間を費やさせた。体温を上げ、汗を流させ、体の動きを引き出した。

「有津（＝継男、三年生投手）によると春優勝の原動力となったのはキャンプはもちろん、試合前の練習でも行ったストレッチングだったという。指揮をとったのはあの清水だった。準備運動と筋肉の鍛練を十二分におこなったことがケガの防止にもつながる」

二年連続で関西を制した関大は六月、神宮球場での第19回大学選手権に出場する。

準決勝、延長二十回までもつれた法大戦は山口の力投で3－2と勝利する。決勝は中京大に1－5で敗れた。

決勝戦後の夜、宿舎での情景を「部史」は伝えている。

「東京・本郷の宿舎、更新館に帰ってきたときは午後8時をまわっていた。大広間で遅い夕食をとっているとき、決勝戦に代打で起用された泉里史（三田学園）が『話があります』といって達摩の前に座り、『きょうの監督はどうしてでも優勝するのだという気迫に欠けた。打倒東京がわれわれの目標ではなかったのですか』と思い詰めた口調でせまった。東京勢に勝つ、は達摩にとっても悲願だった。その思いは誰よりも強いと自負している。泉の抗議には釈然としなかったが、『なんとしでも東京勢に勝ちたい』というナインの気持ちがわかったのはうれしかった」

泉は「なぜ山口を連投させなかったのか」と言いたかった。

中京大の四年生、サイド左腕の榎本直樹は準決勝と決勝の二十一回を一人で投げ抜いていた。榎本は北海道拓殖銀行を経て七一年ドラフト2位でヤクルト・スワローズに入団する。泉は、後年プロ入りする能力を持った相手エースの奮戦を見て、山口で行けるところまで行くべきだった、と考える。達摩にもその気持ちは理解できた。しかし山口の将来を考えた時、無理使いはできなかった。

達摩はこの時、山口の在学中に日本一になることを誓う。

厳密に言えば、準決勝で法大に勝ち、「打倒東京勢」は果たしていたが、決勝で愛知大学野球連盟の中京大に負けた。これでは日本学生野球の大本、東京六大学に勝利した意味はない。

泉の言葉は達摩の心に刺さった。

村山実の言葉

延長二十回をくぐり抜けた山口にとって、七〇年秋のリーグ戦の滑り出しは順調だった。開幕戦となる九月二十一日の大商大一回戦に先発。9回4安打1失点でシーズン初勝利を挙げる。奪三振は11。二十八日の龍谷大一回戦で1失点完投勝ち。十月十日の大商大三回戦から二十四日の関学一回戦まで四連勝を記録した。二十五日の二回戦の負けを挟み、二十八日の三回戦で4安打完封勝ちをする。

シーズン7勝目を挙げたところで右肩痛が山口を襲う。六月の法大戦で延長二十回を投げた勤続疲労などが原因で、シーズン前からあった違和感が痛みに変わる。治療に有効な手立てはなく、ノースローで肩を休ませる。最終カードの同大戦から登板できなくなった。

関大は同大に勝ち点を落とし、勝ち点4、勝率・643で並んだ関学と優勝決定のプレーオフを戦う。この試合は六回以降、関大打線が9点を挙げ先発・本山を助ける。9－6で逃げ切り、山口を欠きながらリーグ戦四連覇を果たした。

山口の二年秋は7勝2敗。右肩痛で戦線離脱したとはいえ、シーズン9勝の八割近くに山口の貢献があった。80イニング2/3を投げ、自責点は10。防御率は1・16。数字の上では、山口がマウンドに上がれば、2点取れば勝てる計算になる。登板10試合で先発は9。名実ともにエースになった。二年時の成績は13勝5敗だった。


二年秋の七〇年十一月、大学選手権同様に全国から秋のリーグ戦優勝校を集めたトーナメント、明治神宮野球大会が始まる。

十一月六日から十日まで五日間の日程で始まった第1回大会に、関大は関西を代表して出場15チームの一つとして参加。この大会は明治神宮の招待試合であるため、当初地元の東京六大学をはじめ、東日本のリーグからの参加校が多数を占める。

山口の右肩に違和感は残ったままだった。

初戦の札幌大学戦は本山が先発。8－1と八回コールド勝ちした。二回戦は東北工業大学。延長十一回3－1で振り切った。山口は本山の後、二番手登板する。準決勝は東海大学と対戦。この試合も本山に続き二人目としてマウンドに上がるが、チームは0－1で敗れた。

山口の大学二年目シーズンはケガで終わった。

その七〇年オフ、山口は当時プロ十二年目で阪神の投手兼任監督だった先輩・村山に初めて会う。村山は入団一年目の五九年六月二十五日、巨人との天覧試合（後楽園球場）で長嶋茂雄に左翼ポール際へのサヨナラ本塁打を喫した。長嶋の出身校、立大のセレクションに不合格だったことなどもあり、終生一学年上の天才打者をライバル視。二人の対決は伝統の巨人阪神戦で数々のドラマを生んだ。村山は山口と初めて言葉を交わした二年後、七二年オフに三十六歳で現役引退する。プロ十四年で222勝147敗の成績を残した。

達摩は同期の村山が所有する芦屋市内のマンションに住んでいた。他の部員はすでに達摩の自宅を訪れ、村山にあいさつしていた。山口は仲間とは遅れて右肩痛の相談に行く。

「村山さんはその時まだ現役やった。すごいなあ、と思ってたから、なんか照れくさくて遊びに行けんかった」

ピッチングに似合わず、グラウンド外ではシャイだった。

達摩の部屋で村山に対処法を聞く。返答は二言。

「大丈夫。セデスを飲みなさい」

市販していた痛み止めの丸薬服用を勧めた。山口は肩の痛みを忘れて笑う。同時に自分なりの結論も出す。

「投手に肩痛は付き物。気にするものじゃない。治そうとするんではなく、上手に付き合っていかないといかん。それを村山さんは言っている」

山口には村山が身近な存在となり、急速に憧れになっていく。


大学では高校時代と同じで野球部の仲間との楽しい時間が、つらい練習やしびれる試合から山口を救ってくれた。

同級生に橋本治三《はるみつ》がいた。関大一高から捕手として入部した橋本は一年秋からマネージャーになる。橋本家は兵庫県尼崎市の下坂部《しもさかべ》に代々続く名家で、土地持ちだった。橋本は受験のない内部進学のため、大学入学前に運転免許を取得していた。千里山の大学構内に新型のトヨタ・コロナを乗り入れ、部の運営を手伝う。

練習が終わると山口と三年生から二塁のレギュラーになる光藤敏弘が橋本のところへやって来る。山口は誘う。

「橋本、遊びに行こうや」

「こっちはまだ仕事が残ってる」

「かまへん。気にすんな。終わるまで光藤と車の中で待ってるわ。キー貸して」

そのまま二人は車内で他愛もない話をしながら待つ。マネージャー業務を終わった橋本は、運転手として、大阪のキタやミナミ、神戸の三宮、西宮など歓楽街に車を走らせた。橋本をのぞく二人は酒を飲み、ご飯を食べた。

山口の好物はお酒である。

基本的にはビール、日本酒、焼酎などを飲むが、大学時代はウィスキー、ウオッカ、テキーラ、ジンベースのカクテルなどハイカラな洋酒も口にした。当時、二十歳を超えなくとも、大学生になれば飲酒は黙認された。

大学一年春の優勝後の祝勝会では、飲み過ぎて意識を失った経験がある。しかし元々体質的に強かった。友人と二人で、一晩でビール大瓶二十本と日本酒の一升瓶二本を空けたりしている。同時に酒は口下手な山口にとってコミュニケーションを拡大するものでもあった。

「無口やから、飲めば周囲との会話も弾むんよな」

美味しく楽しい時間を経過して示されたほとんどの勘定は橋本が持った。

「ぼくはタカシたちのスポンサー兼ドライバーやった。そんなもんや、と思っとったね。みんなお金がないのは分かっていたしね」

マイカーは普及しておらず、車での通学も珍しかった。橋本はマネージャーとして他大学や社会人チームとの渉外にも使う。阪神間を回るだけなのに、走行距離は一日200キロ近くになった。ガソリン代は月五万円を超える。この金額は当時の大卒サラリーマンの平均的初任給。部からの交通費補助があるとはいえ、ここに山口や部員たちの多額の飲食費が乗る。それでも資産管理をしながら住宅会社を経営していた父・長三郎から小言はまったく出なかった。

「遊んでいい。世間勉強だ。お金の面倒は見る」

帰りはほとんど尼崎の橋本邸だった。橋本は離れで妹・優子と起居していた。六畳程度の広さだったが、そこに山口らは上がり込んで雑魚寝した。

「橋本の家に泊めてもらって、朝ごはんを食べて、冬場だったら餅つきなんかを手伝うんや。帰る時にお父さんがお小遣いをくれる。それが楽しみやったな」

橋本の自宅ばかりではない。下宿生の元もよく訪れた。三年生から山口の控えとなる右腕の岡崎満起男（鳥取県立八頭高校）、外野手の山崎正博（高知・高知高校）、赤阪俊一（三重県立木本高校）は三人で吹田市内の同じアパートに住んでいた。ただし、夜中の二時を回ると内野手の横内博信（兵庫県立姫路南高校）の部屋に場所を変えた。橋本は相好を崩す。

「遅くなったら岡崎がうるさい。怒る。横内はいい奴やったねえ。インスタントラーメンを三人分作ってくれて、布団まで敷いてくれた。三畳一間に男四人でよう寝たねえ」

山口は至福のオフタイムを過ごす。

「そりゃあおもしろかった。ひたすらワイワイ騒いどった。高校と比べても大学時代の方が楽しかった。束縛するものはグラウンドの中だけで、あとは何もない」

山口は山口円に軽口を叩いている。

「自宅が遠いわ。真っ直ぐ家に帰るんは年三回くらいやな」

七一年春、山口は三年生に進級する。右肩痛はおさまる。

「炎症やったから、休んだら勝手に治っとった。深刻ではないわな」

ケガが癒えた直後とあって、春のリーグ戦は記録的に目を引くものはない。7先発で4勝3敗。63回1/3イニングを投げ、自責点は9。防御率1・32だった。山口の不調はチームにそのまま影響する。近大には連敗、同大には1勝2敗で、それぞれ勝ち点を落とし、勝ち点3、7勝4敗で近大と同率の二位に沈んだ。優勝したのは同大である。リーグ戦五連覇に失敗する分岐点になったのは4カード目、五月十日から始まった同大戦だった。

山口は7－1の一回戦、5安打1失点完投でシーズン3勝目を挙げる。翌十一日も連投。同大監督、渡辺博之は増岡義教を立てた。七回まで2－0とリード。しかし八回、先頭打者をエラーで出塁させてしまいリズムを崩す。三本のヒットを集められ、2－3と逆転された。打線は増岡から追加点を奪えない。山口は増岡に投げ負けた。

山口にシーズン3敗目をつけさせたことで、渡辺は増岡を連投させる。三回戦、達摩は山口の三連投を避け、同学年の岡崎を起用した。岡崎は8安打1失点も増岡はその上を行く3安打完封。0－1で関大は連敗した。

カード連勝を一人で支えた増岡は大阪府立八尾高校出身。身長168センチと山口より1センチ低い右のスリークォーターで、カーブ、シュートなどを持つ技巧派だった。卒業後は三菱重工神戸に入社。七七年の第48回都市対抗野球では神戸製鋼の優勝に貢献する。各地区予選で敗退したチームから加わる補強選手ながら、大会最優秀選手に与えられる橋戸賞に輝いた。

増岡は体のサイズも近かった山口に対してライバル意識はない。

「自分たちの野球をやるだけ、という考えやったね。三戦目は勝ち点を取るんやったら、山口が来るやろう、と思ってた。でも岡崎やった。ウチとしては勝ち点が取れればどっちでもよかった。山口どうのやないわね。勝った後に、監督が初めて『優勝しよう』と言った。関大に勝つということは、ぼくらにとっては優勝の素やった」

増岡はシーズン6完封を記録して9勝0敗と優勝の立役者になった。一学年下、同じ投手としての山口を覚えている。

「山口は一年の時はカーブピッチャー。落差があってよかった。二年から急に速くなった。後で聞いたら『一年から二年に上がる時、明石公園でむちゃくちゃ走り込んだ』と言うとった。三年の時は点を取れるムードやない。だから自分も絶対点をやれへん、と思った」

陸上出身のコーチ・清水から受けたトレーニングがベースになり、速球派投手に成長したことが増岡の話でも裏付けられる。

「スピードは速い、カーブも落ちる。山口はリズムがよかったなあ。ちぎっては投げ、ちぎっては投げる感じやった。ポンポン行ってた。相手に考える時間を与えへんかった」

早いテンポでの打者への投げ込みは、相手の攻撃時間を短くする。四球グセがあるとはいえ、打線、チームの流れがよくなるピッチングを山口は自分なりに心がけていた。

達摩は同大戦こそ山口に三連投をさせなかったが各カードで連投させた。

「できるだけストレートで勝ちたかったんやね。2勝1敗でいけば勝率にも影響する。1敗もしたなかった。最悪、入れ替え戦もあったしね。だからタカシをつぎ込んだ」

勝ち点が計算できる試合には、他チームの監督も達摩のようにエースを連日先発させた。下部リーグに落ちる恐怖が常にあったからだ。

三年春は不本意だった山口だが、その秋から卒業まで観衆を魅了するボールを投げ続ける。

現中日スカウト部長・中田宗男は山口のブルペンを見て驚く。中田が十六歳の春、大阪・上宮高校一年生の時だった。野球部の友人と大阪・森ノ宮にあった日生球場にリーグ戦観戦に出掛ける。

「そりゃあ強烈やったよ。山口さんがブルペンでウォーミングアップの立ち投げを始めると、キャッチャーがミットを下に向けて取りだすんよ。かぶせる感じ。何でかわかるか？　それくらいボールがホップして、伸びてたってことよ」

通常、立ち投げの場合、ミットの捕球面は投手側に向く。山口の場合は、ボールが浮かび上がるため、捕手はミットを上から下に押さえていた。中田はそんなキャッチングをそれまでも、それからも見たことがない、と語る。

友人らと「投げた位置よりボールが高めに行ってる。こんな球ありえへん」と言い合った。

現在、中日のその年々のアマ選手の評価について現場レベルで責任を負う長が、山口の単なる立ち投げの衝撃を四十年以上経過した今も持ち続けている。

絶対的エースへ

七一年秋、大学三年生の山口は本格化する。

大学選手権不出場は悔しさの反面、長いオフを呼び、肩の違和感は完全に消え去った。

開幕は九月四日、春に屈辱を味わった同大戦だった。山口は4安打1失点完投。勝利投手として4－1の白星発進に貢献する。開幕戦で山口は五回に失点したが、六回から0のイニングがスタートする。五日の二回戦は0－0。延長十五回、降雨引き分けとなった。

ここから圧巻の五連続完封勝ちを飾る。

九月十九日	近大	一回戦	1－0	安打2	四死球3	三振9
二十日		二回戦	2－0	安打3	四死球5	三振12
十月　一日	龍谷大	一回戦	6－0	安打4	四死球2	三振15
十二日	大阪学院大	一回戦	10－0	安打2	四死球2	三振15
十三日		二回戦	1－0	安打5	四死球4	三振11

この段階で初戦から続く連続イニング無失点は64に伸びる。すでに五六年に立命大の内橋貞雄が作ったリーグ記録55を超えていた。

山口と同期入学の長沢は腰を痛め二年春、投手から外野手に転向していた。三年から四番・中堅でレギュラーをつかんだ。フリーバッティングなどで山口と対戦。右打ちの長沢は渾身の力で引っ張った。レフト方向に打ったつもりが、打球が飛んだのはライト前だった。

「まともにやったら打てません。周囲から『ナイスバッティング。タカシを崩すのはそのバッティングや』と言われたが、何もそういうつもりで打った訳じゃない。たまたまです」

周囲は、長沢が速球投手攻略のセオリーである真ん中から逆方向を狙ったコンパクトな打撃をした、と考えたが、本人は強振していた。長沢は関大の主砲である。毎日、グラウンドで顔を合わせる同級生でも打てないボールが、シーズンの数度の対戦で打てるわけはなかった。

十月二十三日、関学一回戦を迎える。関学との試合は戦前から「関関戦」と呼ばれ、東京六大学の「早慶戦」と同様、関西では伝統の一戦とされている。

その古くからのライバルチームに対して、関大は四回まで2－0とリード。五回一死一塁、先発投手で八番に入っていた竹内利行を打席に迎える。2点ビハインド、中盤、一死、打者は投手、などの状況から山口は「バント」と判断。初球、安易にストライクを取りに行った。関学ベンチは「打て」のサイン。竹内は真ん中に入って来たボールを叩く。打球は一直線に伸び、左中間を破った。走者はホームイン。竹内は三塁に立つ。

連続イニング無失点は68でストップさせられた。

同大一回戦から関学一回戦まで八試合をまたいでいた記録を止められた山口は苦笑する。

「相手がピッチャーだからなめてた。完全にバントやと思っていた」

ただし激しい後悔はない。

「目標は大学日本一。通過点でそうなった。途切れた時に優勝を逃しとったら、もっと印象に残ったやろうけど、そうやない。当時はすごい記録とは思わへんかった」

山口は次打者の初球スクイズを見破る。ボールをウエストして竹内を三本間で挟殺する。落ち着いていた。試合相手を関学ではなく、大院大と記憶していたことも含め、言葉通り落胆も達成感もない。物事に恬淡《てんたん》だった。

試合は3－1で関大が勝った。

竹内は卒業後に百貨店大手の大丸に就職。社会人で野球を続け、一三年春からは母校・関学の監督に就任した。今でも打った後の出来事を覚えている。

「山口の記録を止めたので、負けたけどヒーローは自分やと思っとったね。ところが試合が終わっても記者は誰も来てくれん。山口の方ばっかりだった。次の日の朝、駅の売店に新聞を全紙買いに行った。自分の事は全く載っていない。『ピッチャーだからハーフスピードで投げた』とか『カキーンという打球音で目を覚ました』とか山口のコメントだけ。『何言うてんねん。全力で投げたくせに』と思ったけど、まあでも油断しとったんやろうね」

関学一回戦で連続イニング無失点記録は68で途切れたが、山口は開幕から無傷の七連勝を記録する。二回戦は岡崎が先発。14－2で大勝して関学からも勝ち点を挙げた。

十月二十八日には雨で順延されていた同大三回戦が行われた。山口は関学一回戦から中四日で先発した試合で大学初のノーヒット・ノーランを達成する。四死球2のみ。山口の快投で同大からも勝ち点を取った関大は二季ぶりのリーグVを果たす。

同大二回戦の引き分けを挟んで負けなしの優勝。勝率1・00だった。

山口はシーズン無敗の8勝0敗。チーム10勝のうち八割を稼ぐ。連続完封は6を数えた。春の関学一回戦から続く個人連勝は9。三振は龍谷大、大院大一回戦の15を筆頭に計100を奪った。87イニングを投げ、失点は2。自責点は関西学生野球連盟や関大に三年秋と四年春の公式スコアブックが残っていないため、最悪でも2。そこから計算すれば防御率は0・21になる。三年秋だけで四つの連盟記録、①一季個人最多奪三振（100）、②連続イニング無失点（68）、③連続完封（6）、④無安打無得点試合（十月二十八日　同大三回戦）を塗り替えた。三年はトータルで12勝3敗だった。

二季ぶりにリーグ戦を制した関大は、十一月の第2回明治神宮大会に出場する。初戦は香川大学と対戦。山口から岡崎につなぎ11－0で七回コールド勝ちする。二回戦は愛知工業大学に2－0。山口は5安打、10奪三振で完封した。準決勝の日大戦でも山口は10三振を奪い2安打1失点完投した。しかし、4安打の関大は得点を挙げられず0－1と四強敗退。日大は決勝で亜細亜大学を3－1で降し、初優勝する。

山口が絶対的エースに成長した頃、マネージャーの橋本は質問している。

「チームに対して何か注文はないんか？」

「2点取ってほしいなあ。1点やったら怖いけど、2点取ってくれたら勝てるわ」

日大戦では山口の願いは実現しなかった。それでも決して恨み言は並べない。橋本は同級生ながらその器の大きさに感心する。

「2点取ってほしい、と言うたのもこっちが聞いて初めて答えた。山口が普通に投げてれば連盟記録をもっと更新している。同級生の岡崎を気遣い、監督に『あいつを投げさせてやってほしい』と言ったりしてた。ピッチャーとしてもすごいけれど、人間的にも素晴らしい」

七二年の第1回日米大学野球選手権では、大会MVPを獲得した

二　プロ入り拒否

「打倒東京」の悲願

七二年春、四年生に進級した山口は学生最後の一年を迎える。

オープニングゲームは四月九日の大院大だった。山口は4安打3失点完投。5－3。開幕白星を得る。大院大を含め、その後の近大、同大、大商大いずれも一、二回戦に先発。連投をものともせず、八試合すべてに完投勝ちする。この時点で勝ち点4。関大は他の5チームが潰し合いをする中、二季連続優勝を決める。リーグ戦最終カード、五月二十九日の関学戦は岡崎が先発した。山口を休ませる狙いがあったが、2－2の九回から二番手登板。関大は延長十回に決勝点を挙げたため、二回無失点の山口に白星が転がり込んだ。

関大は関学からも勝ち点を挙げ、十戦十勝の完全優勝を決める。三年秋は引き分け一試合を挟んでの関西制覇だったが、この時はドローすらなかった。

山口は9登板で9勝0敗。二季連続で負けなし。三年春からの連勝記録は18に伸びた。76イニングを投げて自責点は最良で2、最悪で7。防御率は0・24から0・83に収まる。

大院大の主軸を打っていたのは三年生外野手の西山正志である。西山は大学卒業後、母校の大阪・ＰＬ学園のコーチをつとめ、七八年夏を最初に甲子園での全国優勝を七回経験する。桑田真澄、清原和博のＫＫコンビも指導した。

数々の名プロ野球選手を目の当たりにしてきた西山でも一つ先輩の山口の話は饒舌になる。

「そりゃ、ものすごいボールを投げてたねえ。出だしにベルトやと思ったボールは頭に来る。ワンバウンドはヒザ元。ヒザ元と思ったのはベルトの位置や。それくらい伸びとった。ぼくはＰＬで桑田らええピッチャーをいっぱい見てる。でも山口さんはあいつらとは全然違った」

既視感のないボールに対して、西山は自分なりの攻略法を編み出す。

「極意は投げた瞬間に振る。ボールが出てから振ったら間に合わん。先輩は『ボールが見えん』と言うとった。それくらい速い。振りながら高さを合わせる。低めと思ったらベルトで振る。そうすればいくらか当たる。あれはバッターボックスに立った者にしか分からん」

伸び上がるストレートだけではない。山口には落差30センチのカーブもあった。

「カーブが来た時は『あれれ』っていう感じ。シュと入ってくる。カーブ打ちのセオリー、引き付けて打て、なんてできん。カーブでも140キロくらい出とったのと違うかなあ。卑怯。あんなストレートがあんのにカーブも使うか、って言いたかった」

通常、プロ野球レベルの普通の投手でストレートは140キロ、カーブは110〜120キロ程度。山口のストレートのMAXは160キロと言われており、プロの平均よりも、二つの球種は20キロ近く速かった。西山がお手上げ状態になるのも無理はない。

七二年春は5打数0安打、同秋は7打数1安打。合計で12打数1安打、打率・083とほぼ完璧にやられた。抑え込まれた印象しかない山口との対戦だが、学生球界を代表する右腕との対戦はよろこびでもあった。

「山口さんは超一流。だからそんなピッチャーと対戦できてむちゃくちゃうれしかった。山口さんを打つことを目標に普段からバッティング練習をしとったからね。ボールはなかなかバットの芯を食わん。『ベチャ』って音が多かった。キャッチャーフライでも当たればよかった。『カーン』というええ音がしたからね」

打者が半分当てずっぽうで打たねばならない、手元で鋭く伸び上がるボールに磨きをかけた山口は関大を二年ぶり九回目の大学選手権に導いた。

第21回大会は六月十四日に神宮球場で始まった。山口にとっても、「山口がいる間に日本一に」と誓った達摩にとっても最後の選手権になる。「部史」はその時の達摩の心境を伝える。

「新大阪駅で『ひかり』に乗り込むとき達摩は演歌歌手、村田英雄のヒット曲、『王将』を歌う。『東京に出て行くからにゃなにがなんでも勝たねばならぬ』坂田三吉の心境だった」

一回戦の福岡大学戦は山口が1失点完投。2－1で勝利する。二回戦の広島商科大学（現広島修道大）戦は岡崎が先発する。7回を7安打2失点。山口が二番手登板し、8－3と危なげなく四強に進んだ。準決勝では中京大を4－0と退ける。山口は3安打完封。四球1、三振15の強烈な内容で、二年前、19回大会決勝敗退の雪辱を果たす。山口や達摩にとって二年ぶりの決勝へ進んだ。学生日本一をかけた相手は東京六大学の慶大。準決勝で東都を制した中央大学を4－0で破っていた。

ファイナルへ進んだ。あと一つ勝てば頂点に立てる。定宿・更新館では夕食の膳に初めてビールがついた。それまでは禁酒だった。マネージャーの橋本は乾杯したシーンを思い返す。

「東京六大学は雲の上の存在だった。それくらい差がある、と思ってた。その相手と決勝で戦う。もうここまで来たからええやろう、ということやった」

達成感から勝負を見失うチームは多い。しかし、関大は「打倒東京」の合言葉の下、結束していた。勝利への執着があった。「部史」はゲンをかついだ達摩を例に取り上げる。

「このとき（大学選手権）、完全優勝した春のリーグ戦の優勝決定時のユニホーム、アンダーシャツを洗濯せずそのまま東京に持ち込んだ。髭も剃らなかった。『臭い』と回りに非難されたが、勝つためにはそんなことは全く気に掛けなかった」

アルコール解禁は前祝だった。

決勝戦は十八日に行われる。

慶大先攻、関大後攻で始まった。先発は山口。慶大は主将の左腕・萩野友康を立てる。

慶大は三回、振り逃げと犠打などで萩野が三進。山口は動ぜず、投ゴロで飛び出した萩野を三塁でアウトにした。慶大は五回一死二塁から萩野が中前打するが、中堅・長沢から二塁・光藤を経由した好返球が走者の吉沢敏雄を本塁で刺す。

七回、山口の直球が慶大五番の池田和雄にバットの芯で捉えられる。長沢は左に背走しながら大飛球を追う。眼前には1・5メートルほどの外野フェンス。障壁に足をかけて、跳び上がり、ホームランゾーンに体を折り曲げた。フェンスの向こう側へ転がり落ちそうになりながらも、ボールはグラブにおさまっていた。

「慶応がよく打つので、右打者の引っ張りを警戒して心もち左中間寄りを守っていました。とりあえず走り、飛びつくだけ飛びついたらボールが入った。ゾーン内の芝が目に入ったのは初めてでしたね。取れてホッとしました。取れなかったら先制ホームランになってたから」

バッティングの鋭さは長沢も肌で感じた。

「慶応はタカシの球をよく打ち返していました。さすが慶応、と思った。この試合も七つフライを取ったはずです。普通はそんなに飛んでこない。二、三個。三振が多かったし、当たっても振り遅れ。だからレフトかライトへの凡フライばっかりでした」

並の選手なら山口の球を外野まで弾き返す力はない。仮にあったとしても球威に押されるため、引っ張りは難しく逆方向。中央に飛んでくることはなかった。長沢が処理した外野飛球の多さや本塁打性の一撃、山口の奪三振3は慶大の強さを示していた。

長沢のファインプレーはチームに勢いを呼び込む。九回裏一死後、光藤が四球で出塁。山崎のバントを慶大は野選にする。一、二塁となり主将の三番・山口円が1ストライク1ボールの3球目、高めのストレートを振り抜く。ボールは左中間を破る。二塁から光藤が一気に本塁へ。「バンザイ」をしながら五角のベースを踏んだ。1－0。サヨナラ勝ち。

慶大　000　000　000＝0
関大　000　000　001＝1

山口の、達摩の、そして関大野球部の宿願は劇的な形で実現した。山口円は優勝決定の二塁打を鮮やかに覚えている。

「大会に入ってから自分の調子は悪かった。決勝までヒットがなかったはずです。ところが、あの試合は最初にセンター前ヒットが出た。それで多少気が楽になった。九回の打席は来たボールを思いっきり振ろう、と考えてました。打った瞬間、外野を抜けたかスタンドに入ったと思った。それくらい手応えはありました」

山口円は高卒で三井造船玉野への就職が内定していた。それを素質にほれ込んだ達摩が自宅のある鳴門・島田島に通いつめ、関大進学に翻意させる。ロッテのドラフト6位指名にも動かなかった。達摩の熱意が、山口円を含む家族の英断が関大にとっては十六年ぶり二度目の大学日本一の一助になった。二人にとってはより感慨深かった。

達摩は部員たちの手で神宮の空に舞った。五六年、村山–上田のバッテリーで初優勝した時、同級生の達摩は打撃投手だった。メンバーとは別に大阪に残り一報を聞く。嬉しさと悔しさが同居する複雑な心境だった。あれから十六年。胸中はよろこびにあふれる。

胴上げに感動したのは関大野球部だけではない。山口と対戦した大院大の西山も歓喜した。

「関大が勝ってくれた。自分たちの代表が東京六大学をやっつけてほんま気持ちがよかった」

関大、そして山口の勝利は四百年も昔、江戸時代から続く、上方（関西）対江戸（関東）、いわゆる商人（民）の武士（官）に対するライバル心をも満足させる文化的側面もあった。

阪神の投手兼任監督の村山が報道陣に出した祝福コメントにも東に対する対抗心が垣間見える。

「よくやった。慶大が好機を逃すなどツキにも恵まれていたようだが、優勝する時はそんなもの。特に投手と遊撃の両山口君がよくがんばったと思う。それに決勝で東京六大学の優勝校を破ったのも意義がある」

優勝投手となった山口は「村山二世」と呼ばれる。自身三回目となる大学選手権で全四試合に登板し、完封2、完投1。29イニングで失点、自責点はともに1だった。防御率0・31と他を寄せつけない。山口はよろこびを口にする。

「村山さんと上田さんのバッテリーに続く日本一。そりゃあうれしかった。達摩さんはよく『大学選手権を獲って監督を辞める』と言っていた。もちろん、辞めてもらうつもりなんてこれっぽっちもなかったけど」

周囲の幸福感を「部史」は表現している。

「宿舎『更新館』での夕食の膳に鯉のあらいが出た。達摩は更新館の主人、志知明との約束を思い出した。2年前、日本一を中京大に阻まれた夜、二人は悔しさを紛らわすため酒を飲んだ。そのとき志知は庭の池で飼う鯉に餌をやりながら『日本一になったときあれをあらいで食べよう』といった。志知はその約束を守ったのである。達摩は感激しながら味わったが、これには続きがある。鯉は志知の夫人が飼っていた。明はその夫人に無断で料理したことで激しく叱られた」

時間の経過を交えた感動のエピソードに、オチがついているところも関西のチームらしかった。優勝カップについだビールも回し飲みできた。長沢は言う。

「勝ったもんにしかできません」

「メジャーでも十分通用する」

その大学選手権での活躍を参考にして、第1回日米大学野球選手権大会の日本代表二十人が選ばれる。優勝チームの関大からは山口、主将の山口円、三年生捕手の田中昭雄、そして監督として達摩の四人が選出された。メンバーには二年前の第19回選手権準決勝で延長二十回の死闘を繰り広げた法大の長崎や山本、そして後年、横浜（現DeNA）監督になる慶大三年の遊撃手・山下大輔などがいた。山口は日本の学生を代表できる幸せを感じていた。

「記念の第1回。歴史に名前が残る。それに初めて外国人相手に野球ができる」

現在も続く持ち回りの日米対抗はこの七二年から始まった。第1回は日本開催。翌七三年はカリフォルニア州などでだった。第2回は試合のあったアメリカ西海岸に近い南カリフォルニア大学中心のメンバー編成になったが、この第1回は全米から選手がセレクトされた。

卒業後、メジャーリーグで活躍する選手も少なくなかった。七三年ドラフトでボストン・レッドソックスから2巡目指名を受け、七五年に新人王とMVPをメジャー史上初めてダブル受賞する外野手のフレッド・リン。七三年ドラフトでフィラデルフィア・フィリーズに1巡目指名される遊撃手のアラン・バニスター、モントリオール・エクスポズで十年間、主に外野手としてプレーするウォーレン・クロマティも選ばれる。クロマティは八三年に巨人に移籍。日本で七年間プレーを続けた。八九年に打率・378で首位打者、シーズンMVPも獲得して日本一に貢献する。

大会前には十日間ほどの直前合宿が東京であった。山口は慶大の池田に夜の銀座に連れて行ってもらう。池田は山口と同学年ながら留年していた関係で就職先はすでに社会人チームの名門、日本石油（現JX－ENEOS）に決まっていた。リクルート的意味合いもあり、山口は会社が接待で使う高級クラブに招待され、首都の華やかさを味わう。

「銀座はすごかった。お店は大きいし内装も豪華。ホステスも綺麗やった。オレが行ってたスナックとは全然違った」

池田に社交的な美しい夜の世界を教えてもらうなど、山口は日本の学生を代表するチームの一員になった恩恵を受けていた。

七回戦制の日米大学野球選手権の開幕戦は七月八日、神宮球場だった。

開幕試合には皇太子ご夫妻（現天皇皇后両陛下）をお迎えして開会式が行われた。日本の先発・山口は関係者を経由して、皇太子殿下から渡されたボールで第一球を投げる。山口がご夫妻を間近に見たのは高校三年夏、六八年の第50回甲子園大会の開会式以来だった。

「お目にかかったのは二回目やったが、一回目同様に感激した」

山口はアメリカに7安打3失点完投。四球は3。奪った三振は13を数えた。打線はアメリカの三投手に14安打を浴びせる。四番・長崎と七番・山本の法大コンビがそれぞれ3安打を放った。山口も3打数2安打1打点と自らの投球を楽にさせる。

スコアは6－3。山口は開幕白星を挙げた。

アメリカ	000	100	020	＝3
日　本	000	303	00×	＝6

アメリカチームの監督、ボブ・レンは報道陣の前で最大級の賛辞を贈った。

「ヤマグチは非常にいい投手。最後まで力は衰えなかった。メジャーでも十分通用する」

観衆三万人は野球の母国を山口がねじ伏せた試合に酔いしれる。

二度目の先発は岡山県営球場で行われた第三戦。延長十二回を投げ抜いた。チームは5－4で勝利。山口は連勝する。


この大会中には悲劇もあった。

九日に行われた神宮球場での第二戦でチーム最年少の二年生、早大内野手の東門《とうもん》明が七回の走塁時、バニスターの併殺狙いの送球を頭部に受けて倒れる。事故直後は意識もしっかりしていたが、まもなく嘔吐が始まったため、近くにある信濃町の慶大病院に搬送された。治療の甲斐なく、五日後の十四日、十九歳の若さで帰らぬ人となった。

十六日には名古屋の中日球場で行われた第四戦を応援するため、大阪から名神高速を使っていたマネージャーの橋本の車が雨の路面でスリップ。前走車に追突しエンジンから出火する。車には山口と高校時代から交際していた池上裕見子が同乗していた。奇跡的に二人にケガはなかった。

事故後の登板となった十七日、神宮での第五戦は、さすがに精彩を欠く。先発した萩野を十回からリリーフした。2－2の延長十三回、一死二塁から右中間二塁打されサヨナラ負け。アメリカとのシリーズ中唯一の黒星になった。通算成績は日本の三勝二敗。山口を打って勝ったとはいえ監督・レンは再び報道陣に広言する。

「ヤマグチはいい投手だ。私の二十五年の大学監督生活で初めて出会った好投手だ」

第六、七戦は翌十八日、ダブルヘッダーで行われた。第六戦で5－3と勝利した日本は通算四勝として初代優勝を決めた。第七戦に山口は先発する。大会で初めて関大の女房役・田中とバッテリーを組んだ。慣れたキャッチングはテンポを生む。優勝の重圧もない。山口は1安打完封。スコアは3－0。わずか一時間四十五分で終了した。二番のリンに許したヒットが悔やまれた。三振こそ5と少なかったが、四球は2と安定していた。

日本チームの通算成績は5勝2敗となった。

投手成績で山口は群を抜く。大会トップの3勝。33回1/3を投げ、自責点は8。防御率は2・16だった。イニングは二番手の慶大・萩野の12回、三番手の中大・藤田康夫の11回1/3の約三倍。防御率でも4・50の萩野、4・76の藤田の約半分だった。大会MVP（最優秀選手）に選ばれる。

東京スポーツニッポンはメインマク（見出し）を「米国に完勝　日本が世界一」ととった。野球の本家を日本の学生が倒した快挙を讃えていた。

日本の四番に座った法大・長崎は28打数10安打、打率・357で首位打者になった。

「アメリカはタカシを打てませんでした。タカシがいたからチームには『勝てる』という雰囲気がありました。ぼくはバッターとしてタカシを見て対戦している。だから全米のピッチャーがみんな技巧派に映った。抑えられる感じがしませんでした」

長崎はこの年、七二年春秋のリーグ戦で連続首位打者に輝く。秋には大洋にドラフト1位指名され入団。八五年に阪神に移籍した。プロ通算十五年で１４７４試合に出場。１１６８安打、打率・２７９を残す。八二年には打率・３５１で首位打者になった。

大会終了後の二十日、早大の大隈記念講堂で日米の選手や関係者が出席して、東門のお別れの会が行われた。遺影が飾られ献花がなされる。山口もチームメイトに別れを告げた。

「友達を亡くした悲しさはあったけど、東門と一緒に戦っているつもりだった。オレが楽しくなかったら、あいつも楽しくないやろう、あいつは後悔するやろう、と。勝とう、ではない。お別れの会でバニスターは東門のご両親の前で頭を下げた。長い間、その頭を上げられへんかった。その光景が今でも忘れられん」

日の丸を背負う幸せを感じての野球が供養につながる。山口は投げた。そして満足感を得た。

東門の背番号13は日米大学野球日本代表、9は早大のそれぞれ永久欠番になる。

日米大学野球が終わった頃、長沢は山口に「なぜ常人離れした速球が投げられるのか」と質問したことがある。山口は答える。

「リリースポイントに来た時に手首を後ろに返して投げる。ボールに余計に力が加わる」

手首の角度は90度。リストの反動で生じるパワーもボールにプラスさせる。

「タカシのあの手首の使い方は普通の投手には真似できません」

手首の動きは山口がよく口にする「異常の正常」である。他人にはない、できない、肩、ヒジ、手首など各関節の柔軟性、可動域の広さなどを利用するピッチングを指して言った。投球寸前に手の平、手首などは通常直線に近い形になるが、山口は瞬間に手首を後方により深く折る。その動かし方は本人にとっては正常だが、他人にはできない。個人個人の体格や筋肉などの差異に注目し、山口が生み出した言葉は、そもそも自身の中にあったものだった。

達摩は山口の体の作りにその答えを見出す。

「山口は三分の二が胴体で三分の一が足や。つまり重心が低い。重心が低いと安定する。安定したら下半身の力を伝えやすい」

達摩は山口が背が低く足も短いという短所を長所に変えた、としている。

塗り替えた七つのリーグ記録

七二年秋、山口は最後のリーグ戦を迎える。継続している連盟記録は個人連続勝利だった。三年生の七一年春の関学一回戦から、七二年春の最終登板、関学一回戦まで、三季をまたぎ十八連勝していた。勝ち星の積み上げに注目は集まる。

山口は九月二日、開幕戦の大院大一回戦で2安打完封勝ちする。延長十四回まで行ったが最後は打線が5得点で山口の165球の力投に報いた。2安打は内野へ飛んだものと五番・西山の中前打のみ。42アウトの内、外野飛球はわずかに4。西山のヒットと合わせても5だった。球威は変わらない。奪三振は自身リーグ戦最多となる17を記録した。

しかし、開幕三連勝後のシーズン四回目登板で個人連続勝利を21で止められる。十月六日の大商大一回戦。山口は四回まで毎回の5三振、内野安打1とほぼ完璧な内容だった。ところが4－0と完勝ムードの五回、内野の連続失策で崩れる。内野安打に右前打が絡み2点を失った。打線は九回に2点を追加し、6－2とするものの、その裏、2安打と四球で二死満塁のピンチを迎える。次打者にはストレートの四球。押し出しで1点を失った。そこから左中間二塁打、遊撃内野安打と連打される。6－7。リーグ戦で初めてのサヨナラ負けを経験する。四年生初のリーグ戦黒星。失点7は自身リーグ戦最多となった。自責点5はタイ。8回⅔で9安打を許す。

この日、外野飛球は安打も含めて10。開幕ゲームの大院大戦では5だった。山口がいかに大商大に捉えられていたかが分かる。中堅手の長沢は6（安打4、飛球2）を処理した。

「ウチはタカシがいたから、1点を取ったら勝つ、という感じでした。1点のため、四番のぼくにもバントのサインが出ました。そんな調子で勝った試合が多かったから、負けたイメージの方が強い。この試合はタカシがカンカラに打たれました。守備でこんだけ動いたのはリーグ戦では初めて。びっくりしました。普通は凡フライが二、三個でしたから」

山口自身には記憶がない。

「打たれた時のことはよう覚えてへん。けど、オレの連勝記録は個人的なもんや。チームのもんではないわな。大事なんはやっぱりチームやろ。せやから、記録に対するこだわりはなかったな」

記録は途切れた。しかし、翌日の二回戦で山口の真骨頂が現れる。監督の達摩は山口を連投させる。被安打3、113球完封する。6－0、1時間57分で試合は終了した。前日の影響をまったく感じさせない。九日の三回戦も山口が5安打完封。2－0と連勝して勝ち点を挙げた。山口は三戦を一人で投げ抜いた。四日間で7点の大量失点負けから連続完封勝ち。やはりエースだった。

二十一日からの同大戦はともに勝ち点4同士で優勝がかかる。山口は一回戦で延長十回4安打完封。三振14を奪い1－0の先勝に貢献した。二十三日の二回戦にも完投。５－４で競り勝った。チームは三季連続のリーグ優勝を飾った。

山口は大学八季のうち、七季で関西の頂点に立った。大学最後のシーズンは９勝1敗。95回2/3を投げ、自責点は10。防御率は０・９８と最後も０点台だった。

大学四年間で山口は65登板（55先発）、46勝11敗の成績を残した。勝ち星は一九三〇年から始まったリーグ戦で最多となる。完封勝利は19を数えた。投球回数は５１８回1/3。自責点は最良で47、最悪で54。防御率は０・８２から０・９４の領域に収まってくる。５００イニング以上投げて、数字の上では対戦相手に１点を取らさなかった。いずれにしても考えられない数字だった。

十一項目ある投手記録のうち、塗り替えた七つは一四年春現在も残っている。
１　通算最多勝利46。
２　年間個人最多勝利18（四年の七二年春秋）。
３　個人連続勝利21（七一年春、関学一回戦から七二年秋、関学一回戦）。
４　一季個人最多奪三振１００（七一年秋）。
５　連続イニング無失点68（七一年秋、同大一回戦から関学一回戦）。
６　連続完封６（七一年秋）。

7　無安打無得点試合（七一年十月二十八日の同大三回戦）。

残りの四つも山口の視界には入っていた。一季個人最多勝は10。四年春秋にはそれぞれ9勝を挙げた。同級生に岡崎がいたこともあり、山口は登板機会を譲ったりしていた。

一試合奪三振23と連続奪三振9のリーグ記録を持つのは近大の巽真悟。〇七年に達成して〇八年ドラフト1巡目でソフトバンクに入団した。完全試合は同大の染田賢作。〇四年に作り、同年ドラフト1巡目扱いの自由枠で横浜に入った。ただしこの時の相手はどちらもスポーツ推薦がなく、国立大学でも受験難関校の京大。山口の時代には入れ替え戦があり、国公立大学はリーグに存在せず、下位チームでもスポーツ推薦を採り入れていたため強かった。

山口が今のリーグに存在すればさらなる記録更新をしていただろう。

リーグ戦春秋連覇をした関大は十一月三日、神宮球場で開幕した第3回明治神宮大会に唯一の関西代表として出場する。招待試合である神宮大会はこの年、地元の東京六大学からリーグ戦優勝の慶大をはじめとした、法大、早大、明大の四校が出場した。現在は地域ごとに出場校が決められており、東京六大学、東都は秋のリーグ戦優勝校、関西は関西学生など五リーグの秋の優勝校が勝ち抜き戦を行い、二校出場などとなっている。

関大は関西から唯一の出場だった。山口は三年連続の大会で抜群の働きをする。一回戦の中京大戦こそ先発を岡崎に譲ったが、二番手でマウンドに上がり2－1の勝利を支えた。そして、大学野球の最高峰、東京六大学3チーム、慶大、早大、法大を次々と倒す。

五日の二回戦は六月の大学選手権決勝で対戦した慶大を1－0。山口は東京六大学で部史上初めて三連覇した慶大から無安打無得点試合を記録する。一回二死、三番・山下から始まった連続三振は一番・佐々木省三までで8。総数は毎回を含む15だった。四死球は4、球数は122。九回二死二、三塁では慶大先発・長谷部優のストレートを中前に運び、決勝タイムリーも放っている。投打ともに山口一色だった。

七日の準決勝は早大を2－0とする。関大は五回、光藤の中前適時打で先制。八回には山口円が本塁打を放った。山口は早大を4安打に抑え二試合連続の完封勝ち。三振は二試合連続二ケタとなる11を奪った。七月の日米大学選手権で総監督として山口とともにアメリカと戦った早大監督・石井藤吉郎は「手のうちようがない」と報道陣の前でうめいた。

山口は大学進学時に漠然とあこがれた早慶両校に1点も与えなかった。


翌八日の決勝戦は法大と対戦する。

法大サイド、一塁側には三千人の応援団が駆けつけた。山口は動じることなく法大を沈黙させる。二回無死から先頭打者の四番・長崎に左前打を許すが、五番・佐々木幸治を遊撃併殺に仕留めた。関大は四回一死から橋本等の中越え三塁打でチャンスをつかむ。川内幸男が先発・前村泰正のカーブを左前にはじき返し1－0と先制した。山口は法大に三塁を踏ませない。5安打無四球完封。神宮大会初優勝を決める。


山口は3完封を含む四戦全勝。初戦の中京大戦から数えると30イニング⅓連続無失点。被安打9、四死球8、三振はイニングより8つ多い38を数えた。山口は達摩の後にベンチ前で胴上げされる。そして報道陣の前で喜びを表現した。

「とにかく有終の美を飾れて本当にうれしい。完封はバックがもり立ててくれたお蔭」

山口の心に強く残っているのは、ノーヒッターになった慶大戦ではない。無四球完封の決勝・法大戦だった。

「大学の公式戦では無四球ゲームがなかったんやな。だから神宮大会で法政相手にそれができて一番うれしかったな」

神宮大会優勝で関大は大学史上初のグランドスラムを決めた。春、秋季リーグ戦、大学野球選手権、明治神宮大会の四冠。山口はそれに、日米大学野球優勝を加え、個人五冠を達成した。文字通り有終の美だった。

「今やったらすごいと思うけど、そんときはそんなに感動はせんかったなあ。『ああ、五つ獲れたんや』ってそんな感じやった」

慶大の山下大輔は「三番・遊撃」で大学選手権決勝、神宮大会二回戦と全国舞台で二度、山口と対戦。内容は6打数0安打1死球と、ほぼ完璧に封じ込められた。山下の能力は高く、山口より一学年下の三年生ながら全日本にも選ばれアメリカと戦っている。

「タカシさんは、今のピッチャーで言うと日本ハムの武田久を速くさせて、160キロで投げさせる感じ。そして、野球のボールではなく、砲丸が、鉄のかたまりが飛んでくるイメージ。打者としてはバットを放る意識で振る。そうしなければ当たりません」

山下は七三年ドラフトで大洋から1位指名を受け入団する。現役時代にはプロ最高ピッチャーの一人に数えられる巨人・江川卓と対戦し、得意にしていた。対江川のプロ通算打率・３０２（１２９打数39安打、５本塁打、14打点）を残す。これは１００打席以上の対戦で打率・３４６の広島・山本浩二（１３３打数46安打、14本塁打、28打点）、打率・３１０のヤクルト・若松勉（１２６打数39安打、３本塁打、16打点）に次ぐ、三番目の好成績だった。

江川は栃木・作新学院から法大に進学した。七九年、巨人入団。八一年には日本一に貢献。20勝で最多勝、最優秀防御率（２・２９）、ＭＶＰとタイトルを独占した。プロ九年で１３５勝72敗３セーブ。その江川を山下は「カモ」にする。

一方、山口とはプロ入り後のオールスターで二度対戦する。最初は七五年七月十九日の甲子園での第一戦。捕邪飛に倒れた。二度目は三年後七八年七月二十三日、後楽園での第三戦だった。結果は遊ゴロ。凡退した球宴の二打席プラス大学六打席の結果は８の０だった。わずか八打席ながらその印象は四十年近く経った今でも強い。

山下は１８３センチの江川と１６９センチの山口を比較する。

「私は速いボールが好きでした。タカシさんは身長があるわけじゃない。江川と比べると角度のあるピッチャーでもなかった。球種もカーブは持っていたが、ほぼストレート。ところが私はタカシさんの真っ直ぐ一本に絞って、その真っ直ぐが打てませんでした。江川はストレートとブレーキの利いたカーブがありました。でも、その二種類持っていた江川は打てた。それは次に投げるボールがなんとなく感覚的に分かったから。だからカーブを待ちながらストレートに合わせていくことができた」

山下個人の意識では山口の直球は江川のそれよりも速かった。山口のカーブはトップ級の打者には見せ球的要素が強い。江川の直球とカーブはともにプロ最高レベルだった。一種類のボールを狙って打てなかった山口と二種類のボールでも打てた江川。対戦が多い江川にとっては不利かもしれないが、山下にそう感じさせる速さと威力が山口にはあった。

プロ入りを拒否したワケ

山下と同じ最上級の評価をプロ野球も山口に下していた。十二球団は七二年のドラフトでのナンバー1投手獲得のため視察に時間を割き、情報入手に躍起になった。山口さえプロ野球を大学卒業後の進路に決めれば、独占交渉権を決める秋のドラフトでの1位は確定する。南海ホークス（現ソフトバンク）の監督だった野村克也も神宮大会視察に訪れた。巨人スカウト部長・武宮敏明は山口の能力を報道陣に聞かれ答えている。

「プロに入っても年10～15勝は計算できる」

中日の担当スカウトは関大に籍を置いた法元英明《ほうもと》だった。後年、122勝102敗50セーブの小松辰雄、53勝64敗126セーブで横浜監督もつとめる牛島和彦、1560安打を放ち東北楽天ゴールデンイーグルス初代監督になる田尾安志らの担当になる。

三五年生まれの法元は八尾から関大に進学する。経済的理由などから三年で中退して中日に入団した。十三年間、外野手などで現役を続けた後、六九年からスカウトになる。当時の中日のスカウト体制はほぼ二人。今のように地域ごとに担当を置かず、名古屋を挟んで東はチームマネージャー上がりの田村和夫、西は法元が請け負った。法元はもちろん後輩の山口をリストアップ。獲得対象選手に挙げていた。山口の上半身を折り曲げ、腕を叩きつけるフォームを絶賛する。

「胸の張り、体重移動などバランスの取れた素晴らしいフォーム。連写写真のどこを取っても最高だね。溜めた力を上体だけじゃなく、下半身、腰のひねりを使って投げている。フォーシームの回転のいいボールがアーム式のような腕の振りでズシッと来る。言うことないよ。ピッチング自体は安全運転。強い相手にはアクセルを踏む。その時は素晴らしい球が行った。大学二年の延長二十回（法大戦）を投げ抜いて勝つなんてむちゃくちゃすごい」

法元はマウンド上の山口のみを高評価していたのではない。人間性にも惹かれていた。四年の大学選手権は準決勝までスタンド観戦したが、決勝の慶大戦は他選手の視察で行けなかった。ラジオ中継から聞こえてきた山口の優勝インタビューが耳に残っている。

「何て落ち着きのある男なんだ、と思ったよね。選手権優勝の偉業を達成したのに、タカシは少しも興奮していない。『はい。どうもありがとうございました』とごく当たり前のように受け答えしていたな。アナウンサーの方がよっぽど興奮していた」

法元は日米大学野球、神宮大会もバックネット裏から視察した。神宮大会は四試合すべてを見る。山口が慶大戦で無安打無得点試合を達成した五日、近くに十八歳年上の巨人スカウト・内堀保が座っていた。会話が耳に入る。作新学院二年生だった江川の評価だった。同日、江川は秋季関東大会決勝で神奈川・横浜高校を6－0と完封で降し優勝していた。

「内堀さんは『江川がいい』と一人で悦に入っていた。タカシのノーヒット・ノーランのゲームに『これよりいいのですか？』と尋ねたくなったね。これ以上いいピッチャーはいない」

法元の評価は山下と同様、後年プロ野球の一時代を築く江川よりも山口の方が上だった。


山口のドラフト1位は確実だった。しかし、本人は職業としての野球選択に乗り気ではなかった。大学日本一になり同世代のアメリカ代表を破っても、確固たる自信は持てない。体が小さいこともあった。169センチの身長でプロで一流になっているピッチャーはいない。目につく投手は最低でも180センチ近くはあった。

監督の達摩は山口の心境を代弁する。

「自分の上背が低いというのは分かっていたし、飛び込んでも思い切ってやれるか不安があった。だから躊躇《ちゅうちょ》するんやね」

大学三年から四年の二年間の記録が山口自身に達成感をもたらしたこともあっ

た。日米大学野球、神宮大会とその感覚はどんどん大きくなっていく。

「大学選手権に優勝したあたりから満足感が先に来て、プロを考えなくなった。あとは趣味で野球をやって、いい会社に就職できたら、と思うようになってたな」

神宮大会に先立つ十月二十九日、父・達三、母・房を交えた家族会議で「プロ入り拒否」を決める。自分の口から報道陣に伝えた。

「プロ野球は嫌いではないけれど一生の職業として選ぶには物足りなさを感じる。自分の右腕だけを生活の糧にするのは厳しい。三年生ごろから疲労の回復も遅く、たえず肩が重い」


社会人に進路を定めた山口の獲得には和歌山の住友金属、姫路の新日鉄広畑など地元関西を中心に約二十チームが名乗りを上げる。その中で最終候補を総合家電メーカーの松下電器と保険大手の日本生命に絞る。同級生の山口円は大学選手権の六月、就職先を松下電器に決めていた。高校時代から交際を続けていた池上裕見子は日本生命で働いていた。悩んだ末、松下電器への入社を決心する。心が定まったのは神宮大会終了後だった。

「松下は関大のしがらみがあまりなかった。近い先輩はおらん。新日鉄広畑なんかは顔なじみのOBがいた。色々なOBを通じて話を持ってきてもらって、こっちを立てたら、あっちが立たん状況やった。松下はもちろん大きい会社やった、ということもある」

プロ十二球団には断りを入れた。七二年ドラフトの超目玉選手の社会人選択にプロ側は非常に残念がる。法元もその一人だった。公式戦以外にも日々の練習にも足しげく通う。達摩とも会食をして、進路を話し合った。それでも翻意させられない。

「タカシはプロに行っても絶対打たれない。あの時は『もっと己を知れ』と言いたかったよね。でも義理も立てないといけなかった。オレも一応、関大野球部にいたことがある。だから引いた。当時は義理人情が通用した時代。惜しいなあ、と思ったけれどもね」

法元は三年秋のシーズン終了まで関大に在籍し中退したため、OB的感覚が強かった。自分の思いを押し通すより、後輩の山口や達摩の希望を優先させる。

そして、十一月二十一日の七二年ドラフト会議当日を迎える。

その日、山口は大阪府門真市にある松下電器の本社で入社試験を受けている。一人だった。通常の試験は終わっている。特別措置だった。

ドラフト当日に試験を受けたことで入社を確信していた人物がいる。山口より一年先輩、松下電器の内野手・松下勝実だ。

四九年生まれの松下は静岡県立清水東高校から慶大に進んだ。二年生の六九年秋には打率・396、四年生の七一年秋には・478で二度首位打者を獲得した。通算123安打は一四年現在、東京六大学歴代三位。一位・127本の高田繁（明大→巨人）、四位・121本の大引啓次（法大→オリックス→日本ハム）らプロ選手に交じる。七一年ドラフトでは1位候補だったが、家業でもある産業用ガスや溶材商品などを販売する東海溶材を継ぐため、プロ入りを拒否した。松下は取り引き先だった松下電器に入社する。

入社一年目、野球雑誌の対談企画で松下は初めて山口と会う。

「大学時代、タカシのことは知らなかった。慶応の一つ下が大学選手権決勝で負けて、その時に知った。対談で会って、進路を悩んでいたようだったからアドバイスをしたんだよ」

松下ははっきり言った。

「ドラフトの前にプロか社会人かどちらかに決めた方がいい。もしプロと決めたのなら、どんな球団に指名されても拒否するな。君はドラフトの目玉だ。かかる、かからないというレベルの選手ではない。君ほどの選手が失礼なことをしてはいけない」

松下は自身の経験を踏まえて話した。山口は真剣に聞いていた。

「タカシがウチの試験を受けた、と聞かされた時に、『ああ、これは絶対来るな』と思ったなあ。前に話をしていたしね」

ただし事はそう簡単に進まなかった。

会議は東京・千代田区の日生会館（現日生劇場）で行われた。ドラフトの手順は、まず予備抽選を行い、指名順位を決める。後はその順番に従って完全ウェーバー。現在のように1位指名競合によるくじ引きはなく、指名した球団がそのまま独占交渉権を獲得した。予備抽選で一番を引いたチームがもっとも有利だった。

山口のなじみの在阪四球団は予備抽選で近鉄、阪神、阪急、南海の順になった。近鉄は投手・仲根正広（東京・日本大学桜丘高校）、阪神は投手・五月女豊（日本石油）、阪急は投手・石田真（栃木県立足利工業高校）、南海は投手・石川勝正（東洋紡岩国）をそれぞれ1位で指名した。希望通りドラフト指名は見送られるか、と思われた4巡目（全体の四十番目）に在京球団のヤクルト・スワローズが「山口高志」の名前を挙げた。スカウトは片岡宏雄。後年、編成部長として古田敦也らを指名し、九三、九五、九七、〇一年の日本一に貢献した。当時三十六歳の片岡は神宮大会で山口が慶大に無安打無得点したのを見て報道陣に断言している。

「10パーセントくらいの可能性しか残っていないかもしれないが、その10パーセントに挑戦したい」

言葉通りヤクルトが動いた。

白紙の小切手

達摩は怒りが先行した。

「タカシの松下行きは決まっとった。1位やなく4位いうのはお遊びや。ふざけとる」

冷やかしでも冗談でもない。山口の4位指名は戦略だった。ヤクルトは1位でいすゞ自動車の内野手・永尾泰憲を挙げるなど3位までに必要な選手を指名していた。4位は可能性にかけた。もし拒否されたとしても上位三人は確保できている。下位の一枠をつぶしてもダメージは少ない。山口が入団に踏み切れば永尾とともにその年の1位クラスを二人同時に獲得でき、ドラフトは大成功に終わる。「横軸を縦軸で獲る」やり方を使った。

1位を4位に下げた「おわび」は、球団オーナー・松園尚巳の日をおかない指名あいさつと白紙の小切手提示だった。ありえない厚遇である。ヤクルトは何とかして入団にこぎつけたかった。

山口は驚く。プロ野球が並の社会でないことを知る。

「指名された後の取材で、新聞記者が『ヤクルトのオーナーが来たらどうする？』と聞いてきたんで、『来るわけありません』と答えた。そうしたら翌日、実家に来てた。やっぱりプロやな、すごい世界やな、と思った。アマ（社会人チーム）だったら普通話は進まん」

ヤクルト本社社長で球団初代オーナーの松園は、東京・新橋の本社から神戸市の山口の実家に飛んだ。一大学生にグループの総帥が会いに来る。山口側は面会謝絶をせずに話を聞いた。大人の対応を取った。入団交渉には山口本人は同席せず、父・達三、母・房とともに達摩があたった。

松園は白紙の小切手でさらに誠意を示す。

契約金、年俸を含め好きな額を書き込め、という意味だった。最大評価の裏返しである。松園は一代でヤクルトを乳酸菌飲料最大手に仕立て上げ、全国での認知度を浸透させた。それだけに行動的で相手の心の摑み方も巧みだった。

達摩は松園の動きを予想していた。

「知り合いが『松園さんのことやから白紙の小切手を持ってきて好きな金額を書け、と言うてくる』と教えてくれた。冗談やと思っとったらほんまになった」

白紙の小切手以外にも、松園はさまざまなやり方で山口側を揺さぶる。最初は「新幹線で毎日東京から交渉に通う」と言っていたが、やがて、「近くの空き地にバラックを建てて入団してもらうまで日参する」に変わったりした。大阪市内のホテルで山口と達摩は半日間説得のために監禁されたりもする。それでも山口の気持ちは変わらない。拒否し続ける。

「最初に決めたことだから、グラつかんかった」

最後は日本高等学校野球連盟（高野連）の三代目会長で八一年に野球殿堂入りする佐伯達夫を後見人に立てた。高野連の事務局長だった田名部和裕は、達摩の九学年下の関大OBで心やすく、話をつないでくれる。次第にヤクルトは攻勢を弱め、そして撤退する。

山口自身は白紙の小切手の話を二年後に聞く。松下電器時代に父・達三が話した。それまで秘められていたのは、お金によって人生を決めさせたくない親心である。松下電器への恩義も感じていた。スカウトの法元が言う「義理人情」が父子に生きていた。波乱はあったが、松下の直感通り、山口は社会人への道を選ぶ。

十一月二十一日のドラフト会議が終了した夜は神戸市長田区宮川町の自宅に報道陣があふれた。狙いは家族や周辺取材だった。山口の去就はプロ球界関係者のみでなく、世間の耳目を集めていた。人で埋まった路地を市立長田小、市立高取台中学校の同級生、今井芳男は覚えている。

「狭くて汚かった町内に夕方、メディアの人がいっぱい来た。まあ驚いたねえ。こんなに人が来るんか、って思った。オレのおふくろは羨ましがっていた」

同年齢の子を持つ同じ立場として、そのフィーバーぶりに今井の母は羨望の眼差しを浮かべていた。もっとも山口の母・房には迷惑な部分もあった。ドラフト前後に行儀のよくない取材陣がタバコの吸い殻などのゴミをそこかしこに捨てていった。山口は母から愚痴を聞く。

「おふくろが嘆いていた。次の日、掃除するのが日課になっていた、とね」

母が毎日続けた路地の掃除は、マスコミによる山口の注目度の高さを物語っていた。

山口の進路決定と同時に卓越した指導能力を発揮した達摩も監督を退任する。六七年から七二年まで六年間十二季で八回のリーグ優勝をもたらし、「第三期黄金時代」を築いた。頂点に立てなかった四季でも二位二回、三位一回、五位一回。入れ替え戦出場の最下位は一度もなかった。退任後は就任前から続けていた高校野球の審判に戻り、選抜や夏の選手権などをジャッジした。晩年は高野連の技術振興委員長や顧問などを歴任し、テレビ解説でもお馴染みとなる。

リーグ戦46勝投手の山口と達摩を失い関大は低迷する。山口の一学年下から学園紛争の影響でスポーツ推薦制度がなくなった。巨人と阪神でプロ139勝を挙げる小林繁（鳥取県立由良育英高校・現鳥取中央育英）や田尾安志（大阪府立泉尾高校）は練習参加したが、入学することはなかった。小林は大丸に入社、田尾は同大に入学する。

関大にスポーツ推薦が復活するのは九二年。山口の卒業が七三年。その二十年の間、優勝は九一年春の一回のみ。その後は山口の同級生である豊島が監督として指揮を執った九五年春だけだ。山口が個人五冠を達成した翌年の七三年春から二〇一四年春まで四十二年八十三季で、優勝はわずかに二回しかない。

山口は村山実と並ぶ関大を代表する投手となった。中日スカウトだった法元は肉眼で二人を見た上で対比する。

「質が違うねえ。村山には角度はない。右手が低い位置から出る。スリークォーター気味。どちらかと言うと速球でもないし、剛球でもない。打者の手元で動く。今で言うムーブするボール。タカシは純粋のオーバースロー。だから体は小さかったが、角度はあった。剛球。体がしっかりして、だんだん球が速くなった。リリースも前の方になった。フォーム、重心移動ともによかったよ。山口は高めのボールで空振りが取れた」

村山と同級生で同じ投手だった達摩も実際の二人の投球を目の当たりにしている。

「球が違う。ムラはズドンと重みのある速さ。フォークもあった。指が長く、ボールをはさんで落とす。タカシはうなりを上げる。すごい速さ。全身の力を指先にかけてフィニッシュでけた。当時はスピードガンがなかったけど、タカシは常に160キロ近いボールを放ってた。ムラとタカシとどちらが上か下かの評価はできん。

せやけどピッチングができたのはタカシ。あいつは賢かった。記憶力がええ。相手バッターとの対戦結果や好き嫌いを覚えとった。ムラは大学で肩を痛めた。丸々四年間はやってへん」

山口は八季のうち七季でリーグ優勝の中心になる。村山は大学選手権優勝後の二年秋には肩、三年ではヒジを痛め、八季のうち、リーグの頂点に立てたのは四回だった。

七三年三月、山口は関大の卒業式に臨む。

「卒業できたんは試験がレポートになったからやろな。学園紛争で学校がバリケードで封鎖され講義もなかった。レポートやったからみんなに助けてもらえた」

マネージャーだった橋本は笑う。

「タカシは名前が売れたばっかりに、うまいことやっていた。自分は二年の時、語学の授業に出席できず五年生が決定した」

大学を代表するアスリートに教授陣も単位取得に手心を加えた。明るく、おおらかな時代だった。橋本は山口のように光を浴びることなく、裏方として野球部を支え留年した。しかし、橋本もまた山口とともに関大の「第三期黄金時代」を支えた男だった。

四番を打った長沢は同級生の山口に対して感謝がある。

「タカシがおってくれたから関大が注目されて、関大が注目されたから四番の自分が注目された。だからここまでこれたんです。タカシがおらんかったらなんの意味もないですよ」

投手上がりの監督として四年間、山口を指導した達摩は人間性の素晴らしさを語る。

「タカシがわしにかみついたことは一切あらへん。バックがスカタン（エラー）しても顔に出さん。野手のトンネルに『俺がバットに当てさせたのが悪かった』と言うとった。そんなセリフ、今まで聞いたことがない。みんなが信頼しとった。すごい奴やった」

自分を取り巻く人々にさまざまな思い出を残し、山口は関大を卒業した。

輝かしい成績を残しながら、決して驕らない人柄だった。

実家近くの路地にて。バットを構えているのが山口。キャッチャーは兄の桂一

三　誕生

原点は長屋の路地

山口は一九五〇（昭和二十五）年五月十五日、兵庫県神戸市長田区宮川町で生まれる。３５００グラムの大きな新生児だった。父・達三は鹿児島県加世田市（現南さつま市）出身。地元の県立薩南工業高校を卒業後、神戸市にあった川崎車輛（六九年に川崎重工業に合併）に就職した。達三は高校で設計などを勉強しており、市内の元町や板宿商店街のアーケード製作などに関わる。母・房も同じ鹿児島県出身で、神戸市内で助産婦として働いていた。故郷で面識のあった二人は神戸で再会。親しみから交際、そして結婚に発展する。長男・桂一の生まれたのは四七年一月十八日。三年後に次男・高志が誕生する。両親は「常に理想を高く掲げ、実現できる男の子に」という願いをその名前に込めた。二年後の五二年十一月二十三日には妹・英子が生まれる。山口家は五人家族になった。

五〇年の日本は、四五年八月十五日の太平洋戦争終結から五年が経過していた。前年の四九年、理論物理学の分野で湯川秀樹が日本人初のノーベル賞を受賞。このニュースは敗戦、そして占領下での日本国民に大きな自信を取り戻させた。翌五〇年は朝鮮戦争が勃発。戦闘などで使用される物資が大量に日本から送られ、朝鮮特需と呼ばれる戦後初の好景気を引き起こす。山口は日本が敗戦から立ち直る出発点で生を受けた。

生誕地の神戸市長田区は神戸における典型的な下町である。南に下った大阪湾沿いに達三がつとめた川崎重工や三菱重工の工場が並び、ブルーカラーと呼ばれる労働者が数多く住んでいた。住まいは数戸の家を一棟に建て連ね、そのそれぞれに独立した家族が生活する「長屋」と呼ばれるものが多かった。山口一家もそこに暮らしていた。北には六甲、摩耶の山並みがそびえる。海にも山にも近い長田は子供の遊び場には困らない。山口は三歳ころから桂一の後について遊んだ。キャッチボールが多かった。

「タカシと二人でよくやりました。野球が好きでしたしね。自分がピッチャーを独占して、タカシにはほとんどキャッチャーをさせていました」

桂一が振り返るように、当時の男の子たちの遊びで絶対的人気を誇ったのは野球だった。山口が小学校入学前の五六年のプロ野球界は、セントラル・リーグは巨人、パシフィック・リーグは西鉄ライオンズ（現埼玉西武ライオンズ）がペナントレースを制する。日本シリーズは４勝２敗で西鉄が勝ち、初の日本一に輝いた。

山口は地元のしろはな幼稚園から長田小学校に入学した。長田は庶民的な食べ物が有名で、牛すじの煮込みを入れたお好み焼きや、ソース焼きそばに白飯を入れて炒めた「そばめし」の発祥の地とも言われている。それらは山口の週末の食事の定番だった。

「土曜日、午前中で学校が終わってから、近所のお好み焼き屋によう行った。おふくろにお茶碗に入った白飯を持たされてな。店のおばちゃんにその白飯と焼きそばを一緒に炒めてもらうんよ」

牛すじ煮込み入りお好み焼きは、今でも山口がプロ野球の春季キャンプに参加する前夜の山口家の定番である。煮込みは妻・裕見子が二日がかりで作る。かけるソースは「どろ」と呼ばれるウスターソースの製造過程でできる野菜などの澱《おり》を使った辛いもの。山口は幼いころに舌に刻まれた味を今でも好んでいる。

山口は次男に特有の恥ずかしがり屋で口下手なところがあり、いつも桂一にくっついて遊んでいた。その中で兄が好きな野球にはまって行く。体育の成績はよかった。五段階評価の通信簿はいつも最上の「5」。山口自身、小さい頃から人より肩が強い自覚はあった。

「ソフトボール投げなんかがあった時は、みんなより遠くに投げとったね」

勉強は苦手だった。それもあって野球をどんどん好きになって行く。

「九九がなかなか覚えられんかった。女の先生に『野球ばっかりして』とよう怒られた」

学校から帰れば、仰向けに寝転んで天井にボールを投げ、一人でキャッチボールをする。手近にボールがない時には代わりに色々な物を投げた。英子はアクシデントを覚えている。

「ある日、十円玉でやっていたら、高志兄《あに》は間違って口の中に入れたんですよ。窒息しそうになって、すぐに母がバンバン背中を叩いた。だから喉には詰まらなかったけれど、飲み込んじゃいました。高志兄はそれからしばらくの間、トイレに入った後、割り箸で十円玉を探してました。それを見て笑ったものです。小さい家だったので、投げたボールが私のオルガンの上にもよく落ちました。ボールの白い跡がついて、よく口げんかになったことを覚えています」

山口は小学校の頃、隣に住む「おじさん」と呼んでいた大工に可愛がられ、よく近所の喫茶店に連れて行ってもらった。店には当時、家にはなかったテレビがあった。チャンネルはもっぱら野球。地元の大阪タイガース（現阪神）の中継だった。エースは山口が長じてから大きな影響を受ける村山実である。しかし記憶はあまりない。店内ではいつもミルクを頼んだ。

「とにかく背を伸ばしたかった。そのためにいい、と聞いとった」

身長は小さく、クラスで並ぶ時には前の方だった。野球選手になるには背が高く、体が大きくなければならない、という思いを幼心に持っていた。

おじさんは勤め人と違い自営業のため、時間を自分の裁量で使えたこともあって、キャッチボールの相手をよくしてくれる。同級生、今井芳男の脳裏に残るのは、ボールを投げ合う山口である。長屋の路地でよく見かけた。

「お父さんか親戚か分からんけど、よく大人とキャッチボールをしてたねえ。路地は狭く、家の屋根が迫っていたからグラブの音が跳ね返る。それがバッチーン、バッチーンとすごかった」

今井は小学校六年間で山口と同じクラスになったことはなかったが、通り一本を隔てた家に住む山口とは遊び仲間だった。

五年生の時、山口は学校に二つあった野球チームの一つ、「長田イーグルス」に入る。長田小では五年になるまで入部が認められなかった。喜んで初めての本格的野球に加わる。

「練習は学校のグラウンドでやった。授業が終わってから。毎日ではないけど楽しかった」

学校単位の試合がある時は投手か外野手で出場した。今井は投球と脚力の特異性を言う。

「五、六年生はクラス対抗の野球大会があって、山口のボールはめちゃくちゃスピードがあった。誰も手が出ない。脚の速さも飛び抜けていた。小兵《こひょう》だったが運動会の短距離走ではいつも一着やった。無駄のないお手本のような走り方。ぼくの思い出に残っているのは、ボールを投げる格好と徒競走でテープを切る格好やね」

二学年下の英子は誇らしかった。

「運動会のリレーはいつもアンカーでした。そしてごぼう抜き。ダントツだった。友達から『お兄ちゃんすごいね。速いね』と言われてうれしかったです」

体こそ小さかったが山口は天賦の運動能力を持っていた。

六三年、高取台中学校に進む。野球部では良い思い出がない。高取台中の実力は区内では中の上。山口の三年時には市の大会で準優勝したりもした。強豪に数えられる力はあったが、山口は体育会系では当然だった上下関係に悩む。

「上級生が怖かった。殴られはせんが、何かあったらグラウンドに正座させられとった」

それでも退部までは行かず、最終学年では主戦投手と三番を任されている。

今井も同じ中学に進学する。サッカー部に入り、隣で活動する山口を見ている。

「投手は全部で三人いたが、大事な試合は山口が投げていたね。中学の時は、授業中より放課後の山口が記憶に残る。ひたすら野球をやっていた姿だな」

学校生活でもシャイな性格は変わらない。山口はやんちゃな生徒の後ろをついて回った。

山口が振り返る。

「みんなの前に出る度胸はなかった」

定期テストでおもしろがってやったカンニングが見つかり、同級生と職員室で正座をさせられたりする。

家でもおとなしかったが、一度だけ桂一と取っ組み合いのけんかをした。英子は覚えている。

「普段は兄弟げんかなんてまったくしませんでした。兄弟仲はとてもよかった。その時は何があったか忘れたけど、激しい取っ組み合いになりました。優しい、物静かな母が止めたが、止まりません。最後はアルミのお盆で二人をひっぱたいて、けんかを終わらせました。お盆は頭の形に変形しちゃってました。それはまだ私が持っています」

成長していく中で、心のときめきもあった。長田小の時に気に入っていた、初恋の女の子と流行だった交換日記を始めた。鼻筋の通った洋風美人との、その日起こった事象や感情のやり取りは、高校進学まで約三年間続けられる。

中学三年になり、進学先の高校は野球を軸に考える。自宅から徒歩で通える範囲に甲子園常連の私立二校があった。育英高校と滝川高校である。育英の三学年上、入れ替わりには近鉄に入団し、300勝投手となり、監督もつとめる左腕・鈴木啓示がいた。滝川にはOBとして、巨人などに所属してプロ通算310勝を挙げた別所毅彦や1827安打を放った青田昇がいる。

育英は強豪校特有のしごきに近い猛練習を部員に課していた。中学野球部の往復約1キロのランニングコースが育英グラウンド横を中継点にしていたため、山口には日常が分かっていた。

「練習中に正座をさせられている部員がいたりして、すごく厳しそうやった」

育英の練習についていけるか不安だった。

滝川は中学二年の六四年、第46回選手権大会に出場したこともあり憧れもあった。しかし、三兄妹のために同時期に多額の教育費を負担しなければならない両親を思い遣り、公立高校への入学に方針を変更する。神戸市立神港高校が浮上する。関係者から「ウチに来ないか」と誘われたことも大きかった。

持って生まれた資質

市神港の前身は、一九〇七（明治四十）年創立の私立神港商業学校（一〇年に学校経営を神戸市に移管）と一七年創立の神戸市立女子商業学校である。四八年の学制改革で神港商業高校と湊商業高校に改称。四九年に二校が統合され神港高校となった。「ししんこう」の愛称を持つ私立の神港学園神港高校と区別するために「いちしん」と呼ばれる。

硬式野球部の創部は一七（大正六）年である。甲子園初出場は夏の選手権は二四年の第10回大会、春の選抜は翌二五年の第2回大会だった。山口が中学一年の六三年には右腕・宮本幸信、捕手・吉田孝司のバッテリーで第35回選抜大会に出た。優勝した市立下関商業高校（山口）に準決勝で1－4で敗れる。市神港は二〇一四年までに春八回、夏七回の甲子園出場がある。

山口は受験校の絞り込みが遅かったため、出願期間の終わっていた普通科ではなく商業科で市神港を受験した。六六年四月に入学。硬式野球部に入部する。入学時の監督はOBでもある高瀬二郎。高瀬は戦前、二九、三〇年の第6、7回選抜中等学校野球大会（現選抜）連覇を果たしていた。法大から川崎重工神戸を経て母校の監督をつとめる。しかし、山口入学時には体調を崩し、指導が困難になっていた。五月には監督を辞任する。

高瀬に代わって監督に就任したのは高木太三朗だった。三一年生まれで当時三十五歳の高木は山口のその後の人生に大きな影響を与える。

高木は市神港OBではない。県立明石高校から関大に進んだ。現役時代は二塁手だった。五九年秋から六三年秋まで五年間、母校・関大の監督をつとめた。六一年春には関西六大学（旧関六）で優勝を飾る。高木の持つ市神港の印象はよくない。「戦前の名門、という感じ。五年くらい前に甲子園に出て、その後低迷しておった。昔の面影はない。選手はみんな弱々しかった。引き受けた時、三年生はたった三人。これは大変だと考えた。一年生も戦力にして使えるものは使わんといかん、と思った。それでも甲子園には二年で出すつもりだった。だからのんびり行こう、なんて言ってられなかった」

高木の監督一年目に山口が入部してくる。

野球部部長で数学教諭の田上《たのがみ》信夫は山口の入学を歓迎した。

「山口は中学三年の時に神戸市の大会で準優勝した。新聞で存在は知ってたけど、どこかほかの私学に行くと思っていた。ウチに来てくれてよかったねえ」

兵庫県は私学優勢だった。山口が最初に進学を考えた育英や滝川に加え、東洋大学附属姫路高校、三田学園、報徳学園が県大会の上位を占める。田上は市神港再浮上のきっかけとして山口に期待していた。関大監督を五年間つとめた高木はより専門的な部分で注目する。

「山口の指は面積が広いというピッチャー向きの条件を満たしていた。ボールは体のできるだけ前で放さないといけない。なで肩だとそれがよりバッターに近いところになる。イカリ肩より腕が伸びる。山口が持ってなかったのは身長だけだった」

ボールに対する指の接触が広いと力の伝わりは大きくなり、空気抵抗に屈しない多くの回転（スピン）がかかる。ボールは伸び、たれない。そして、リリース時の指の位置が打者にわずか数センチでも近ければ近いほどボールに力が乗る。「球持ちのよさ」である。

関節の可動域が広く、柔らかいなで肩もリリースポイントをできるだけ打者方向にするサポートになる。脚力もあった。山口は一流投手に必要なパーツを備えていた。

周囲の期待を背に、山口は入学前の三月から練習に参加する。少しでも早くチームに溶け込みたかった。新入生の最初のトレーニングはランニング、体操など基礎的なもので疲労が蓄積するようなものではなかった。しかし、山口は体の不調を訴える。

校舎の裏にある会下山《えげやま》の坂道を走らせた時、道端にへたりこんでいた。監督就任直後の高木は尋ねる。

「どうしたんだ？」

「苦しいです」

校医に見せた。診察は「異常なし」。高木は念のため別の病院で受診させた。当時では珍しいセカンドオピニオンを求めた。

「山口は真面目な子。あっちが痛い、こっちがかゆい、で休む子じゃない。もう一つ見てもらったほうがいいと思った」

病名は肋間神経痛だったが、医師の診察結果は予想以上に重いものだった。

「体の発達に内臓がついていっていない。呼吸器系にも影響が出ている。このまま走らせたら死ぬ可能性もあった」

ドクターストップがかかり、練習を休む。野球を目的に入学した山口の足は学校からも遠のく。朝、自宅を出るが登校せず、近くの須磨海岸や高取山で時間をつぶし、母・房の作ってくれた弁当を食べて帰宅する日が続いた。

「中学の野球部の同期が入試に滑った。町内から市神港に行ったのはオレ一人。クラスも商業科やったから男子は十人少し、女子は三十人。話し相手もおらん。面白くなかった」

一週間後、学校から呼び出しがかかり、両親は驚いた。それから、登校はするようになったが、野球部には顔を出さない。

山口の同級生で一塁手、現在ＯＢ会会長を務める中村信一は言う。

「山口が練習に来なくなったのは知ってたけど、深く追及せんかった。故障やと聞いてたし、時期がくれば戻ってくるやろうと思っていた。最初の印象はおとなしい感じやったね」

監督公認の休暇や同級生の思い遣りは、ドロップアウトの危機から救う。体育教諭で野球部副部長、担任でもある西善弥が心のケアをするために会話の時間を作ったこともあって、山口は夏前にチームに戻ってくる。約二ヵ月弱の休部期間中、肉体は成長して胸の痛みもなくなった。クラブを休んでいた間も山口はこっそりトレーニングを続けている。高木は知っていた。

「自分で須磨海岸を走っとった。こと野球に関してはものすごく真面目で優等生。山口は秋の新チームからぼちぼちやれればいい、と思っていた」

できる範囲で練習を積んできたことや能力の高さは仲間も分かった。バッテリーを組んだ捕手・大中裕二は山口とペアでのトレーニングが多かった。

「一年の梅雨時分、グラウンドが使えへんから、校舎の屋上でうさぎ跳びをやった。あいつは一回に2メートルくらい跳んどった。大したバネをしとるなあ、と思ったもんやね」

ピッチングフォームを体得

一年生の六六年七月から始まった第48回選手権大会兵庫県予選で、市神港は三回戦で県立尼崎高校と対戦。2－3でサヨナラ負けした。山口は出場していない。

敗戦後、新チームが作られる。

山口はピッチャーと同時に三塁や外野の練習もしていた。秋からは同級生の原田英夫とダブルエースになる。二年生に有力な投手はいなかった。原田は180センチ近い長身で右の本格派、169センチの山口と比較するとエースらしかった。二人は中堅と投手を入れ替わりながら試合に出る。十月、近畿大会出場をかけた県秋季大会では準々決勝で報徳学園に0－4で敗れる。先発・山口から原田につないだが、打線が振るわなかった。

秋以降、高木は徹底した下半身強化を部員に課す。学校前から会下山に続く坂道を延々と走らせた。200メートルダッシュを一時間以上続けさせることは当たり前。冬場は路面電車で約三十分かかる須磨海岸に移動させ、腰に5キロの砂袋を二個つけさせて、足がめり込む砂浜を水族園裏からロープウェイ乗り場まで往復約6キロランニングさせた。音を上げる選手も少なくない。大中は振り返る。

「きつかった。ほとんど砂浜ダッシュみたいなもん。ぼくは体重が72キロくらいあってつらかった。ついていけへんかった」

田上は自身が編集した「神戸市立神港高校野球部部史 2001年」(以下「部史」)で書く。

「高木の目指す『足を生かす』野球実現の為、冬季練習は須磨海岸の砂浜を腰に砂袋を付けて走ることが部員に課せられた。そのきつさに耐えかね、初めは袋の砂を抜く者もいたが、日を重ねるうちに体が慣れ走る距離を伸ばすようになった」

傘寿、八十歳を過ぎても高木は冬場の走り込みを忘れない。

「寒かった。吹きっさらしだし、人は誰もいなかった。私は立って見ていて、あそこまで走れ、と指示を出した。最初は途中で座り込むやつもいた。慣れてきたら砂袋を巻かせた。脚が遅い選手は使えない。走るのは基本。須磨海岸を十二、一月の二ヵ月みっちりやらせた。約二時間、長い距離を走らせたり、ドッジボールをさせたり。投げる練習にもなるし、足腰も鍛えられる。山口たちの気持ちは強かった。あまり痛いとかしんどいとかを言わんかった」

下半身の充実はその後、小柄な山口に足裏でマウンドをグリップさせ、力を上半身に伝えさせるのに効果的な役割を果たす。

一年冬の六七年二月、神戸市西区押部谷町栄に約八千坪（2万6400平方メートル）の第二グラウンドが完成する。通称「栄グラウンド」は野球部専用で、六甲山系の西側にあたり自然がそのまま残っていた。山口ら部員も黒土の入った一輪車を押してマウンドの造成などを手伝う。

それまでは狭い校内グラウンドで練習していた。市神港の敷地は大阪方面の東と明石方面の西に長い長方形。六甲山系側の北に三階建ての校舎があり、グラウンドは大阪湾側の南にあった。バックネットは東南の隅。外野のスペースが取れたのは西側の左翼のみだった。一、二塁のすぐ後ろは建物が迫る。当然、中堅や右翼へのノックはできない。使用にも制限がついていた。一日使えば、翌日の使用権は軟式野球部に譲る。狭い上に常時の練習もできなかった。

本格的野球場の完成は、実戦的練習を日々こなせる点で画期的な出来事だった。両翼95、中堅115メートル。レフト方向に今ある住宅地も当時はなく、センターは雑木林、ライトは畑と田んぼで、周囲への気兼ねなしにフリーバッティングやノックができた。照明はなかったため、暗くなれば練習メニューは素振りやダッシュに限られたが、校内の第一グラウンドと比べると格段の差があった。

　学校から神戸電鉄の湊川駅までランニング。栄駅で下車して新グラウンドまでは再び走る。移動には約一時間かかったが、学校側も協力体制を作る。田上は話す。

「先生方も含めて、みんなで野球部を支えてくれた。昼休みに掃除をして、というか、したことにしてくれる。三時に授業が終わるとすぐに駅まで走った。部員は電車の中でストッキングをはいたりしていた。校内から不平不満は出んかった」

　部員たちは学校の協力に報いるため、少しでも無駄を省き練習時間を作ろうとしていた。


　山口は新しい施設での鍛錬を今も鮮明に覚えている。

「投げているとグラウンドを野ウサギが横切ったりする。ライト側にはイチゴ畑があり、ファウルボールを拾いに行くと、ボールが真っ赤になってた。外野の草むらの中にバケツを隠して、こっそり水を飲んだりもしとったなあ」

　当時はどのチームも練習中の水分補給は禁止されていた。山口は他の部員と高木の目を盗み、水入りバケツを外野後方に持ちこんだりする。高校生らしかった。

　栄グラウンドの周囲はイチゴを主にした観光農園が多く、「イチゴ狩り」をうたって阪神間から観光客を集めていた。中村は話す。

「イチゴに関しては、地主が『食べてよろしい』と許可を出してくれた。美味しかった。そりゃなんといっても摘みたてやったからねえ」

栄駅からグラウンドへは南に向かって無舗装の農道を黄色い土埃を上げながら10分ほど走って到着した。途中、食料品から電化製品まで売っている「よろず屋」に鞄や財布を預ける。練習後はその店で駄菓子を食べたりジュースを飲むのが日課だった。長田に戻る電車に遅れそうな時は誰かが先に走って駅に行く。車掌と交渉し出発時間を遅らせてもらった。

イチゴ畑の地主、よろず屋夫婦、車掌たちなど、チームを取り巻く環境は温かかった。

部室では花札やトランプなどをすることもあった。中村は笑う。

「山口はめちゃくちゃ弱かった。みんなにカモにされとった。優しかったからねえ」

周囲の人や同級生とのふれあいは、山口にとってはきつい練習に耐えて行く支えになる。

「帰りの電車の中はワイワイ。楽しかったなあ」

専用グラウンドができ、高木の山口への指導も熱が入る。

大中は捕手として間近でそのトレーニングを見ている。

「今考えてもすごいわなあ。マウンドから足をいっぱいに踏み出した状態で投げさせとった。ワインドアップやった。足を開いて。上半身をひねる。タメを作る。三十分以上はやっとった」

冬場の走り込みとあいまって、山口の投手としての基礎が出来上がる。トレードマークになる右腕を真上から叩きつける、オーバースローのピッチングフォームを体得するのもこの時期だった。高木は山口に余計な事は言わない。口癖だったのは二点。

「できるだけ上から叩け」

「逃げずに真っ直ぐで勝負しろ」

高木は山口への指導を説明する。

「私の出た明石には楠本さんをはじめ、ピッチャーとして有名な先輩が多く、チームとして、上から投げ下ろさないとピッチャーではない、という考えがあった。山口は体が小さかったから、威力のあるボールを投げるには余計に上から叩くべきだと思った」

明石は県下では高校野球の古豪だ。学校創立は一九二三年。その翌年に硬式野球部ができる。二〇一四年までに選抜八回、夏六回の出場実績がある。旧制明石中学時代、三三年の第19回全国中等学校野球大会（現選手権）準決勝では愛知・中京商（現中京大学附属中京高校）と延長二十五回を戦った。0－1で敗れるも、五八年に「延長十八回引き分け再試合規定」（現在は十五回）ができたこともあって、二度と破られない高校野球史上における最長記録になっている。

当時のエースが「明石の怪童」と呼ばれた楠本保だった。春の選抜は三〇年の第7回大会から四年連続、夏の選手権は三二年の第18回大会から二年連続、計六回全国大会に出場する。三二年には全国大会での個人年間最多奪三振113をマーク（春・9回大会＝49、夏・18回大会＝64）。この記録は二〇一四年夏現在破られていない。

高木はただ単に母校の先輩への尊敬だけで、オーバースローを教えこんだのではない。身長160センチに満たず、投手を断念して二塁手になった過去があった。それでも一番に目が行くのはブルペン回り。投手への夢や憧れは消えなかった。研究は続けている。

「戦前、ジャイアンツは明石公園でキャンプを張っていた。よく見に行った。スタルヒンがブルペンでカーブを投げていた。そのフォームを見て学んだ。手が後ろ向いて出て来る。河原に行って石でやったら同じように変化した」

ヴィクトル・スタルヒンは一六年生まれの白系ロシア人。戦前戦中は巨人、戦後は大映などに籍を置き、プロ野球史上初の300勝を達成している。

高木は最高水準の技術を遠目に学ぶ。プロのピッチングに、暇さえあればやっていた自分の石投げを組み合わせ、独自のセオリーを持つ。その実践と自分の果たせなかった夢を託するに、山口は身長を除けば理想的な高校生だった。

山口は高木の指示に従順だった。

「違う投げ方や練習方法があるなんて思ったことはないな。今でも思うのはボールにタテのスピンをかけるのは上から叩くのが一番だということ」

投げ方だけではない。練習内容にも疑問を差し挟まず、高木について行った。

「腹筋をし過ぎて死んだ人間はいない」と言われると延々と続けた。大中は山口の本気さを端で見ている。

「あいつは真面目やった。高木さんは関大の講師もしとったから、水曜日には練習に来んかった。普通は手を抜いたりするんやけど、あいつはずーっと走っとった」

制球よりも速球

六七年四月、山口は二年生に進級した。冬場の苦しいトレーニングが実を結び始める。県春季大会で公式戦二試合連続で無安打無得点を記録する。

一回戦は東洋大姫路に6－0。打者三十人、投球数116、内野ゴロ8、内野飛球6、外野飛球4、三振9、四球2、失策1だった。

二回戦は育英を2－0。打者三十一人、投球数184、内野ゴロ5、内野飛球7、外野飛球4、三振7、四球8、失策0だった（併殺打を含む）。

ただ、強豪校の東洋大姫路、育英からの二試合連続ノーヒット・ノーランも山口にとっては大きな喜びとはならなかった。

「フォアボールばっかり出してたからなあ」

二試合で10四球。ヒット換算では10本になる。ノーヒッターの肩書より、自分にとっての課題である「制球」をつけられなかった点が悔やまれた。

市神港は準々決勝で県立尼崎西高校を11－1と六回コールドで破り、準決勝で三田学園に1－5と敗北する。山口、原田が12四球、被安打7と乱調。山口は自分自身に怒りを向ける。

「三田に負けて腹が立ったな。ここを勝ったら優勝が見えてた。春の県大会に勝っても、甲子園には出場できん。それでも高校生は年々結果を積み上げていかんとダメ。甲子園に出た、とか出ん、とかは関係ない。トータルが必要なんや。それが自信につながる」

それでも個人的な思いとは別に、二試合連続の無安打無得点は二年生ながら山口の名前を高めた。

二年生の夏前、二階建ての合宿所ができる。農道を挟んだ栄グラウンドの東側だった。一階には二十畳の部屋、食堂、台所が入り、二階には二十畳が二部屋。その南側には六七年のドラフトで中大から阪急に入団したOBの宮本幸信が、入団契約金の一部を寄付してできた十畳の広さを持つ通称「宮本ハウス」があった。甲子園出場に向け、ハード面は充実する。夏の甲子園予選前になると母・房や妹・英子など部員の保護者らが炊き出しなどの手伝いに現れる。

房は山口の体のケアもしていた。練習から帰宅後、食事を終えてから山口の右肩を中心に体全体をマッサージする。英子も手伝った。

「ほとんど母がやってましたね。疲れたから英子やって、と言われて替わるんだけど、強くもなく、弱くもない母の絶妙の揉み方が高志兄には合ったよう。父がやっても違っていました」

山口は帰宅すると二階の物干し台に上がる。二間の自宅は家族五人がひしめきあっていた。わずか三畳ほどの空間は静かで、涼を取るのに好都合だった。ラジオを持って上がりプロ野球中継を聞く。二階へ逃避し、音声からプロ投手の動きを想像するのが、山口にとって毎日の楽しみだった。

六七年七月に始まった第49回選手権大会県予選で市神港は一回戦不戦勝、二回戦は県立兵庫工業高校に5－0、三回戦は明石市立明石商業高校に14－2（六回コールド）、四回戦で春に負けた三田学園と対戦する。先発は二年生の山口だった。

三田学園には法大に進学して延長二十回で山口と対戦する山本功児がいた。一年生ながら五番を任されている。

山本は山口から4打数2安打1打点。公式戦での対戦は二度目で、最初は5－1と勝利した春季大会だった。その試合でも同じ打順、打撃成績を残している。

「試合が終わってから、監督や先輩から『山口の球をよう打ったなあ』とほめられました。打てたのは、まだ自分が一年生で何も考えていなかったから。怖いもの知らずでイケイケでした。高校時代に対戦したいいピッチャーはタカシさんしか記憶にないです。速かった」

山口は四死球こそ出さなかったが、逆に荒れなかった分、打者に的を絞られる。9安打を許し0－4で敗北した。0－1の七回、十一月のドラフトで阪急から10位指名を受ける四番・安井智浩に2点本塁打を浴び、勝負を決定付けられる。

二年夏には正捕手になっていた大中には打たれた記憶が残る。

「投げても投げてもファウルされ、最後はレフトスタンドにホームランや。散々やった」

二年秋の新チーム結成から山口は投手一本になった。右足首じん帯断裂の大ケガをした原田を四番打者に据え、打撃に専念させたい考えも高木にはあった。

「最初は原田に投げさせておったが、ケガをした。これはダメだ、と思い山口に投げさせた。山口は運のいい子やと思う。原田は大きくて元気だった。ケガさえなければ原田にずっと投げさせていたかもしれん。ケガで山口を使わざるをえん状況になった」

山口は笑いを交える。

「オレの予想は、サードを守ってプロ入りする、やったなあ。サードはホットコーナーって呼ばれてた。好きやった」

この頃には一年秋から二年春まで重点的に鍛えられた下半身のお蔭で、代名詞であるスピードボールをコンスタントに投げられるようになる。

捕手から一塁に転向した中村はチームメイトとしてその成長を間近で知る。

「球の速さはすごい。ランナーが出た時の牽制なんか受けんのが怖かった。練習試合でピッチャーゴロになって、ゲッツーを完成させようとしたことがあったけど、山口のボールが速すぎて野手が取れへんかったこともあったわね」

捕手の大中は山口のそのボールを毎日受けた。

「球が速い、遅いよりボールの回転がきれいやった。ホップはずば抜けていたな。コントロールのよかった原田はどちらかといえば軟投派。山口は真っ直ぐとカーブ。八割はストレートやったな」

大中の体には山口のボールの威力を物語る後遺症が今でもある。キャッチャーミットをはめる左人差し指は形状が似ている他の二本、中指、薬指に比べると一回り太い。

「山口のボールを受け続けて腫れた。指は今でも寒くなると紫になって痛む。ボールはすべて左手で片手受けしとった。ミットも押して形をつけた二つ折れではなくて、丸いまんま、買ってきた形で使わんとあかんかった。それが市神港の伝統やった。ネットで受けてはダメ。ここで受けんと怒られた。手袋もあかん。ボールを受けた後の人差し指は真っ青やった」

大中が「ここ」と話すのは人差し指と中指のつけ根のあたり。山口の威力あるボールは大中の左手に内出血や血行障害を引き起こした。

速球と制球は並び立ちにくい。中村は一塁から二年生エースを見続けた。

「山口のデッドボールで0－1で負けた試合もあった。11四球でノーヒット・ノーランという練習試合もあった。守っていてしんどかった」

コントロールの悪さは野手のリズムを崩す。ボールが先行し、球数が多くなるとバックは待ち時間が長くなり、動き出しが鈍くなる。中村の言う事は当然だった。

田上はその短所を長所に変えようとしていた。

「ボールが速いんやから、高めを振らせえ、と言うた。打力のある選手は速いから振ってくれるわね。問題は打てん打者。バットを出さん。ベンチもサインは『待て』になる。だからどうしたって四球が多くなる」

四球について高木は複雑だった。

「ノーアウトランナーなしから三つ連続でフォアボールを出す。満塁になる。ベンチで見ていてイライラする。でもそこから三振を三つ獲ってくる。きちっと後始末する。怒れん」

時折、高木は「一人で野球をするな」と諭した。

しかしノーコンには副産物もあった。

「相手が送りバントしてきても適当に荒れるからファウルになる。結局、ほとんど失敗に終わる。県内では楽だった」

四球グセはあったが、はまった時のピッチングの凄さは二試合連続の無安打無得点に代表されるように高校生では抜けた存在だった。

後悔と満足感

二年生の六七年十月、県秋季大会で市神港は快進撃する。東神戸地区の一次予選を五戦全勝でクリア。二次予選（決勝リーグ）も五戦全勝で本大会に進出した。二回戦では県立武庫工業高校（現武庫荘総合）を9－0（七回コールド）、準々決勝は西宮市立西宮東高校を4－0、準決勝は育英を2－1で撃破して決勝戦に進出した。相手は春夏と連敗している三田学園。山口は一年生の山本を四番に据えた打線を4安打無失点とする。市神港は七回に4点を挙げ4－0と勝利した。来春の選抜出場に向け、重要参考となる近畿大会への出場権を手にする。

4安打2四球完封の山口は、三田学園を「三度目の正直」で降したことを非常に喜んだ。

「秋の県大会に勝って本当にうれしかった。ここが目標やったし、甲子園の扉を開けたような気になった。近畿大会が残ってたが、兵庫で一位やったし、多分行けるやろ、と仲間とも話していた」

十一月、市神港は滋賀県大津市の皇子山球場で行われた秋季近畿大会に出場する。初戦となる二回戦で滋賀県立長浜北高校と対戦。山口は完封する。7－0と圧倒して選抜出場を確実にした。準決勝では、延長二十回を戦った法大・池田がエースだった平安と顔を合わせた。先発した山口は二回に1点、六回に2点を失い降板。0－5で敗れた。

負けたとはいえ準決勝進出により、市神港は順当に出場三十校の中に入る。県大会優勝時に山口らが予想した通りになった。部にとっては五年ぶり七回目の選抜出場だった。

六八年三月二十八日、第40回選抜大会は開幕した。山口は高校球児の聖地・阪神甲子園球場の土を踏む。

三十日の一回戦、大分県立別府鶴見丘高校戦には二万五千人の観衆が詰めかけた。この日最初の試合、高知商と福島県立磐城高校の入場者数が一万人だったことを考えれば、二試合目に出場した地元・市神港の注目度の高さが窺える。

別府鶴見丘は同じ公立、地元ではない九州の学校だった。にもかかわらず、山口の中では相手に恵まれた印象はない。

「どことやっても一緒やと思ってた。私学だから、公立だから、とか、強い、弱いは関係ない」

市神港は一回表、先頭の寺尾亨の四球出塁後、蓑田健二、原田、山口のクリーンアップが右二塁打、中前打、遊撃内野安打と三連続ヒット。野選も加わり、初回に打者一巡で4点を挙げた。二回は1点、三回は3点を加える。最終スコアは10－4。山口は9安打4四死球も4失点完投した。

市神港	413	200	000	＝10
別府鶴見丘	003	100	000	＝4

山口は雨中の試合だったことを覚えている。

「レインボールという雨用ボールを使った。牛革でなく人工皮革でできていて、雨用のくせにツルツル滑る。気持ちが悪かった」

二回戦は広島県立尾道商業高校と対戦する。相手エースは同級生の井上幸信。六八年ドラフト3位で大洋に入団する183センチの右腕と山口は投げ合う。

0－0の六回、市神港は一死満塁の好機をつかむ。しかし、山口は三ゴロ、梅村和男は三振。両チーム無得点のまま大会三回目の延長戦に入った。十回表、山口は一死後、中前打、犠打野選、左前打で満塁のピンチを迎え、2点適時打を浴びる。市神港は0－2で敗退。八強目前で甲子園を去る。

山口にはピッチングより、勝機を逸したバッティングの方が記憶に残っている。

「六回のサードゴロが痛かった。カーブを待ってて、そのボールが来たのに、力んで引っ張ってしまった」

監督の高木は報道陣の前で、山口の投球をねぎらい、8安打しながらも得点できなかった攻撃を嘆いた。

「山口は力以上のピッチングをしてくれた。十回に打たれたのは疲れ。敗因はここ一発で打てない打線。もう一度立て直して夏に出てきたい」

山口と同学年、唯一の女子マネージャー、林公子は「甲子園日記」をつける。

「4月3日（水）晴れ　大会第7日目　第二試合　AM10時　対尾道商

春らしい暖かい日であった今日、決意も新たに第二試合に臨んだ神港ナイン一同、誰もが神港の勝利を信じて疑わなかった。『打倒尾道商』の祈りのもとで選手一同若者のエネルギーを全部発散させて戦った。しかし勝負は決まった。神港0－2尾道商。最後まで全神経を使って戦い、最後まで戦い抜いた選手達、今その選手の一人一人の目に悔し涙があふれていても、やがてやってくる夏の大会にはその涙がうれし涙にかわっていることを誓います。夏の大会迄の苦しい日々選手一同私達のくやしさを忘れず頑張り抜く覚悟でございます。夏、夏をみていて下さい」（原文ママ）

市神港が競り負けた尾道商は決勝戦で埼玉県立大宮工業高校に2－3で敗れる。接戦を演じた相手が準優勝校になったことは山口をはじめ部員たちの励みになる。

負けはしたが、高木には自身初の全国大会に満足感があった。

「打線は打てなかったけど、尾道には山口がよう放ってくれた。甲子園は楽しかった。地元だからみんな応援してくれた」

選抜から戻り、山口は三年生に進級する。最終学年を迎えたチームは、四月の県選抜姫路大会決勝で三田学園を6－0で破り優勝する。五月の県春季大会決勝では県立上郡《かみごおり》高校に2－3と惜敗した。そして高校生活最後の夏を迎える。

山口は自信を持つ。

「秋に兵庫で優勝して選抜にも出た。夏は甲子園に出て当たり前。ウチのもんやと思ってた」

選手権大会県予選初戦となった二回戦では県立小野高校を5－1。三回戦は三田学園を6－0、四回戦は育英を10－0と五回コールドで降した。準々決勝で県立洲本実業高校を4－1、準決勝で滝川を15－5とそれぞれ破り、決勝の尼崎西戦を迎える。

勝負の綾は0－0の二回表にあった。尼崎西は一死一、三塁からスクイズ。決められたかに思えたが、その直後に主審が手を上げ、「アウト」のコールをする。バットにボールを当てることに気を取られた打者の足がバッターボックスから出ていた。山口も覚えている。

「打席を飛び出したスクイズでアウトになった。それで助かった、というのが決勝やった」

その裏、市神港は先制する。

中村の左前打で二死一、三塁。直後に重盗を成功させる。中村が捕手の二塁送球を誘い、その間に三塁走者・梅村が本塁を陥れた。1－0。ダブルスチールは選抜の別府鶴見丘戦でも4－0の二回に使い、追加点を奪っている。

高木は就任以来、走塁に力を入れる。打線は活発ではなく、盗塁やベースランニングに頼らねばならないチーム事情もあった。普段の打撃練習は常に走者をつける。打球を見ての判断力を磨くためだった。

「チームに馬力のあるバッターがおらんかった。『ここ』という時に打てん。だから足で稼がせた。一歩でも半歩でも前に出る。足は、大中は遅く、山口は普通だったが、あとはみんな速かった。ダブルスチールは普段からずっとやってきている。一、三塁でしめた、と思った。サインを出す前に梅村と中村が『OKですか？』の態度を取ってきた」

打てなくても得点する高校野球の手本を見せる。

しかし、市神港はその後、加点できなかった。尼崎西の二年生エース、右オーバーハンドの長浜真徳が「魔球」と呼ばれていたナックルを投げている、と考えていたからだ。

ナックルは親指と小指でボールを挟み、残り三本の指の爪を突き立てて投げる。握りが特殊なため、マスターするのは難しい。スピンがかからず、ほぼ無回転で投げられたボールの球速は約110キロ。空気抵抗を受け、不規則に動き、落ちる。ベンチやスタンドからはテレビのスロー再生のように見える。その変化に法則性はないため、捕手の捕球もたやすくない。

ナックル・ボーラーとしてはメジャーリーグ、ボストン・レッドソックスの200勝右腕、二〇一一年シーズンで引退したティム・ウエイクフィールドが有名だ。試合で多投した日本人投手はいない。その予測不能なボールが山口の脳裏に残る。「変なボールやった。後でみんなで話をしてナックルだった、となった。変化して沈んでいた」

実は、長浜の投げていたのはナックルではなくフォークボール、今で言うスプリットだった。人差し指と中指で挟んで投げるフォークはベース付近で真っ直ぐに落ちる。長浜はタテに割れるカーブも持っていたため、それら二球種の残像が重なり山口ら市神港ナインはナックルと勘違いした。

尼崎西は翌六九年春、同校唯一の甲子園となる第41回選抜大会に出場。ベスト8に進出している。一回戦で富山県立富山北部高校を1－0と完封した際、長浜は報道陣に「カーブが曲がらなかったので、フォークを使った」と答えている。

騒ぎ立てた上での誤認は高校生らしかった。


最終的に打線は1点しか取れなかったが、二回表のラッキーなアウトもあって山口は尼崎西を完封。1－0で勝利する。市神港は三十七年ぶり六回目の選手権出場を決める。奇しくも高木の年齢も三十七歳だった。

春夏連続甲子園出場は市神港にとって四回目の快挙。一九二五（大正十四）年、二六年、三一年、そして今回だった。山口は夏の県大会六試合を一人で投げ抜く。総失点は7、一試合の平均失点は1・17だった。それでも増長はない。

「一人で投げ切れたのは今みたいに猛暑じゃなかったから。自分がすごいのではなく気候の問題。まあそれでも、二季連続の甲子園が現実になってうれしかったな」

高木も喜びはひとしおだった。

「自信あった。山口はどんどんよくなっていた。夏はうれしい。選抜は二位でも出られる」

選抜出場の選考対象となる近畿大会は当時、県大会二位までが出場できた。負けても近畿大会で二勝すれば、甲子園への道が開かれる。選手権は一発勝負で勝ち続けないと出場できない。多くの指導者がそうであるように、高木も負ければ出場資格を失う選手権に、より魅力を感じていた。

甲子園はおまけ

八月の第50回選手権大会は記念大会として初めて皇太子ご夫妻（現天皇ご夫妻）が臨席された。山口の記憶も鮮明だ。

「開会式にいらして、貴賓席にお座りになったのを覚えている」

市神港は大会第五日の十三日、初戦となる二回戦の秋田市立高校戦に臨んだ。先発した山口は三回、失策で失点する。二死一塁から中前打を原田が走者を殺すため二塁にショートバウンド送球。遊撃の寺尾がこれをはじき、その間に1点を失った。さらに五回一死一、二塁から投ゴロ併殺を焦った山口自身が二塁に悪送球。二者が生還し加点を許す。五回で0－4。市神港は六、七回に1点ずつを返したが、八回裏に決定的な2点ランニング本塁打を含む3点を入れられる。2－7でゲームセット。山口は6安打4四球。失点7（自責点3）だった。市神港は秋田市立を上回る9安打を記録するも、打線はつながらない。山口は、夏は一試合を投げただけで甲子園を去った。

観衆は春よりも五千人多い三万人。そのほとんどは市神港の応援だった。

市神港　000　001　100＝2

秋田市立　001　030　03×＝7

山口は自身の痛いエラーを忘れない。

「五回にゴロの処理に失敗したのが痛かった。取ったはいいが、セカンドに大暴投。ここまではリズムに乗っていて調子もよかった。それだけに残念やった」

出場記念に甲子園の砂をバッグに入れたかどうかもさだかではない。思い出すのは敗戦の翌日、野球部後援会主催で神戸三宮の高級中華料理店で残念会をしたことだけだ。

監督の高木は報道陣の前で謝罪した。

「最大の敗因は五回だった。ミスでいらない点を与えてしまった。ファンのみなさまにせっかく応援してもらいながら本当に申し訳ない」

プロ野球の監督のようなコメントを残した。責任感がにじむ。

八番・捕手の大中は利き手の右薬指を骨折していた。原因は練習中に当てたファウルチップだった。当時、収縮テープなどは開発されておらず、絆創膏を巻いて固めて試合に出る。ケガを抱えての出場に敗戦の責任を人一倍感じる。

「山口が打たれたのはオレの責任や。骨折してまともにリードできる状態やなかった。監督の温情で出してもらっとった。サインは半分監督任せ。五回は2点取られてから、サードランナーがゴロでホームに突っ込んできた。その送球を落としてしもた」

痛みのため大中は投球を組み立てられない。ベンチの高木のサインを確認して山口に伝える。この行為は捕手からの直接的な指示より時間がかかる。微妙な違和感が大きな狂いを生じさせる。山口を自分の間合いで投げさせられなかった後悔が、大中には残る。

七番・一塁で先発出場した中村は負けてからの記憶をたどる。

「甲子園でボカスカ打たれた。試合後、全国のレベルを見たなあ、と言いあった。山口が打たれたんやから、そりゃやっぱりすごい」

山口が許したのは6安打だが、中村は「打たれた」思い出になっている。秋田市立打線にはそれだけの迫力があった。

高木は対戦相手を決める抽選会でくじ運の悪さを嘆く。市神港─秋田市立は十三日の第四試合、最終ゲームだった。

「言い訳になるけど、暑さでバテバテだった。胃袋が大きく、食べられる人間がおらなかった。暑さはお互いやったけど調整に失敗した。ルールでは禁止だったが、息抜きでこっそり家に帰らしたらよかったかな、と思う。調整が十分なら相手は山口をよう打てなんだ」

高木は暑熱の中、自宅生の部員たちを神戸市内の旅館に留め置き、家とは違った食事を摂らせたことなどからストレスを感じさせてしまったのではないか、という後悔がある。

唯一の女子マネージャー、林は春に続き「甲子園日記」を残している。

「8月13日（火）晴れ　第4試合　午後5時　対秋田市立

この試合の内容については記録者は何も言うまい。それは神戸市民にも、そして全国の神港応援の皆様にも、そして私達神港関係者にも、それぞれの選手の活躍ぶりなどが今新鮮な生命の息吹のように心の中によみがえってくるであろうから、これから先もこの記録を見なくとも私達の心の中に選手たちはかえってくるであろうから、1年生の春から今日までひたすら野球に打ち込み、ただ一心に白球を追いかけていた選手達、この選手たちが真夏の太陽が静かに沈んでいくかのごとく、ベンチから去っていく時、私達はふっと淋しくもなり涙が流れようとする。しかし選手達は太陽の子だ。今日は沈んでゆくけれども明日、明日の朝は、またあのすばらしい輝きを放ちながら皆様の目の前に元気な姿を見せることでしょう。その時はどうぞ皆様方、明日へ明日へと向かってゆく、この太陽の子達に『よしよし明日はまた頑張るんだよ』と言ってやって下さいませ。お願いいたします」（原文ママ）

試合の詳細をまったく入れなかったところに林の悔しさや悲しさがにじみ出る。しかしネガティブな思い一色で終わらないところもまた将来ある女子生徒らしかった。

山口たちの市神港を降した秋田市立は準々決勝で一年生左腕・新浦《にうら》寿夫を擁する静岡県立静岡商業高校に1－5で敗れた。優勝はその静岡商を決勝で1－0と降した大阪・興国高校。初出場初優勝の快挙だった。新浦は大会後、高校を中退して巨人に入団。日本のプロ野球四球団や自分のルーツがある韓国プロ野球でも投げ、日韓プロ通算170勝を挙げた。山口は後年、プロ野球の世界で新浦と投げ合うことになる。

市神港の春夏連続甲子園出場は山口の力投があったにせよ、監督の高木によるところが大きい。大中はその威厳や技術の高さを覚えている。

「高木さんが来るとチームはピリッとしとった。ノックはわしらから見ても上手かった。サードでもセカンドでも狙ってベースに当てとった。テクニシャン。ノックバットはボールの当たる部分だけ丸くへこんどった。同じところで打ってたってことやな」

高木はプレー以前の、野球に対する心構えを厳しく説いた。「野球の『や』の字もできんのか」とよく怒鳴った。白い顔が怒気を含むと真っ赤になることから「赤鬼」と部員たちは恐れた。スパイクを磨いてこないと「道具を大切にせい」と大声を上げた。移動時は「自分のものは自分で持て」と下級生による上級生のかばん持ちを禁止。通常は一年生の仕事だったグラウンド整備も、「レギュラーのお前らの領域や」と三年生を中心にさせた。練習が終われば「さっさと帰れ。ダラダラするな」と帰宅を急がせた。部員たちに野球を通して普段の生活から責任感を持たせる。その球場内外でのしつけが市神港のチーム力を全国レベルに高める。

　大中は高木の偉大さを口にする。

「高木さんは理にかなったことしか言わんかった。高木さんに出会っていなかったら山口も今いるかどうかわからん。普通の指導者やったら身長を見ただけでカットしているはずや。山口は野球部を辞めとったら学校も辞めとったかもしれん。わしらも高木さんに出会ってへんかったら、甲子園に行けてへん」


　高木の薫陶を受け成長した山口が高校野球の中で一番忘れられないのは、二年秋、三田学園に勝ち兵庫一位で近畿大会に進んだシーンである。

「これで甲子園が決まった、と思った。感動した。兵庫で優勝したら近畿大会もまず大丈夫。そんな感じやった。二連敗していた三田に勝てたのも大きかった。ウチは日本一を目指す大それたチームやなかった。そんな感情は持ってない。仲間とワイワイにぎやかに野球をやるのが楽しかった」

　大きな野望はなかった。厳しい練習は毎日あったが、同級生や先輩後輩とのふれあいが山口を心地よくさせる。甲子園は、おまけのようなものだった。それのみを目指して野球を続けてきた訳ではない。山口は日本国中どこにでもいた、野球好きの高校生の一人に過ぎなかった。

見方を変えれば、野球を突き詰めて考えず、春夏連続甲子園出場を母校にもたらした能力は尋常ではない。山口の力を客観的に示す受賞がある。

六八年度の日本学生野球協会表彰を受けた。これは四十七都道府県それぞれで顕著な活躍をした高校生一人を選び、三年間の功績を讃えるものである。さらに、同年度の県高野連優秀選手にも大中、原田、寺尾、蓑田の四人と選ばれた。

県内では唯一のダブル受賞だった。

学年で四つ上の兄・桂一は、山口の活躍が載った新聞切り抜きを中学時代から始め、高校でも続けていた。記事は大学ノートに丁寧に張り付けられていた。高校最後の項は切り抜きの多さでノートが膨れ上がる。妹・英子は言う。

「桂一兄は綺麗に作っていました。そのスクラップは今でも私が持っています」

山口は小学校時代から家族の期待を一身に集め、そして応えた。

甲子園敗退で三年生は部活動を引退した。山口は秋に入って、クラスメイトだった池上裕見子と交際を始めている。後に人生の伴侶となる裕見子はクラスを代表する美人で勉強もできた。

山口は野球のない高校生活を楽しむ。気が向くと新チームの練習に参加した。練習試合などでは審判をかって出たりしている。三年間、山口と同じクラスだった大中は野球を抜いた高校生活に苦笑いを浮かべる。

「商業科は全部で４クラス。担任は野球部の副部長やった西先生やった。勉強せえへんかったから、わしら二人はいつもケツから二、三番。せやから先生以外に引き取り手がなかった。それでも可愛がってもらえたな。わしは女の子に話しかけんかったが、山口はよう話しとった。でもモテへんかった。プレゼントなんかをもらってるのは見たことなかったな」

花形クラブの硬式野球部のエースとはいえ、身長は１７０センチなく、胸や腰に厚みのあった体つきに、ごつごつした顔立ちは、容姿重視の女子生徒のアイドルにはならなかった。裕見子という彼女はできたが、山口の日常は甲子園に出てもそう変わらない。

市神港時代を振り返り、山口は「部史」に次のように書いている。

「夏の選手権兵庫大会では三年の時、第50回大会に優勝し、春夏連続甲子園に出場しました。

50回大会準決勝（県予選）の滝川戦が印象に残っています。選抜大会に出場し、県内で一番と思っていたが、この試合では立ち上がりが悪く、この大会で初めて2－5とリードされた。高校の野球生活はもう終わりかと思っていたら、同期の上内が逆転の口火を切るヒットを打ってくれた。その彼が十二年前に病気で亡くなり、その場面が一層印象強く残っています」

六九年三月卒業の高校二十一期生の八人（上内隆志、梅村、大中、寺尾、中村、原田、蓑田、山口）は三年冬から年一回の同期会を続けている。すでに四十年以上が過ぎメンバーは還暦を過ぎた。物故者は上内、梅村、原田の三人。それでも会は途切れることなく、毎年十二月の第二土曜日を会合日にして集まり、酒を酌み交わしている。人数が少なくなったこともあり、数年前から一学年下の後輩にも声をかけにぎやかさを出している。

田上は五六年から七八年まで二十三年間、市神港で野球部部長を続けた。山口らの学年の結束の強さを言葉にする。

「彼らが偉いのは同期会を年一回やっていること。卒業しても毎年、そういう会を続けているのはこの学年しかない」

山口は高校時代、かけがえのない仲間と出会った。

七三年、松下電器に入社したばかりのころの山口

四　葛藤

市神港、関大と進んだ山口は、七三年四月、総合家電メーカー国内最大手の松下電器産業株式会社に入社する。

ボールが焦げる臭いがした

松下電器の創業は一九一八（大正七）年三月。「経営の神様」と言われる松下幸之助が大阪市福島区で配線器具の製造を開始する。山口入社の七三年は創業五十五周年を機に松下電器を世界的企業に成長させた当時会長の幸之助が相談役に退いた時期だった。

山口は前年十一月の入社試験時、幸之助に会っている。英語や一般教養のテストが終わった後、会長室まであいさつに行った。

「廊下に赤いじゅうたんが敷いてあった。会長はすごく耳が大きかった。福耳やったなあ。『よろしく。頑張って下さい』と声をかけてもらった」

松下電器を超一流企業に育て上げた創業者が大卒の一社員に面会するのは、時期外れの入社試験も含め異例。ヤクルトオーナーの松園と同じで、山口が特別扱いの得難い人材という証しだった。

松下電器の硬式野球部は五〇年に創部された。山口と同期入社の部員は高卒大卒を合わせて九人。山口円や大阪府立岸和田高校から慶大に進み神宮大会二回戦で投げ合う左腕・長谷部らだった。

山口は寝屋川市にあった独身男子寮「松栄寮」に入る。野球部専用ではなく一般社員も生活していた。寮は二人部屋。ベッド、タンス、机が二つずつあった。同居していたのは福岡・北九州市立戸畑商業高校出身の二年目内野手・北川智章だった。

寮から最寄りの京阪電鉄・萱島駅へは徒歩七分。勤務先の門真市駅へは萱島駅から各駅停車で三駅だった。門真市駅には神戸市内の実家からは電車を乗り継いで二時間以上はかかった。不便さの解消も入寮理由だった。寮からホームグラウンドの松下球場までは徒歩十分。寮、勤務先、球場が近距離にコンパクトにまとまっていた。

研修を終えた山口は本社にあった電子部品事業部の人事部に配属される。デスクワークは朝八時から十二時まで。昼食を摂って球場に移動。練習は一時半ごろから六時まで続けられた。決まりは「会社の定時より先に帰るな」。練習後は近所の酒屋に寄って、冷たいビールで喉を潤すのが日課だった。寮に帰って夕食を摂る。メニューは一般社員と同じため、野球部員には週三千円の栄養費がついた。酒好きの山口はそのお金を補食に充てず、駅前のスナックでウィスキーのボトルを下ろしたりしている。夜はフリー。公式戦のない典型的な平日はそんな感じで進んで行った。完全週休二日制だったため、試合のない週末は午前中に練習が終わる。土曜午後から日曜日にかけては休日。山口は実家に帰ったり、交際中の裕見子とデートを楽しんだりした。山口円は松下電器でのサラリーマン生活を振り返る。

「会社はアマチュアリズムを持ってました。入社のための支度金なども出なかった。『野球を辞めても色々な仕事がある。食いはぐれることはない。だから仕事もちゃんとする、両立させなさい』という方針でした。それでも仕事で野球をやっている意識はありました」

本給は五万三千円。大学出の初任給としては平均だった。入社した七三年にはオイルショックがあった。七三年十月の第四次中東戦争に端を発した原油の供給逼迫と価格上昇を受けた世界経済の混乱が日本にも及んだ。トイレットペーパーや洗剤などの買い占めが起こる。インフレーションが発生し、翌年の給料が三万円近く上がった記憶を山口円は持っている。

野球部監督は二五年生まれで当時四十八歳だった仁木安《にきやすし》。大阪・浪華商業学校（浪商、現大体大浪商）出身で、戦中と戦後の三年間、阪急で外野手としてプレーした。退団後に松下電器に入社し、五五年から六一年まで監督。七一年に復帰していた。

野球部マネージャーは山口の一歳下の三宅道彦である。三宅は岡山県立玉島商業高校から七〇年に入社した。高校三年時の六九年には内野手として春夏甲子園に出場していた。

「山口さんが入って来て、取材対応が増えたね。慶大のスーパースターだった松下（勝実）さんが、ドラフトを蹴って入社したときも記者が来たけど、それよりは多かった。山口さんは自分でも騒がれているのを自覚していたけど、無理を言ったり、先輩風を吹かしたりすることはなかったなあ。万事控えめやったね」

松下電器には山口や一年先輩の松下、マネージャーの三宅にいたるまで高校や大学で名の通った選手が多く、「スター軍団」と呼ばれていた。才能豊富な部員が多いこともあり、仁木は選手の自主性を重んじた。投手陣は若く最年長は新入社員の山口と長谷部。専属のコーチングスタッフが仁木一人だったこともあり、山口が練習メニューを組み、ピッチングのアドバイスをする。

山口の二歳下、右腕・福井保夫は岡山県立津山商業高校出身で入社三年目だった。

「山口さんに練習方法を聞きに行ったら丁寧に紙に書いてくれました。それまでは投手のトレーニングは打撃投手とランニングばっかり。山口さんが来て、『ピッチャーは試合で投げるべき』と言ってくれて打撃練習では野手が投げるようになりました。ランニングも長距離をダラダラ走るのではなく、ダッシュ系を採り入れてくれた。ピッチングも見ていて勉強になりました。目標だったし、自分にとっては色々な意味で師匠という感じでした」

山口は自身が関大時代に行ってきた清水のトレーニングを松下電器にも落とし込み、若い九人の投手陣を取りまとめた。

山口のボールは社会人でも脅威だった。東京六大学で二度首位打者に輝いた松下は握り拳を左右に動かし、前に出しながら解説する。

「タカシのボールはこう捻じり込む感じだったねえ。バットを弾いて行く。『こんな奴がいたんだ』と思った。私は大学一年の時に星野さんとも対戦させてもらったが、ボールの威力が違った。紅白戦や打撃練習でタカシのボールを引っ張れる奴はいなかったね。タカシと対戦した後のバッターボックスには焦げた臭いがしていた」

「星野さん」とは星野仙一。松下は、明大から六八年ドラフト1位で中日に入団し、八二年引退まで十四年間でプロ146勝を挙げたエースと六八年の秋季リーグ二回戦で対戦していた。「燃える男」と評された投手より、山口の方に松下の衝撃は走った。ボールの牛革とバットの木の摩擦で生じた「焦げた臭い」がそれを証明していた。

社会人チームにとって年間の大きな大会は二つある。

一つは一九二七年から始まり二〇一四年に85回を迎えた七月の都市対抗野球大会（都市対抗）である。都市対抗はチームの登録所在地、松下電器なら「門真市」で戦う。

もう一つは秋に行われていた日本産業対抗野球大会（産別）だった。これは松下電器野球部創部翌年の五一年から開催されていた。企業を電気、機械などの産業別に振り分け、予選をして、その代表が集まって優勝を争う。例えば五六年には二十四産業24チームが参加した。ただし、産業によって景気による盛衰があり七三年を最後に七四年には社会人野球日本選手権に発展的解消をする。

都市対抗は補強選手制度がある。現在は三人だが山口の入社した七三年は十人まで認められていた。一方、日本選手権は純粋の企業チームで補強選手なしで戦う。

松下電器は七月の第44回都市対抗東近畿予選で、新日鉄堺に12－0、東レ滋賀に1－0と勝ち、代表決定戦で再び新日鉄堺を3－2で降し、五年連続十七回目の本大会出場を決めた。山口は三試合すべてに登板し、後楽園球場（現東京ドーム）行きを支える。

本選一回戦は七月二十八日。日産自動車（横須賀市）と対戦する。先発は山口だった。六回表まで0－0。六回裏、安打と四球で二死一、二塁にされる。打席には五番・倍賞明が入る。姉に女優の千恵子、美津子を持ち、後に日産自動車の監督にもなる倍賞に、1ボールからのストライクを強振された。ボールは放物線を描き右翼スタンドに吸い込まれる。3ラン。七回にも1失点でマウンドを下りる。0－5。初めての都市対抗は7回4安打4失点。三振9だった。

「白球のひびき　松下電器野球部三十年史」（以下「白球」）には状況が書き込まれている。

「倍賞君への一球目がボール。恐らく彼（山口）の頭の中で『ストライクを取らねば苦しくなる』と思ったに違いない。二球目は伸びのない素直な球を与えたから捉えられて、右翼席へ3ランとなって明暗を分けた。倍賞君の積極的な打法と根性をほめるべき試合と終った」

「日本社会人野球協会会報」（以下「会報」）には3ラン直後、マウンド上で両手を腰にあて、ボールが打ち込まれたスタンドを茫然と見つめる山口の写真が収められている。試合関連36ページで使用された試合の写真は十二枚。少ない枚数でも山口が被弾して背中を向けるショットを持ってきた。

戦評の書き出しにも山口の評判の高さがうたわれていた。

「文字どおり倍賞の値千金の3ランと藤田の力投で〝山口高の門真市〟に快勝」

山口は言葉少なに振り返る。

「3ランを打たれて、それで終わった」

松下電器に勝った日産自動車は準優勝する。決勝で日本鋼管（川崎市）に2－11で敗れた。

プロで力を試したくなった

九月十八日からは四日間の日程で東京・八王子市営球場で始まった産別予選に出

場した。一回戦はＴＤＫに３－１、準決勝でオーディオメーカーのティアックに１－０と勝利する。しかし、決勝戦で東芝に０－３で完封負けし、電気機械部門としての本選出場はならなかった。

都市対抗は予選突破も一回戦負け。産別は本大会にすら出られなかった。

山口の社会人一年目は、華やかだった大学時代に比べると地味に終わる。その中で学生と社会人における野球の大きな違いを知る。前者は部活動、後者は仕事だった。自発と義務の差があった。

「大学でやっていた野球とは全然違う。会社員になると野球をやってお金をもらっているみたいなもん。都市対抗の時は予選も含めて二ヵ月くらい会社に行かんかった。仕事免除。当然プレッシャーがものすごいかかる。今と違って社会人野球も人気があった。企業総出で応援してくれた。だから野球の成績が悪いと肩身が狭い。同僚や上司はそんな目で見ていなかったけどな。大学時代もプレッシャーはあった。せやけど野球は自分の意志でやってたわな」

もちろん松下電器で野球を続けることを決めたのは、山口自身であったし、会社は決して過度な重圧をかけていたわけではない。それでもプロではなく、会社員でありながら野球を中心に据えられ、その勝敗が業績評価につながることが受け入れにくかった。

「ピッチングがよくないのは、体調が悪いか、精神的に不安定かどっちかや。一年目は経験したことのないような雰囲気やった」

体の中で痛めている箇所はなかったが、迷いはあった。

時間の経過とともに山口の心境に変化が生まれる。

自分の中では、整理をつけたはずのプロ野球への挑戦だった。どうせ野球に圧迫されるなら、一番上のグレードでやりたい、という気持ちが山口の中で少しずつ大きくなってくる。大会の一区切りがついた十一月ごろだった。

「入社当初は心が変わるなんて思ってもない。でも、だんだんとこのままでは仕事も野球も中途半端になる、という考えが浮かび始めた。力を試したくなってきたんやな。日本のトップで一回はやってみたくなってきた」

その年の暮れに会った前関大監督の達摩も山口の本心を聞いている。

「プロに行きたい、と言ってきた。社会人に入ったら面白くなかった。物足りなかったんやろ」

山口がヤクルトから4位指名を受けた七二年から一年後の七三年ドラフトでは二

つの制度改正がなされた。
①　球団が獲得した独占交渉権の有効期間を「翌年の選択会議（ドラフト）開催日の前々日まで」と改める。
②　日本社会人野球協会（現日本野球連盟）所属選手は新登録から二年（シーズン）指名禁止。また独占交渉権は「東京大会開催の日から社会人野球日本選手権大会終了の日までの期間停止する」となる。

東京大会は「スポニチ大会」の名前で親しまれ四六年に始まった。毎年三月に行われ、社会人野球の幕開けを告げる大会である。産別を前身に持つ日本選手権は十月末に行われ、シーズンの締めくくりだった。この期間、指名選手との交渉ができなくなる。ただし、山口の指名は七二年ドラフトだったので、この制度改正の適用は受けない。山口が「方針転換」をヤクルトに伝えれば、ルール上はプロ入り可能だった。

「考えたんはヤクルトの権利は残ってる。期限内ならヤクルトに行ける。どないしよ、ということやった。でも周囲に相談する時間はなかったなあ」

山口は悩みながら、現実的には不可能だ、という結論に達する。家族、周囲の人間、大学、会社、プロ球団、高野連など多くの人々や組織を本意ではなくとも、結果的に巻き込んだことを考えれば一年目での退社、プロ入りはできなかった。

七四年になった。山口は社会人二年目を迎える。

シーズンは三月の第29回東京大会で幕を開けた。この大会で山口は精神的な不安定さを露呈する。一回戦、オール東鉄を5－0と負かした。16奪三振で完封する。ところが二回戦では4－8と日本鋼管に完敗した。この試合も山口が先発するが、ノックアウトされ長谷部にマウンドを譲っている。「白球」には感想が載る。

「1回戦にわが山口投手は16三振を奪って楽勝して野球界に話題を呈したが、同じ大会に2回戦では山口投手に球威なく、逆に8対4という惨じめな試合を展開している。誠に勝つことはむつかしいことである。生き者の人間が、コンディションを維持することが如何にむつかしいかを教えてくれた大会だった」

その後、監督の仁木が辞任する。後任に山口の市神港の恩師、高木太三朗が招かれた。

山口は一年先輩の松下や山口円とチーム強化について一年目から話し合っていた。仁木の指導は悪くなかったが、山口たちは自主性優先よりも、勝ち負けに力点を置いた管理野球を望む。会社は選手たちの気持ちを汲み、新監督招聘に動いた。

「仁木さんにはお世話になったけれど、オレらは引っ張って行ってくれる監督に来てほしくなった。会社の許可が出て探したが、すぐに指導できそうやったのが高木さんやった。監督を替えてまで協力してくれる会社に対して、頑張らんといかん、と感じたな」

高木は市神港監督を二年前の七二年に退任しており、引き受けやすい立場にあった。関大、市神港と指導歴を積み上げてきた高木は、仁木とは正反対の監督主導を打ち出す。

指揮官のシーズン途中での交代、方針転換はチームに不協和音を生む。松下電器は六年連続の都市対抗出場を逃す。七月の東近畿予選では二度のリーグ戦方式で四試合を戦った。東レ滋賀には5－0、2－0と連勝したが、新日鉄堺には山口、福井の継投で0－1、二戦目は福井、山口の順で1－4と連敗。都市対抗初出場を決められる。

それでも山口は予選を勝ち抜いた新日鉄堺の補強選手に選ばれ、結果的に二回目の本大会出場を果たす。

新日鉄堺のエースは和歌山県立和歌山工業高校から入社して四年目の中川善弘だ

った。山口より二歳下の五二年生まれ。タテに落ちるカーブと制球力が持ち味の右腕だった。東近畿予選では山口に二度投げ勝っていた。ところが監督・佐藤紀夫は七月二十七日の一回戦、日産自動車（横須賀市）戦の先発を山口にする。中川は悔しさがあった。

「私は予選をほぼ一人で投げてきた。そりゃ投げたかった。でもこれは仕方がない。ネームバリュー。やっぱり山口高志が投げるのとは差がある。プロへ行けるレベルの人と社会人に収まる人の違いやったね」

山口自身も居心地の悪さを感じていた。

「気持ちのええもんやないわなあ。予選を勝ち抜いたチームのエースを差し置いて、よそもんのオレが投げるんやからなあ」

自前の投手を初めての後楽園マウンドに送らず、負けてしまえば会社からは猛烈な批判を浴びる。それを分かった上で佐藤はあえて中川ではなく山口を選んだ。ライバルでありながら松下電器のエースへの信頼と実績に対する評価があった。

日産自動車は因縁の相手。昨年の大会初戦で倍賞に3ランを浴びて負けていた。佐藤の決断に一年後の山口は応える。1－0。九回1安打完封。奪三振は八回まで毎回の11を数えた。ヒットは四回、倍賞の内野安打のみ。山口は新日鉄堺に都市対抗初勝利を贈ると同時に昨年の雪辱もする。

二回戦は三十日、日立製作所（日立市）と対戦した。山口は中二日で再び先発する。延長十四回を投げ抜き1－0の勝利に貢献した。二試合連続完封。14三振、5安打、3四死球だった。真夏の連投も疲れを見せない。「会報」は山口の小気味よい投球を伝える。

「日立は三回まで九人の打者のうち六人が三振し、山口の快速球に幻惑されてマトがしぼれない。山口は、この日はリラックスして投げていた。コントロールも一回戦より良く、中盤からは暑さを計算して体力の消耗を考え、ゆるいカーブでカウントをとるなど三回までの速球主体のピッチングから打たせてとる投法に変えた」

八月一日の準々決勝、東京ガス（東京都）戦は中川が大会初先発。3－0の七回、雷雨のためコールドゲームが宣告され、新日鉄堺が勝者となった。

三日の準決勝は大昭和製紙北海道（白老町）。山口は中三日で三度目の先発をする。0－0の延長十一回裏一死一、二塁から重盗を許す。その後、六番・日比野勇に中犠飛を許しサヨナラ負けした。

山口は敗戦投手になった。だが四強入りの中心だった。戦績は群を抜く。四試合中三試合に先発。33回2/3を投げ自責点は1。防御率0・27と突出する。三振は39。イニングより多い数を残した。優勝、準優勝以外で、大会中に素晴らしい活躍をした選手、監督、チームに贈られる小野賞を補強選手ながら受賞している。

「オレの中では中川と二人で先発して自責点1で負けたイメージ。一つくらいは勝ちたいと思ってた。補強選手に選んでもらってあんまり活躍せんわけにもいかん。とは言うものの、勝ち続けるのも予選で負けた我が社に悪いなあ、という感覚もあった」

思いは交錯したが、小野賞獲得は重圧からの解放にほかならない。補強選手は勝敗のよろこび、悔しさはあるが責任はない。中川は翌七五年、松下電器の補強選手で都市対抗に出場する。

「会社に対するプレッシャーが全然違う。楽。山口さんもそうだったと思う」

同時に山口は合同練習で野球に取り組む姿勢に心を打たれる。新日鉄堺は三交代制での現場勤務が基本のため、高卒選手で構成されていた。練習は高校の延長。長時間のノックなど濃密だった。投手ならピッチング、ダッシュやランニングで終わっていた松下電器とは異なった。

「よく練習しとった。真剣さが違う。ウチが負けた理由が分かった」

企業ではなく自分のプレーへの集中と若手選手からのひたむきさの吸収。環境と精神の二重の変化によって、都市対抗では純粋に野球だけを突き詰める本来の山口が再生された。

中川は三十三歳で現役を引退。八七年に監督に就く。その年の四月、大阪府立成城工業高校から日米通算２０１勝を記録する「トルネード投法」の野茂英雄が入社する。

中川は高校時代から新日鉄堺グラウンドに練習に通っていた野茂を教えた。入社一年目は後年、代名詞となるフォークの習得に二人で取り組む。

「フォークはリストが動いては落ちが悪くなる。だから手首にテーピングをして投げさせた。ＶＨＳの大きいビデオカメラを使ってフォームもチェックした。動作解析の走りだったと思う」

二年目春には新球種をマスター。同じフォームから繰り出す１５０キロ台のストレートとともに評価は急上昇。八九年ドラフト１位で近鉄に入団。その後、日本人本格的メジャー挑戦第一号としてアメリカでも躍動した。

山口と一緒に練習を積み、野茂を育てた中川は言う。

「自分が出会った中で最高のピッチャーは山口さん。フォークはあったにせよ、野茂が山口さんより優れている部分はない。山口さんのボールはとにかく速かった。球筋がホップしてくる。体のバネと地肩が強かった。天性だと思う」

コントロールやフォークのキレなどを含め日米八球団に在籍した野茂の実績は疑いようもない。山口にはカーブはあったが精度に関しての評価は大体において低かった。メジャー挑戦もなかった。それでも中川の心中を占めているのはチームメイトとして戦った山口である。

山口とは大院大で、野茂とは大和銀行監督として社会人で対戦した西山正志は二人を特別な投手としている。

「山口さんのボールは本当にうなっていた。ブーンって来る。野茂もそうだった」

中川は言う。

「ボールがうなっていたのは山口さんの方だ」

キューバをねじ伏せた

都市対抗の好結果も背中を押す。山口はプロ入りの決意を固める。

受け入れる側も、山口は大卒社会人の最低在籍二年をクリアしており、問題なく獲得対象選手として指名候補リストに記載できた。

産別から社会人野球日本選手権に名前を変えた第1回大会は十月二十八日から甲子園球場で始まった。一回戦は不戦勝だった松下電器は二回戦で三協精機と対戦する。先発した山口は七回に失策絡みで4点を失う。0－4で初戦敗退。松下電器でのラストゲームは山口の社会人での苦しみを象徴させる内容だった。

「前日の試合中に雨が降って来て中止になった。雨の前は調子がよかった。流れて、再戦して負けてしもうた。もったいない」

シーズン終了後の十一月六日、山口は高校時代から交際を続けていた池上裕見子と大阪市内の結婚式場で挙式した。仲人には達摩を立てる。二週間後の十九日にはドラフト会議が決まっていた。プロ入りを前に山口は大きな責任を背負う。

「家族がいた方が心強い」

新家庭を新たな挑戦のエネルギーにする。

従来は日本選手権で社会人野球のシーズンは終わるが、七四年は全日本チームによる初のキューバ遠征があった。社会主義国のキューバにはプロは存在しなかったが、そのパワーなど世界トップクラスの力を持っていた。

この年の七月二十三日、キューバナショナルチームが来日する。八月十三日までの二十二日間、東日本を中心に社会人相手に転戦。全日本との一試合を含む七試合を行った。戦績は日本の七戦全敗。パワーに歯が立たなかった。山口は2－7だった第五戦の全日本戦に先発。小刻みな継投方針の中、2回3安打1失点、奪三振2とまずまずの内容だった。

その返礼として十一月十三日から十二月九日まで二十七日間の日程で遠征が行われた。山口を含め三田学園や法大で対戦し、本田技研鈴鹿に入社した山本功児ら二十二人が選ばれた。

キューバは150キロしか離れていないアメリカの影響を受け、野球は盛んで強い。国際野球連盟（IBAF）のワールドカップで七四年までに十三回優勝していた。五輪でも九二年バルセロナ、九六年アトランタ、二〇〇四年アテネの三大会で金メダルに輝いている。

山口たち全日本チームは、直行便がないため、東京・羽田からカナダ・バンクーバー経由で十三時間かけてメキシコの首都・メキシコシティーに入り、乗り継ぎ便の関係で三泊した後、キューバの首都・ハバナに到着した。

キューバでは代表戦三試合を含む九試合を行った。対戦成績は日本の2勝7敗だった。

第一戦　●　十一月十七日　ハバナ　1－3
第二戦　●　十九日　オリエンテ　1－2
第三戦　○　二十一日　カマグエ　3－0
第四戦　●　二十三日　ラスビラス　2－3
第五戦　○　二十四日　マタンサス　2－1
第六戦　●　二十六日　ピナールデルリオ　1－5
第七戦　●　二十八日　キューバ代表　1－5
第八戦　●　三十日　キューバ代表　0－3
第九戦　●　十二月一日　キューバ代表　0－5

七月の日本遠征と同様に大きく負け越す。キューバに対してプロが入らないアマのチーム編成では勝ち星を得ることは難しかった。

その中で光を放ったのは山口だった。勝った第三、五戦を含め第二、四、八戦の計五試合に登板。第八戦の代表戦では先発して、残り四試合はリリーフに回った。

初登板は第二戦のオリエンテ。三人目としてマウンドに上がり、九回に三者連続三振を記録する。第三戦・カマグエ、第五戦・マタンサスでは勝利に貢献。カマグエ戦では大学四年時の選手権で投げ合った慶大出身の先発・萩野友康（新日鉄八幡）の後を受け、３－０の八回一死から後続を断ち、救援に成功した。マタンサス戦は２－１の七回一死から２回⅔を０封。三振６を奪った。

第八戦の代表戦で山口は遠征唯一となる先発を任される。五回の本塁打による1点にしのいでいたが九回、自身の悪送球で２失点。０－３で敗れる。他の代表戦と比べ、点差的にも内容的にも白星に一番近い試合だった。

高校時代から山口と対戦しながら、その成長を段階ごとに知る山本は言う。

「キューバを抑えたのは山口さんだけでした。あの頃のボールはプロ入り後も含め、自分が見た中では一番速かった。キューバにはそのままアメリカに連れて行けば、即メジャーで通用するバッターがたくさんいました。パワーも飛距離もすごかった。日本人のピッチャーは打たれていました。その中でやっつけるのはいつも山口さん。格好よかったなあ」

山本は山口とともに二年前は学生代表としてアメリカ、今回は社会人代表としてキューバという二大野球大国と対戦した。その上で言う。

「外国人に通用した日本のピッチャーは自分の知る限り山口さんだけでした」


山口はキューバのパワーを現地に住む一般人からも感じる。

「ホテルにマッサージを呼んでもらった。その力が強すぎてしんどくなった。揉み返しみたいな感じ。日本でそんなことはない。体の大きさも全然違った」

それでも山口自身は山本が讃えたようにボールが通用した感覚を持っている。

「打たれた印象はない。スペイン語は読めんかったけど、次の日の新聞に自分の記事が写真入りで載ったり、特集を組んでくれたりしとった」

言葉が分からなくとも視覚（記事）や聴覚（歓声）で高評価を理解していた。

カマグエ戦前には首相のカストロを間近に見る。

八時試合開始に備え、球場内でウォーミングアップをしていた。入場料は無料。会場は満員だったがバックネット裏最前の二列だけが空いていた。しばらくすると観衆が立ち上がり、手を叩きながら、「コマンドー（指揮官）、コマンドー」と叫び出す。カストロを讃えるコールだった。大合唱の中、濃緑の軍服を着た一団が二列になって入ってくる。全員がほぼ同じ身長。真ん中の男だけが迷彩色の野戦服に身を包み、頭一つ大きかった。カストロだった。手を上げた瞬間、すべての拍手がやみ、沈黙が訪れる。手を下ろすと観衆は一斉に座った。

「あんな光景を見たのは初めてやった。びっくりした。彼が手を上下させただけで、熱狂的な観衆がそれに従っとった」

現地ではＶＩＰ待遇を受けた。ハバナの空港には約千人の人々が出迎え、移動は警察の白バイが先導。毎晩のようにパーティーが開かれる。一辺が30メートルはある大広間に集まり、ナイフとフォークを使った正式な晩餐を摂る。床は白い大理石でキラキラと光っていた。

ドラフト会議の舞台裏

そのキューバ遠征の最中、七四年ドラフトが十一月十九日、東京・日生劇場で開催される。この年から契約金一千万円、年俸百八十万円とされていた上限が撤廃され、球団の自由裁量で金額を決められるようになった。同時に一球団の指名は六人以内という制限が課せられる。

山口はすでにプロ入りを表明しており、十二球団ＯＫの姿勢だった。

山口以外に高い評価を受けていたのは「高校四天王」と呼ばれた四投手、工藤一

彦（茨城・土浦日本大学高校）、定岡正二（鹿児島・鹿児島実業高校）、土屋正勝（千葉県立銚子商業高校）、永川英植（神奈川・横浜高校）だった。

ヤクルトに四位指名された二年前同様、会議は予備抽選で始まる。指名順位は近鉄、阪急、中日、巨人、大洋、ロッテ、阪神、ヤクルト、南海、日本ハム、太平洋（現西武）、広島となった。在阪球団として山口に強い関心を持っていると言われていた近鉄が一番クジ。阪急は二番だった。法元の中日は三番。同じく在阪の阪神は七番、南海は九番になった。

先頭を切り近鉄が指名したのは福井保夫だった。山口ではなく、その同僚である。松下電器では山口に続く二番手。会場はどよめく。真っ先に名前が挙がるのは山口だと思われていた。

予備抽選二位の阪急監督・上田利治は近鉄の山口指名回避を事前に知る。会議は午前中に予備抽選を終え、午後から本抽選を行った。昼食時、上田が座っていたレストランのテーブルに近鉄監督・西本幸雄が近付きこっそり耳打ちする。

「ウエよ、ウチは山口を行かん」

上田は驚きと喜びが入り混じる。西本は七三年まで十一年間、阪急監督をつとめ、七四年から近鉄の指揮を執っていた。上田はコーチとして七三年まで三年間、西本に仕えている。師と仰ぐ人間が嘘を言うはずがない。

「神の声に聞こえたね。予備抽選で『負けた』と思っていたから。最大のライバルに一番クジをもっていかれた、と。だから本当に一位で福井を指名した時はうれしかった。タカシの性格とか詳しいものはつかめてなかったけど、技術的にはすごいものを持っているのは聞いていた」

上田は三七年生まれ。徳島県立海南高校（現海部）から関大に入学した。山口の先輩であり大学では達摩や村山と同期だった。卒業後の五九年、広島に入団する。現役は三年と短かったが引退即コーチに就任。六二年から広島で八年間、七一年から阪急で三年間、経験を積み、七四年に監督に就任する。当時三十七歳。新進気鋭だった。

達摩は後日、西本から山口回避の理由を直接聞く。

「外国人の再契約にお金がいる。その上、タカシは契約金や年俸などいくらかかるか分からない、というのが真相やった。ドラフト前日、西本さんに球団から電話があり、『獲ってくれるな』と言って来たらしい。だから指名を回避した、と話していた。十二球団どこでも、と言っていたが、行きたくない、パワーのない球団はあった。近鉄はよかったんやけどね」

外国人はクラレンス・ジョーンズ。シカゴ・カブスから南海に入団した内野手だった。七四年には近鉄に移籍して、38本塁打で初の本塁打王。ジョーンズの繋ぎ止め工作のため近鉄は資金が必要だった。そのため山口は敬遠される。

近鉄から一位指名を受けた福井はよろこぶ。入社四年目、180センチの右のスリークォーターは新聞記者上がりの担当スカウト・中島正明が熱心に視察に訪れていた。

「四年目の公式戦は6勝1敗とよかったんです。自信もできた。だからプロにかかれば行こうと思っていました。中島さんは津山の実家にも足を運んでくれてましたしね」

福井の願いはかなった。それも最高評価だった。

予備抽選で二番を引いた阪急の順番が来る。次に控える中日・法元は心臓が高鳴る。

「タカシはチームももちろんだが、オレ自身がほしかった。タカシより上の選手はいない。近鉄が福井を指名した。その瞬間、肩にものすごく力が入った。残るぞ、残るぞ、と思った。表向きは十二球団ＯＫと言っとったが、タカシに近いところから入ってくる情報は『パ・リーグには行きたくない』だった。阪急はパ・リーグ。可能性は少ない。ウチは名古屋の球団だが、痩せても枯れてもセ・リーグ。参加資格はあるはずだった。指名後の用意はもちろんしていた。先輩というのもあるけど名古屋行きを嫌とは言わせなかった」

山口を従わせる条件を中日は準備する。

法元の強い祈りの中で、読み上げられた名前は「山口高志」だった。

全身を脱力感が襲う。

「一気に力が抜けた。ウチの指名順位が八番目や九番目ならまだあきらめもつくが、三番目だったからね。本当にガックリきた。しかし上田なら仕方ない。タカシも上田なら断るわけにはいかん。中日が引いて名古屋に連れて行ったら、オレは大阪の人に刺されていたかもしれんね」

関大五三年入学の法元にとって上田は二学年下の後輩になる。法元が中退したため重なったのは一年だったが、投げ込みの捕手に指名するなど可愛がった。その上田が指名した事実を受け入れる。

「ドラフトがウェーバーでなく、今と同じ競合だったら野茂や小池（ともに史上最高八球団）くらいの球団数は来ている。大学後半のタカシがそのままプロに行けばものすごい成績を残している。社会人最後の三協精機戦も負けたけれど強烈なボールを放っていた。自分は選手を評価する時、いつもプロに置き換えてみる。タカシの評価は、プロの打者でも打てない」

阪急は山口を含め、規定最大の六人を指名する。2位で外野手の松井満（下関商）、3位は捕手の笠間雄二（電電北陸）、4位で投手の鈴木弘規（岩手・水沢第一高校）、5位で内野手の前川光春（熊本・熊本第一工業高校、現開新高校）、6位で内野手の浜野正明（和歌山工）を挙げた。笠間と浜野は入団拒否。笠間は二年後の七六年、ドラフト6位で巨人に入団する。

阪急はプロ上がりのスカウト・藤井道夫が山口に対して関大時代から練習や試合に足を運ぶなど地道な視察を続けている。五〇年から八年間、阪急の野手だったため見る目は確かだった。阪急と松下電器は縁もあった。阪急オーナー・森薫と松下電器野球部部長の遊津《あそ づ》孟は兄弟だった。

上田はチーム編成の観点から山口獲得の大きさを口にする。

「タイムリーな補強だった。ウチにはそれまで主戦になれるオーバーハンド・ピッチャーがいなかった。タカシの加入は投手陣に厚みを作った」

ドラフトがあった七四年、ペナントレース二位の阪急の主軸は10勝9敗1セーブの足立光宏と11勝6敗11セーブの山田久志だった。二人ともにアンダースロー。11勝8敗1セーブの米田哲也はオーバーハンドだったが三十六歳とすでに峠を越していた。若い本格派の山口の加入は阪急の未来を明るくする。

日本でのドラフトに関係なく山口のキューバ遠征は続いていた。二勝七敗でキューバ国内での全日程を終え、全日本チームがハバナを離れたのは十二月二日。行きと同様メキシコシティーで乗り継ぎのため宿泊した。ホテルの一室で山口は日本社会人野球協会常任理事をつとめていた団長の山本英一郎から「阪急1位指名」を聞く。現在のようにインターネットなどの通信手段が発達しておらず、約二週間後にもたらされた情報だった。

「指名されたら、どの球団でも行くつもりやったけど、本当は関西の方がよかった。上田さんは関大の先輩やったし、阪急の試合はテレビで見たこともあったしな」

チームはアメリカ・ロスアンゼルスを経由し、九日に羽田に到着した。着陸後、機内アナウンスで「野球チームの方の降機は最後にお願いします」と言われ、山口らは待機する。

「窓から外を見ていると、タラップの近くにたくさんのカメラが集まっていた。『なんや。事件でもあったんかいな』と思っていたらオレへの取材。びっくりしたなあ」

羽田空港内での記者会見では阪急への好意を口にする。

「いい感じを持っている」


帰国後、阪急との入団交渉が始まる。契約金や年俸など金銭的な事に関して山口は淡泊だった。卒業後も山口を側面から支えていた達摩は言う。

「タカシはお金に関わってない。金額や条件はすべて球団任せやった」

近鉄が危惧した金銭の高騰はなかった。契約金三千六百万円、年俸六百万円（金額は推定）。制限額が撤廃され、「一億円」とも言われた山口の費用は予想を大幅に下回る金額で落ち着いた。それでも当時の金銭的価値からすれば現在の一億円にはなる。その上で球団は、サラリーマンと同じ終身雇用契約を提示した。松下電器という超優良企業を辞め、二十五歳でプロの世界に飛び込む山口に誠意を見せる。ヤクルトの白紙の小切手と変わらない好待遇だった。

プロ野球では契約更新は一年ごとで、この時代、複数年契約はない。単年度のため高給を支払っている、という思いが球団にあった。阪急はその常識を打ち破り、山口を六十歳定年まで面倒を見る提案をする。球団幹部が電鉄労働組合に理解を求めるため説明に行く。阪急がそこまでするだけの価値が山口にはあった。

キューバからの帰国後、山口は会社や球団と話し合い、入団会見を十二月二十七日、独身寮からの引っ越しを二十八日、退社を二十九日付に決める。帰国から入団会見までの二十日間あまりは職場などでのあいさつ回りに充てた。

帰国がドラフトから三週間後と遅かったため、通常は決定全選手で行う入団会見に山口は一人で臨んだ。会場は大阪梅田の新阪急ホテル。カメラのフラッシュが盛んに光る。百人以上の報道陣が集まった高揚感から珍しく雄弁になる。

「最低でも10勝を挙げたい。やるからには新人王を狙う」

背番号は14に決まった。このオフに広島に移籍した市神港の五歳上の先輩、宮本幸信がつけていたものだった。席上、監督の上田は、山口のプロで最初の先発登板を三月十六日、本拠地・西宮球場のオープン戦、広島戦に設定する。

二十八日には独身寮から引っ越す。新妻・裕見子との新居に定めたのは宝塚市小《お》林《ばやし》の2LDKの分譲マンションだった。最寄り駅は阪急今津線の小林。電車で南に下れば四駅で西宮北口駅に着く。下車すれば目の前が西宮球場だった。運転免許は多忙で取得できなかった。車内では時折、山口を知っている人間から話しかけられた。会話は弾む。

「応援してくれてるんやから、うっとうしくはなかった」

都市対抗での小野賞獲得、結婚、キューバ遠征、ドラフト1位指名、退社と山口にとって二十四年の人生で一番多くの出来事があった七四年はあわただしく終わった。

「白球」には昭和五十年度（七五年）の章のトップに太字で「山口投手　彗星の如く去って無し」と書かれてある。松下電器入社は七三年四月、退社は七四年十二月。在籍は二年に満たない一年九ヵ月だった。三年間の市神港、四年間の関大とこれまでのどの所属先よりも期間は短い。野球部や会社関係者の気持ちをうまく表現する一文だった。

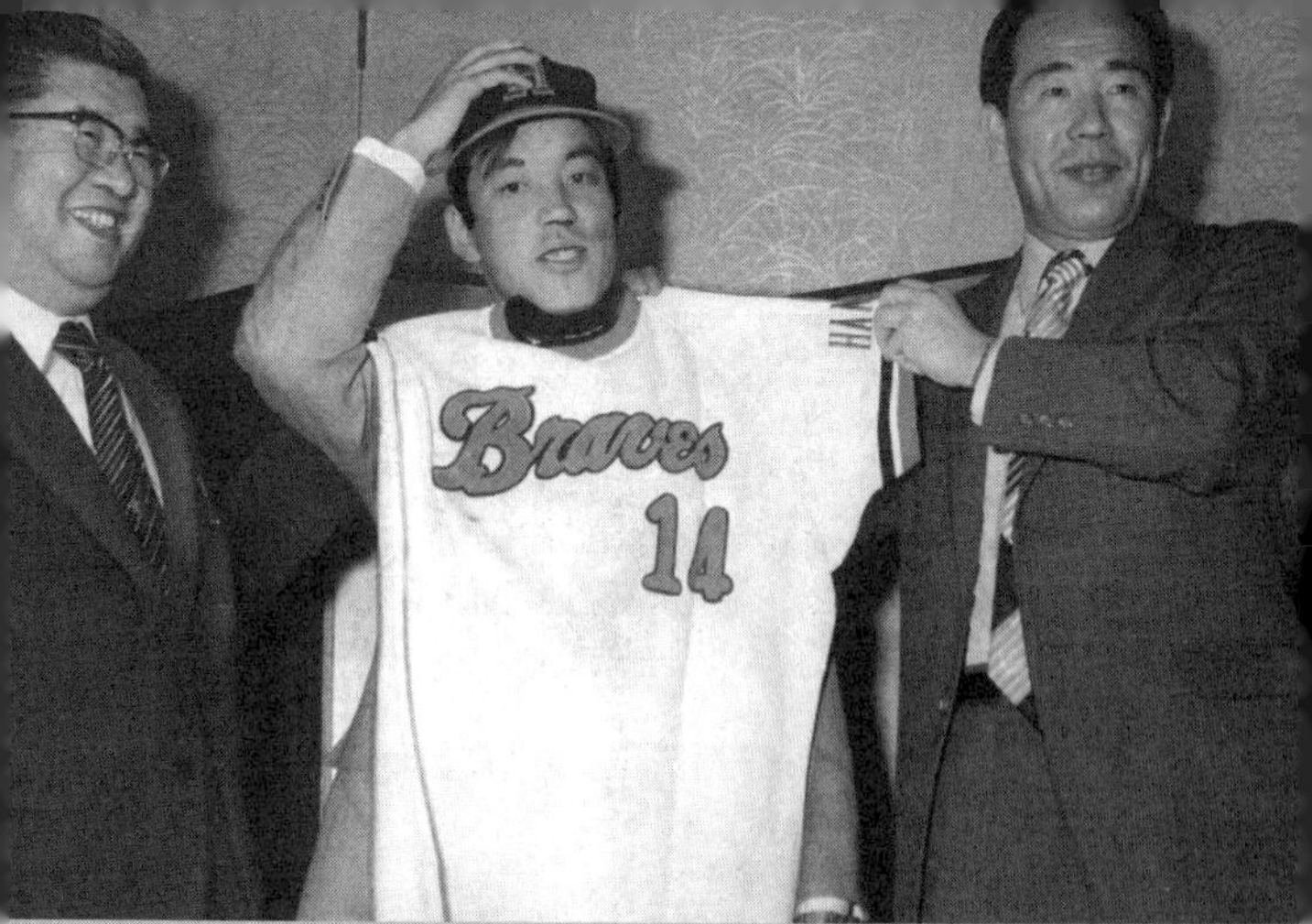

七四年、阪急の入団会見に臨む。右は名将・上田利治監督

五　プロの壁

周囲の期待と山口の不安

「阪急ブレーブス五十年史」の七五年の見出しの一つは「山口高志入団」である。加入の大きさが球団公式の書物からも読み取れる。

六七年、阪急は球団創設三十二年目で初のリーグ優勝をする。監督は西本幸雄。この年からリーグ三連覇をする。しかし、日本シリーズは巨人に三年連続2勝4敗で敗れた。六五年から七三年までV9したチームに歯が立たない。七一、七二年とリーグ連覇。この時も日本シリーズは1勝4敗で巨人に完敗した。五回の挑戦はすべて跳ね返される。

七三年、前後期の2シーズン制が導入される。それぞれの一位が年度優勝をかけ五回戦制のプレーオフを戦う。阪急は前期三位、後期優勝とするが、南海とのプレーオフは2勝3敗で競り負ける。そのオフに西本は辞任。後任監督は上田が就いた。七四年は前期優勝、後期三位。プレーオフではロッテと対戦するも三連敗を喫した。

山口は一九三六年（昭和一一）の球団創立から四十年近くが経過して入団した。年明けの六日、西宮球場で自主トレが始まる。当時は全選手強制参加だった。

当時の正遊撃手、大橋穣《ゆたか》は自主トレ初日の山口の服装と態度が忘れられない。

「鳴り物入りで入団して来たから、どんなやつかと会うのを楽しみにしてたんだよね。そしたら、いきなりネクタイにスーツでやって来た。そんな格好、自主トレのロッカーで見たことない。新人とはいえびっくりした。すぐに練習が始まるんだから、きちっとした奴でもせいぜいジャケットくらいのもんよ。ところがタカシはネクタイまでしてた。あいつのことだから『先輩に会う。ちゃんとしなきゃ』と考えたんだろうな。すごい真面目な奴だなあ、と思ったよね。その格好で『山口です。よろしくお願いします』と一人一人にあいさつして回っていたよ」

プロ野球のドレスコードは遠征時や契約更改交渉など人前に現れる時は厳しいが、練習に関してはゆるい。Tシャツにジーパンでも構わない。知らなかったとはいえ、そのしきたりの中での山口は実に礼儀正しく、実直に大橋には映った。

自主トレはランニング中心だった。バーベルなどを使ったウエイトトレーニングが今ほど確立されていなかったため、走るメニューが大半を占める。関大時代にコーチ・清水から落とし込まれた数々の種目と同じような感じだったが、プロではそこに気疲れが加わった。二十五歳になるとはいえ新人である。新しい世界における人間関係の不安の上にマスコミの取材攻勢も重なる。肉体的にも精神的にも疲弊。午前中に自主トレを終えると真っ直ぐに帰宅した。睡眠をとるためだった。
「とにかく走ることが多かった。量は大学時代と変わらんが、プロでは注目されながらトレーニングをするしんどさを味わった。学生や社会人時代は走るところまでは見られとらん。昼寝が日課になっていたのは、それだけ疲れてた、ってことやな」

山口に最初から気さくに声をかけてくれたのは松下電器の先輩だった福本豊だけだった。「世界の盗塁王」のあだ名を持つ福本は四七年生まれ。大阪・大鉄高校（現阪南大学高校）から松下電器を経て六八年ドラフト7位で入団した。「一番・中堅」の定位置をつかみ、七二年には日本プロ野球史上初のシーズン三ケタ盗塁１０６を記録してＭＶＰに選ばれる。七五年は阪急入団七年目。盗塁王は七〇年から五年連続、ダイヤモンドグラブ賞とベストナインは七二年から三年連続受賞していた。足に一億円の保険をかけて話題になった福本は助言を送る。

「色んな人からガチャガチャいっぱい言われるけど好きにやれよ」

それでも自主トレにスーツで来るような生真面目な山口はなかなか行動に移せない。

「オレのロッカーは一番端っこ。練習が終われば、そこに座って先輩たちが風呂から上がるのを待ってた。フクさん（福本）が『何してる?』と聞いてきたので『みんなが上がるのを待っています。それから入ろうと思っています』と答えた。そうしたら『プロはそんな気い遣わんでいい。体が大事。さっさと入れ』と言ってくれた。そんでもよう風呂場に行けんかった」

個々の人間関係にも山口は気を配らなくてはならなかった。

「先輩や友達に頼まれたサインの寄せ書きをもらいに行っても、順番を間違っとったら書いてくれん。年功序列でもないし実績でもない。難しかった」

プロは同ポジションの有望新人が入ってくれば自分の出場機会が減る可能性がある。出場が少なくなれば給料ダウンに直結し、生活に影響する。チームメイトでもライバルだった。簡単には仲間とは認めない。溶け込むのは容易ではなかった。

それでも自主トレ中にはうれしいこともあった。二十四日には契約金三千六百万円が七枚の小切手で分割して支給される。報道陣に対して感想を話す。

「札束でもらった給料の方がピンときた。小切手はどうも……。ないものと思い貯金する。女房のくれる小遣いは以前と全く同じで変化はない」

結婚前から新妻・裕見子が山口の給料管理をする。大学時代から山口のお金を預かって無駄遣いをさせないようにしていた。社会人時代の月の小遣いは一万五千円だったがプロに入団してもその金額は変わらない。契約金をもらおうが、給料が劇的に上がろうが関係ない。山口家は堅実だった。


一ヵ月弱の自主トレの後、高知県の高知市野球場で春季キャンプが始まった。

阪急の投手陣の軸は二人のアンダースロー右腕、四八年生まれの山田久志と四〇年生まれの足立光宏だった。

山田は秋田県立能代高校から富士鉄釜石（のちの新日鉄釜石）を経て、福本と同じ六八年ドラフトで1位入団した。七二年には20勝8敗で最多勝のタイトルを獲得する。山口が加った七五年はプロ七年目の二十七歳だった。前年七四年には先発とリリーフの両方を任され11勝6敗11セーブ。浮き上がる速いストレートが持ち味だった。

「タカシを見てすごい奴が入って来た、と思ったねえ。大学、社会人で知っている数少ないピッチャーの一人。刺激になったよ。速いのもあったが、面白い体の使い方をするなあ、と思ったね。教わったり、見たりしたのと違う投げ方。頭、肩、腰を含めて体を前後に使う。剣道で真上から面を打つみたいな感じよね。普通ピッチャーは体を斜めに切って腕が一番振れるところで腰を回転させて投げる。こんな投げ方をするピッチャーはいなかったねえ」

足立は大阪市立西高校から大阪大丸を経由してドラフトのなかった五九年に阪急入団。六二年五月二十四日の南海戦では一試合17奪三振のプロ野球記録（当時）を作った。六七年には20勝10敗、防御率1・75で最優秀防御率とシーズンMVPのタイトルを獲得し、阪急の初のリーグ優勝に貢献する。山口入団時はプロ十七年目の三十五歳だった。前年の七四年は10勝9敗1セーブ。カーブ、シンカーに絶妙の制球力があった。足立も山田同様山口に注目する。

「噂では関大や松下でかなりの成績を残していると聞いていた。どんな選手か、と思っていたら、意外に小さい。こんな体で速いボール投げられるんだ、とびっくりした記憶がある」

遊撃手の大橋は山田や足立と違う観点から山口の特異性を話す。

「足は短いけど、スタンスは広かったね。マウンドに行き、削り取られた部分に足を入れたことがあった。びっくりした。身長が低いのにプレートの1メートル以上先が掘れてたんだ。あの投げ方は背筋を張り続けないとできん。突っ張る反動で真上から投げてたね」

広い歩幅は下半身の安定を呼ぶが、背中をはじめ大橋が驚く体の強さが必要だった。トレードマークの「上から叩く」投げ方にはなくてはならなかった。

七五年の阪急には五六年に鳥取県立境高校から入団して、二十年目を迎える右腕・米田哲也もいた。その驚異的スタミナから「ガソリンタンク」、「人間機関車」などと形容された米田は七一年十月二日の西鉄戦で球団初の３００勝を達成。七四年はチームの勝ち頭山田と並ぶ11勝をマークした。

春季キャンプは自主トレ以上に内容が濃くなる。ランメニューにブルペンでのピッチングが加わった。オープン戦に備え、より実戦的に段階を上げて行く。山口は疲労が心身に蓄積していた。

「キャンプでも朝のウォーミングアップから一時間半はランニング。それが終われば、練習が終わったみたいな感じ。しんどかった。だからブルペンにはなかなか行けんかった。行ったとしても、こんな状態ならいいボールは投げられん。自分ではもう少し後でもええかな、と思ってた。肩ができるんは早い自信もあったしな」

　捕手の河村健一郎は心配する。四八年生まれの河村は山口より二歳上。山口・桜ヶ丘高校から芝浦工業大学、日本石油を経て七一年ドラフト外で入団した。山口の登板試合では正捕手の中沢伸二に代わり先発マスクをかぶることが多くなる。

「エンジンがかかるのが遅い印象でしたね。ドラ1なのにピッチが上がらない。『あれ』って感じでした。そのうち上がるだろう、と思っていたが、投げ込みもしませんでしたから」

　足立も河村と同じように考える。

「あのころは私と山田がチームの中心。だから新しい血が必要だった。山口は大黒柱になれる選手。ところがキャンプでエンジンがかからない。大丈夫かいな、と思ったな」

　七五年シーズン後、大阪スポーツニッポンに十五回で連載されたコラム「速球に生きる」には山口の気持ちがつづられている。

「人に何をいわれようとも自分のペースだけは決して崩すまいと心に決めキャンプにのぞみました。（中略）暖かい高知では若い投手がビュンビュン投げ込みます。

新人の自分も負けずに投げたく思いました。しかし、はじめての長期キャンプでペースもなにもわからない。四月になるまでにコンディションをつくっていけばいいと思い、それからゆっくりはじめました。監督やコーチの方は物足りなく感じたかもしれません。キャンプ中は一度も全力投球をしませんでしたから」

福本からの教えもあった。山口は自分の感覚を信じる。二月の一ヵ月を使った春季キャンプで数回しかブルペンに入った記憶はない。プロとアマとのスイングの速さや鋭さの違いは、より実戦的なシートバッティングなどで理解する。この年から導入された守備に就かず打撃を専門とする指名打者制度（DH＝Designated Hitter）で四番を任されることが多かった長池徳士《あつし》や代打の切り札だった高井保弘らとの対戦が役に立った。二月十九日にはフリーバッティングに初登板。二十六日には紅白戦で投げる。

酒に求めた慰め

三月二日、山口はプロ入り初のオープン戦登板を迎える。相手は同じ高知県東方の安芸市でキャンプを張る阪神だった。山口のオープン戦初登板日が決まっていたことなどもあって、高知市野球場はこの時期としては珍しいほぼ満員の一万三千の観衆で埋まった。

阪急は三六年の球団設立当初から、同じ大阪神戸間に路線を持つ阪神と定期戦を組んでいた。西宮球場と甲子園球場は徒歩でも三十分程度の距離。縁が深く、人気球団との一戦に山口を登板させるところに上田の期待感が見て取れる。

山口は六回から先発・竹村一義の後を受け、二番手登板した。

プロで最初に対戦したのは「四番・捕手」の田淵幸一だった。四六年生まれの田淵は東京・法政大学第一高校（現法政高校）から法大に進み、六八年ドラフト1位で阪神に入団した。プロ七年目の七五年は43ホーマーで本塁打王のタイトルを獲得する。選手として脂が乗っていた時期だった。

「山口対田淵」は上田と阪神・吉田義男、両監督の演出だった。上田が田淵の出場イニングを尋ね、吉田は山口の登板する六回まで先発の田淵を引っ張ることを即決する。二人はファンの要望も理解していた。

山口自身はこの登板に関しては懐疑的だった。「速球に生きる」で述べている。

「いやでした。断ろうかと思ったほどです。自分ではもっと練習したかった。中途半端なままで試合に臨むのがいやでした。投げられる状態ではありませんでした。投手として一番大事なことは何かというと、ボクは日ごろ、最高のコンディションでマウンドに上がることだと考えています」

それでも個人の、まして新人の希望は通らない。山口はマウンドに上がった。

山口は右打者の田淵に対し、初球を外側真ん中に投じる。ボール。二球目は内側真ん中でストライクを取る。三球目は外側低目で主審の手を上げさせる。2ストライク1ボールから田淵は外側のベルト付近のボールを強振した。高く上がった白球は左翼・大熊忠義のグラブに収まった。田淵に投じた4球はすべて直球。自分が一番自信のあるボールで球界を代表する強打者を左飛に打ち取る。


問題は田淵の後だった。ジョージ・アルトマンに四球。望月充は三振も、中村勝広に右中間三塁打、佐野仙好《のりよし》に中前打を許し2失点。その後、佐藤正治を右飛としてオープン戦初マウンドを降りた。1回2安打2失点。四球と三振はともに1。投じた27球の内、ドロップと呼ばれるタテ割れカーブは7球。残り20球はストレートだった。試合は山口の登板した六回ですでに0－3。山口の2失点を含め、最終的に0－6と負けるが、黒星は先発の竹村についた。

「田淵さんはオレでも知ってる有名な打者やったので、ストレートを試したかった。対戦して、やっぱりスイングがすごいなあ、と思ったな。まあ結果的にボール球を振ってくれたから助かった。なんとかヨーイドンで田淵さんは抑えたけど、その後に打たれてしもうた。ショックやったな。せやけど、まだ不安までいってない。あの時はしんどくて仕方なかったから」

ドラフトの目玉とは言い難い投球も本人は楽観視していた。疲労で万全の状態には程遠かったことを思えば、疲れが抜け、暖かくなれば違う結果を出せる自信はあった。

山口の気持ちをよそに、スーパールーキーの初マウンドに周囲は盛り上がる。

翌三日付の東京日刊スポーツは、山口のオープン戦初登板で一面を作った。見出しは「山口にプロの水ヒンヤリ」。関東のスポーツ新聞が関西の話題をもっとも価値の高いトップに据えることは異例だった。

大阪スポーツニッポンは「山口痛い顔見せ」、「猛打復活！　阪神〝愛のムチ〟」と見出しを打つ。地元の人気球団にも配慮した内容だった。

山口は好むと好まざるとにかかわらず、「時の人」になっていた。

シーズンインが近づく中、ストレス解消はアルコールだった。高知は関大や松下電器のキャンプでも訪れており、土地勘はあった。社会人時代に「終着駅」という名のスナックを見つける。店の人間と「来年はプロ野球に行く可能性があるから、顔を合わせられないなあ」と話していた。ところが、入団した阪急のキャンプ地は高知。以前よりも足しげく通うことになる。毎晩ウィスキーのボトル一本は空けた。

「飲み過ぎだったかもしれんけど、新人でも二十五歳だったからな。当時は世間の目もきつくなかったしな。写真週刊誌なんてのもなかったし。やんちゃを見逃してくれた」


西宮に戻り、日付は三月十六日になる。前年十二月の入団会見時、上田が報道陣を通して発表した本拠地・西宮球場での初先発を迎える。オープン戦は二度目の登板。この日は山口を鼓舞するために母校・関大の応援団がスタンドに駆け付けた。大学を卒業して三年が経過しているＯＢへの個人応援は珍しい。山口人気の大きさを物語っていた。

紫紺の大団旗が春先の白くかすんだ青空に翻った。オーナーの森薫や父・達三も姿を見せる。観衆発表は一万五千。通常の広島とのオープン戦の三倍の人数が詰めかけた。期待感があふれる。

一番・大下剛史に２ストライク２ボールから速球勝負。右打ちの大下は振り遅れる。転がったボールは二塁手、ボビー・マルカーノの前に飛ぶ。ゴロは確実にさばかれ一塁に転送された。先頭打者をアウトにして山口は落ち着く。登板前から言われていた責任回数五回を1安打無失点。四回に六番のゲイル・ホプキンスに許した中越え二塁打のみに抑えた。三番・山本浩二は右飛と遊ゴロ、四番・衣笠祥雄は二ゴロと三振。主軸を凡打させた。92球を投げ、三振4、四球3。試合は8－1で阪急が勝ち、山口はオープン戦初勝利を手にする。

「やれやれ、って感じやった。母校の応援団の前で恥をかかんでよかった。調子はそこそこ。キャンプが終わって、疲れが取れ出したのが大きかったんと違うかな」

大阪スポーツニッポンは山口のオープン戦初先発に合わせて一日密着取材を実施する。通常この類の取材は公式戦で行われる。オープン戦では例を見ない。注目度の高さを示していた。入社四年目で関大の先輩でもある阪急担当・松岡正明が付き添った。

朝七時前、大阪・関大前の自宅を出た松岡は山口宅に向かう。リビングで妻・裕見子の入れてくれたコーヒーを飲みながら朝食のメニューなどを取材して、一緒に阪急電車に乗り込み球場入りする。試合を見て、スコアをつけ、試合後の話を聞き、デスクの指示通り「朝昼晩」の三部作で原稿を仕上げた。松岡が振り返る。

「記者やってたオレが言うのもなんやけど、こんな面倒くさい企画、普通は断る。まして取材申し込みしたのは前日、それも電話でやった。山口に対して失礼やわな。にもかかわらず彼は快諾してくれた。大事なプロ初先発の日なのに家にまで上げて対応してくれた。普通は受けたとしても『球場で待っていて下さい。少し早く行くから』とかになる。まったく神経質にならず、物怖じもしてなかった。すごい奴、と思ったよな」

報道に携わる人間も山口の人間的な厚みや思い遣りに目を見張った。

オープン戦三度目登板は中二日の十九日だった。西宮での大洋戦に三番手登板した。先発・足立、二番手・三好幸雄に続く。3－0の八回からマウンドに上がり、2回を0封。1安打、3三振、無四球と十六日の広島戦に続き好調を維持した。九回二死から日米大学野球ではチームメイトとなり、大学選手権や明治神宮大会では敵として戦った長崎慶一と三年ぶりに対戦する。山口は直球勝負を挑み三ゴロ。最後の打者になった長崎は話す。

「マウンドでの姿は大学二年の時と同じように大きかったですよ。ボールも速かった」

山口は適性テストに合格する。先発から中二日で大洋を抑えた。先発、中継ぎと状況に応じた登板にも「問題ない」という認識を首脳陣に植え付ける。

大洋戦後、岡山でのオープン戦に帯同していた山口に好物のお酒にまつわる笑いと痛みを伴った学びがあった。翌日に二度目のオープン戦先発を控えた山口は、宿舎で緊張しながら過ごしていた。部屋の電話が鳴る。声の主は米田だった。

「おいちょっと顔を貸せ。飲みに行くぞ」

「明日ゲームで投げます」

「それだったらなおのこと付き合え。何杯飲んだら次の日に響くか試しておいたほうがええだろう」

山口は素直について行った。米田と何杯飲んだかは覚えてない。

「プロはそんなこともしておかんといけないんやな、とその時に思った」

二十三日、広島球場の広島戦に先発する。オープン戦四試合目の登板は散々だった。四回に崩れる。四番・衣笠の左翼線二塁打から7連打。一瞬にして6点を失った。5回10安打6失点。3三振、1四球で球数106だった。打線が好調で9－6と乱打戦を制したため、山口に黒星がつくことはなかった。強運がついて回る。

防御率は前回までの2・25から5・54と一気に倍になった。一週間前、十六日の先発では同じ相手に5回1安打無失点。七日間で前年の映像やスコアがない山口をスコアラーらが中心になって投球フォームのクセなどをあぶり出したとは考えにくい。原因は前夜の飲酒だった。三番手登板した米田は3回を3安打無失点。プロ二十年目と一年目の差は大きく出る。結果は打ち込まれたが、米田の言うように一年目のオープン戦で酒量調節の大切さを理解できた。

二十九日にはオープン戦最終となる五試合目の登板をする。愛知・刈谷球場での中日戦だった。三回一死から先発の米田をリリーフ。6回2/3を3安打無失点とした。試合は7－4で勝ち、山口はオープン戦2勝目を挙げる。内外野の6失策でリズムを崩したこともあり6四球。試合後、ベンチ前で上田から差し出された右手を首をかしげながら握り返している。内容的には不満ながら、ペナントレースに向けての最終テストで結果は残した。

中日の四番は内野手の谷沢健一だった。四七年生まれの谷沢は千葉・習志野市立習志野高校から早大に進学した。六九年ドラフト1位で中日入団。七〇年に新人王を獲得していた。プロ六年目での山口との初対戦は四球、二失、右安打、四球。2の1、2四球だった。

「山口君は小柄な割に腕が長かった。その腕を曲げず、大きく回転させて投げてきた。高めのボールが多かったが全部ホップする。速かったねえ」

中日を代表する打者にもその印象は残る。

谷沢への三回の四球時、先発マスクをかぶった河村は3ボールからカーブを要求した。

「タカシはねえ、きょとんとしていましたよ。その回が終わった時に『ノースリーからカーブもあるんですね』と言ってきたのを覚えてます」

新人の春、山口は二度の先発を含めオープン戦五試合に登板した。19回⅔を投げ、自責点8、防御率3・66と新人としてはまずまずの数字を残した。

失いかけた直球への自信

七五年四月五日、山口はプロ開幕戦を迎える。本拠地・西宮球場に近鉄を迎えての三連戦。阪急にとっては三年ぶりのリーグ制覇が至上命令だった。

上田は投手コーチの梶本隆夫、植村義信と話し合い、山口の公式戦登板を遅らせた。プレッシャーを除くためである。阪急は開幕三連戦で三連勝する。先発ローテーションはプロ七年目で初の開幕投手に抜擢された山田から、足立、米田の順。阪急の主戦三人は6－2、9－3、6－0と近鉄三タテに貢献する。結果的に山口を必要とする場面はなかった。

山口のプロ初登板は十一日、後楽園球場での日本ハム一回戦だった。1－2の四回、先発・白石静生をリリーフ。先頭打者の加藤俊夫に2ストライク1ボールから左前打された。プロ公式戦初登板は安打スタート。山口にとって後楽園のマウンドは二回出場した都市対抗で経験済み。しかし、プロのそれはまったく異なる。異常なほど緊張した。

「手の震えが自分で分かった。セットがなかなか止まらん。社会人とは全然違う。松下の時は震えなんてない。ブルペンでの緊張はわかる。でも普通はファウル・ラインの白線をまたいで、マウンドに近づいたら気がしずまった。その時は少しも落ち着かんかった」

ベンチに引き揚げてくるたびにタバコに手が行った。唇が乾き、水を飲む。最初の三回は何とか抑えた。4イニング目、3－2の七回、二死一塁から2四球で満塁。代打・内田順三への外角球が真ん中に入る。快音を残した打球は右中間を破った。三塁打。3－5と逆転される。八回には加藤にダメ押しの右中間本塁打。阪急は3－6で敗れた。

阪　　急　０００　１１０　１００＝３
日本ハム　０２０　０００　３１×＝６
山口はプロ初黒星。チームの連勝も四で止めてしまった。試合終了後、肩を落として、帰りのバスに乗り込む。宿舎だった後楽園グリーンホテルに戻り、一人で遅い夕食が用意されているレストランに行った。誰も声をかけない。その時、福本がやってくる。

「タカシ、プロは『やる』か『やられる』しかないんや。気にせんでやりや」

その言葉で山口は我に返る。

「切り替えんとあかん」

山口の落ち込みに反して、２安打１打点の加藤は山口の印象を取材陣に語る。

「初球はとてつもなく速い球だった。打ったからいばれるが、山口は近年まれにみる新人だ」

二度目登板は初敗戦から八日後の十九日、西京極球場での太平洋二回戦だった。０－２の七回二死二塁で登板。先発・足立がマティ・アルーに初球を投げ０ストライク１ボールになっていた。アルーは歩かせ、四番・土井正博には適時左前打を喫した。土井には九回、左越えの4号ソロも浴びる。完封で3勝目を挙げた太平洋の先発はプロ七年目の東尾修。黒星は先発の足立についたものの、五〇年生まれの同級生は明と暗に分かれた。

太平洋　100　000　201＝4
阪　急　000　000　000＝0

土井は太平洋の看板打者だった。七五年は34ホーマーで本塁打王のタイトルをつかむ。

試合後、大鉄高校の後輩・福本は土井から、山口へのアドバイスとなる感想を聞く。

「山口のストレートは打ちにくい。なぜ力があるのに変化球を投げるのか」

本塁打されたのは直球ではなく低めのカーブだった。福本経由の土井の話は山口に刺さる。「プロはストレートだけでは通じない」とカーブに磨きをかけ、この年からスライダーのマスターを始めていた。しかし、この言葉で再び真っ直ぐをピッチングの軸に据える。

「プロに入って、オレの中ではストレートで押すイメージはなかった。せやけど相手はそういう風に考えてくれてる、と参考になった」

太平洋戦後、西宮に帰るバスの中で二十二日の南海二回戦の先発を言い渡される。これまで二回はリリーフ。初めてプロの公式戦で最初から投げる。

大阪・難波にあった南海の本拠地、大阪球場での試合は、土井の助言通りに直球を主体に試合に臨んだ。90パーセント近くが直球だった。結果は1失点完投。プロ初勝利を飾った。被安打3、三振9、球数は142。1－1の六回には福本が言葉だけでなく、バットで助ける。満塁本塁打を放ち5－1と山口の初白星を確実にした。スタンドには父・達三の姿もあった。試合後、ベンチまで来て祝福の言葉をかける。

阪急　001　004　000＝5
南海　000　100　000＝1

シカゴ・ホワイトソックスなどでメジャー経験のある南海のロン・ロリッチはDHとして五番に座り、4打数0安打3三振と抑え込まれた。報道陣に答える。

「いままで日本で対戦した中ではナンバーワン。アメリカでもそうはいない」

山口は南海の捕手兼任監督だった野村克也の言葉にも力をもらう。

「野村さんのオレに対する感想をなんかの新聞で読んだんや。『山口はいくら投げても、ボールの勢いが落ちない。投げれば投げるほどよくなっていく感じがする』って書かれてあった。あんなすごい人にそう言うてもらえたら、自信がつくわなあ。後々しんどい時にもその言葉を思い出したよ」

プロ現役二十七年で通算試合出場数３０１７のプロ野球記録を作る野村は当時四十歳。七五年には十八回目のベストナインを受賞するなど衰えはない。山口にとってリーグを代表する強打者兼首脳のほめ言葉は忘れられないものになる。

宝塚の自宅では祝福の電話が鳴りやまない。裕見子は対応に追われる。日付が変わってもベルは鳴り続けた。普段は電話嫌いの山口も、その日はまったく気にならなかった。翌二十三日の朝には食卓に赤飯が並ぶ。祝いの膳は二重の意味があった。裕見子は懐妊していた。山口家に喜びが重なる。それでも山口は冷静だった。

「初勝利は心に残るわな。頭にもある。うれしいの一言しかない。そんでもその後、考えたんは気持ちを切り替えんといかん、ということやったなあ。まだ初めてのシーズンは始まったばかりやった。今後もある。勝った時もそれはそれで終わり。次を考えんとな」

春季キャンプ、オープン戦、そしてペナントレースの南海戦で上田の山口に対する評価は不動になった。

「タカシはだんだんよくなって来た。そして南海戦でぴしゃ。みんな『モノが違う』と思ったやろね。最初はつまずいたが、勝ったら不安が取れる。野手は練習が分かれるから自分のチームのピッチャーの力量は分からん。でも、この日のタカシを見て、『勝てる』と期待感を持ったと思うよ」

大学の後輩を信頼しながらも、これまで多少の心配はあった。山口自身は計算の上だったが、上田は担当スカウトの藤井を引っ張り出して尋ねまくった。

「これで何割？」「まだまだこんなもんじゃないよね？」

チームを預かる責任者としては当然の問いかけだった。先発ローテの一翼をにない、さらに中継ぎもこなせる便利な即戦力右腕が開幕一軍に入らなければ、計画は根底から覆る。

「タカシはアマとは練習が違うからバテバテ。でも自分でその疲れやプレッシャーを乗り越え、ペースをつかんだ。キャンプ一年目はどんなピッチャーでも迷うがそれを吹っ切った」

上田は有望選手には「ええで」が口癖だった。報道陣や関係者に言った。プロ初勝利を目の当たりにしてようやくお馴染みのセリフが出る。事は思う方向に進んで行く。

恐怖の「羽田ポカリ事件」

五月二十五日のロッテ八回戦（後楽園）では2－0で124球のプロ初完封勝利をマークする。三回、バーナード・ウイリアムス、大熊のソロ2本で挙げた2点を守りきった。被安打は三回一死から村上公康に許した右前打のみ。5三振、3四死球。通算勝ち星は6になる。

阪　急　002　000　000＝2
ロッテ　000　000　000＝0

記念の試合では直前のウォーミングアップで約60球を全力で投げ込んだ。肩が他人より早くできたため10球程度だった当日の調整方法を変える。序盤の失点が多く、中盤に入ると落ち着く傾向が強いため、試合開始段階に投げ込みによって中盤の体の状態にさせた。コーチの梶本や植村らと話し合って決める。山口はすぐに結果を出した。

「あの時代にはきっちりした先発ローテーションはなかった。当然、調整方法も決まってない。投げ込みたい時に投げ込んだ。コーチも特に何も言わなかった。それを変えたんやな」

ロッテ監督、金田正一は試合後、報道陣に答えている。

「山口の一番いいのは体全体を使って投げていること。そのフォームに若さと迫力がある。ウチはこれから先も山口に全部負けてしまいそうだ」

向こうっ気の強さでならした金田の弱気のコメントは、山口の評判をより一層引き上げた。


次の山口の先発は二十五日の初完封勝利から中四日、五月三十日の近鉄九回戦(西宮)だった。この時、球界に語り継がれる、「羽田ポカリ事件」が起こる。

近鉄監督・西本は山口が入団する前々年の七三年まで十一年間阪急の指揮を執った。六七年から三連覇、七一年からも連覇させるなど五度のリーグ制覇に導き、阪急のベースを作る。

西本にすれば自分が強化したチームに山口が入った。ドラフト時に球団命令とはいえ指名を回避した経緯もある。新人は調子に乗せれば手がつけられなくなるのも知っていた上で、山口攻略に心を砕く。速球対策としてバッティング練習では打撃投手に2〜3メートル前から投げさせたりしていた。アマチュアならいざ知らず、プロ野球では見られない練習は山口への意識の高さを示していた。効果は出る。初対戦の五月二十一日の七回戦は3－1で勝利していた。

近鉄は五回表の攻撃前、円陣を組んだ。西本は選手たちに注意を徹底させた。

「ワンストライクを待て。高めのボールは絶対に手を出すな」

待球作戦を取る。球数を投げさせて山口を疲れさせ、制球を乱そうとしていた。

先頭打者は羽田耕一だった。山口より三歳下の五三年生まれ。右打ちの内野手で三田学園から七一年ドラフト4位で近鉄入団。七五年はプロ四年目。長距離打者として開花寸前だった。

バッターボックスに入り、構える。二球連続で高めに手を出した。どちらもファウル。見送ればボールだった。入りの劣勢は変わらず、遊ゴロに倒れる。

「山口さんは自分がこれまで対戦したピッチャーの中で一番ボールが速かったですよ。振りかぶったら、ボールがキャッチャーミットに収まっている感じですね。打席にいて『ドーン』という衝撃がありました。スピードガンがあれば160キロは出ていたと思う。だから追い込まれたら手が出ない、その前に打たないといけない。山口さんの球種は直球とカーブの二種類。ストレートを待って、カーブなら『ごめんなさい。負けました』でした」

羽田は一塁でアウトになり、小走りでベンチに向かう。ネクスト・バッターズ・サークルのあたりで不穏な空気を感じ取る。叫び声が聞こえた気もした。西宮球場のベンチは掘り込み式でその階段を下りた瞬間、ほおに西本の平手打ちが飛んできた。激怒している。

「お前はワシをなめとんのか」

羽田は回の先頭打者だったため、円陣には加わらずバッターボックスに向かった。当然の行動を取った。もちろん指示も聞いていない。

「自分では何が何だか分かりませんでした。とっさにアウトになったことで怒られた、と思った。山口さんはマウンドの上からこっちを見てました。目が合った。ウチのベンチはシーンですよ。後ろの席に座った時に先輩が来て、円陣での指示を教えてくれました。『自分は聞けませんでした』と言い返すなんて考えもしませんでした。すごい監督でしたから」

プロ通算317勝を挙げる近鉄のエース左腕・鈴木啓示もこのシーンを覚えている。山口と同郷の鈴木は三歳上の四七年生まれ。育英高から六五年ドラフト2位で近鉄に入団した。プロ十年目の七五年は22勝6敗の成績を残す。この日、鈴木は

「上がり」だった。先発投手に与えられた特権で登板翌日は練習だけ参加して、試合には帯同せず球場を離れてよかった。同じ西宮市内に自宅のあった鈴木はすぐに帰宅をせず試合を観戦する。

「ネット裏で見ていて、びっくりした。羽田がいきなり殴られよった。もともと西本さんは『あの球だけは振るな』とよく言っとった。その指示を羽田が守らんかった、と西本さんはとったんやな。あの人は手を出す。選手のお尻を蹴ったりもしていた。今の時代だったら考えられん。でもいい意味で熱心。熱い人やった。相手のことを思わないと手は出ない。愛のムチやった」

五九年入団の足立は、西本が六二年オフに阪急監督に就任し、七三年オフに退団するまでそのすべての期間を近くで接してきた。

「西本さんらしいわな。聞いてようが、聞いてなかろうが関係ない。外国人も殴ったからね。ウインディ（＝ゴードン、外野手で六四年から六九年まで阪急に在籍）もそうやった。オープン戦でふざけていた。ベンチに帰ってきた時に胸ぐらをつかんでバシバシ。外国人も偉い。黙って殴られとった。西本さんにはそれくらい情熱があった」

当時、監督が選手を殴るのはそう珍しいことではなかった。ただし、ベンチで行為に及ぶのは稀。通常はベンチ裏やロッカーを使った。ダグアウトで行動に出たのは、西本が我を忘れていたからである。周囲を驚かす行動を取らせた速球を一新人の山口は持っていた。

羽田が殴打される場面をマウンドから見た山口は、近鉄の真剣さに恐怖を感じる。

「その時よりも何日かしてからプレッシャーになったな。羽田が殴られていた怖さは別にない。野球選手が殴られんのは、オレの中では普通やった。そうじゃなくて、これから高めに投げたら見られる。手を出してこんようになる。近鉄はもっとよくなるんちゃうか、と思った」

殴打のあった五回、山口は羽田の遊ゴロの後、永淵洋三、石渡茂に連続四球を与え、阿部成宏に左越え3ランを打たれる。2ストライク1ボールから直球が真ん中に入った。山口は九回にも3失点。チームは2－6で敗れる。近鉄戦連敗の山口はシーズン4敗目になった。9回5安打6失点。投球数176はルーキーシーズン自己最多になる。

羽田への殴打はあったにせよ、勝敗と球数を見れば、西本の作戦は成功した。

近鉄　000　030　003＝6

阪急　100　000　100＝2

この事件は当初、報道陣は知らなかった。西宮球場の記者席はバックネット裏の中段にあり、グラウンドサイドにある両軍ベンチは死角になる上、当時は場内テレビ中継などもなかった。試合後の囲み取材で山口が「羽田が試合中に西本監督に殴られていた」と言ったことから発覚。阪急担当記者たちは近鉄担当に内容を伝え取材に走らせた。

後年、山口は「普通」と話したが、番記者たちを前に話題に上げるほど、プロ一年目の山口にとっては驚いた出来事だった。動揺はその直後の阿部の3ランが物語っている。

大阪スポーツニッポンは常時トップだった阪神ではなく、この試合を翌三十一日の一面に据えた。世間への影響を考え、見出しは「山口苦い〝予告〟登板」、「阿部に痛恨の一投」などで作り、殴打そのものは目立つ形では取り上げなかった。メイン原稿は阪急で作ったため、担当記者の松岡が文中で山口のコメントとともに状況を書き込んでいる。

七五年のオールスター戦。憧れの打者・王貞治を直球で三振に仕留めた

六　最盛期

「羽田ポカリ事件」の後、山口は六月八日のロッテ十回戦（西宮）でプロ初セーブを記録する。2－1の八回一死二塁から先発の竹村をリリーフ。ラファエル・バチスタ、ビル・マクナルティを連続空振り三振に仕留めた。1回$\frac{2}{3}$を無安打無失点だった。

ロッテ	000	000	100	＝1
阪　急	000	000	20×	＝2

山口は竹村のシーズン6勝目を確定させる。

「チームが強くて、ピッチャーもたくさんおった。失敗すると自分に順番が回ってこないイメージがあった。せやからマウンドに上がると必死やった。生き残るためには自分をそのポジションに合わさんといかんかった」

足立、山田の二本柱に米田、前年9勝の竹村、前年山田、米田と並んで勝ち頭11勝の水谷孝がいた。広島から移籍したばかりの白石はプロ九年で59勝。中継ぎで力を発揮した戸田善紀もいた。

「セーブ」は山口がドラフトされた七四年に導入された投手記録である。それまでは「勝利」、「敗戦」のみ。アメリカにならったものであり、NPBは「最多セーブ投手」のタイトルを創設した。セーブはプロ入り後の山口の成績に大きく影響する。

セーブは勝ち試合の最後を投げ、勝利投手ではない上に、さらに以下の三条件の一つを満たさなくてはならない。

1　最低3イニングを投げる（点差は関係なし）。
2　無走者ならば3点差以内で1イニング以上投げる。
3　走者がいる場合、登板して迎える打者二人に連続本塁打を許せば同点または逆転にされる状況をしのぐ（アウトカウントは関係なし）。

3の場合、例えば5点差リードの九回二死満塁でマウンドに上がり、その打者を凡退させられればセーブがつく（打者二人に本塁打されると5失点で同点となるため）。

七四年当時のリリーフは、3イニング以上のロングリリーフをして勝利投手になることもあり、最多セーブ投手のタイトルは実状にそぐわなかった。そこで二年後の七六年にはセ・リーグで、七七年にはパ・リーグでセーブと救援勝利を合わせたセーブポイント（SP）で優劣を決める最優秀救援投手のタイトルが導入された。

セーブの導入はファンの目を、先発投手だけではなくリリーフにも向けさせることになる。


阪急は七五年前期、開幕四連勝でスタートダッシュに成功。四月は12勝6敗1分と首位をキープする。五月も二十五日からの五連勝で波に乗り、六月一日の近鉄とのダブルヘッダー連勝で優勝マジック13が点灯した。

マジック1となった十七日の南海十回戦（大阪）で0－0の引き分け。前期優勝を決める。山口は先発。延長十回を2安打0封する。前期の山口の通算成績は7勝5敗。入団即チームの軸になった。

「目標は日本一。だからあくまでその通過点。でもしっかり勝ててよかったわな」

阪急は七五年前期65試合を戦い38勝25敗2分。勝率・603で一度も首位から陥落しなかった。二位・太平洋に6ゲーム差。以下、近鉄、日本ハム、南海、ロッテの順になった。

この喜びの日、阪急一筋二十年で338勝をマークしながら、出場機会を求める米田の阪神移籍が発表された。米田はその後、近鉄に移り、七七年オフに引退する。日本歴代一位の９４９試合に登板し、歴代二位の通算３５０勝を記録した。

山口は七月十九日から始まった第25回オールスターゲームに出場する。パシフィックを指揮するロッテ・金田から監督推薦を受けた。

阪急からはコーチで参加した上田を含め、山口、山田、中沢、加藤秀司、マルカーノ、大橋、福本、長池と九人が選ばれる。第一戦は甲子園、二十日の第二戦は中日、二十二日の第三戦は神宮の各球場だった。

山口は第一、三戦に四番手として登板した。

第一戦は０－８と一方的敗戦となった七回にマウンドに上がる。セントラルの田淵（阪神）を三飛、衣笠（広島）、末次利光（巨人）を連続三振に仕留める。八回は中村（阪神）に四球を与えたが、松原誠（大洋）を二飛、高田繁（巨人）を三振、山下（大洋）を捕邪飛に打ち取った。負け試合にもかかわらず、２回０封し存在感をアピールする。

第三戦は３－０の七回から登板、前年七四年まで本塁打王を十三年連続で独占していた巨人・王から空振り三振を奪う。山口は3回を1安打無失点。三振は王を含む三個を記録してセーブを手中にする。セントラルの強打者たちを相手に二試合で

5回無失点とした。

オールスターは1勝2敗（0－8、3－4、3－0）でパシフィックが敗れた。


山口がシーズン8勝目を挙げるのは八月三日、神奈川・川崎球場で行われたロッテ後期五回戦。中継ぎとして3回⅔を投げて4安打無失点とした。チームは3－2で勝利。その前の白星を獲得した六月五日の太平洋十二回戦から数えれば、五十九日ぶりだった。プロで初めての苦しみを味わう。

「球種がストレートとカーブの二種類しかなかったから、ちょっと力が落ちだすとかわしようがなくなってくる。スライダーが試合で使えるようになんのは二年目の中盤からやった」

三日の勝ちの後、再び四連敗する。二十四日には西宮球場で行われた太平洋とのダブルヘッダーに登板して、両試合で負け投手になった。5－10で終わった五回戦は九回に登板して6安打5失点（自責点2）。救援に失敗する。5－15だった六回戦では先発して4回7安打9失点（自責点8）。二試合目は失点、自責点ともにルーキーシーズンのワーストになった。

「コーチから『ピッチャーがいない』と言われた。びっくりしたけど投げんと仕方がない。今やったら考えられん。一日に2敗したプロのピッチャーはオレぐらいと違うか。前日までよかった防御率が一気に崩れて行った」

　防御率は試合前の2・66から3・15になり、約0・5も悪くなった。

　山口は秋の気配とともに立ち直る。八月二十七日、ロッテが暫定的に本拠地として使用していた仙台・宮城球場での十一回戦は7－3。そして、九月七日の南海十回戦（大阪、2－0）、十四日の南海十二回戦（西宮、4－1）、二十日の近鉄九回戦（西宮、3－0）と四連勝する。

　一方、チームは後期に負けが込む。七、八月の二ヵ月で三連敗が三回。七月の一位から八月末には五位に転落した。四連戦となった十月五日からの太平洋十～十三回戦では、太平洋の本拠地だった福岡・平和台球場と西宮で四連敗。後期は六位で終える。前期は65試合38勝25敗2分、勝率・603。後期は同試合数で26勝34敗5分、勝率・433にまで落ち込んだ。後期優勝は近鉄。

　山口は一年目に優勝も最下位も経験する。

「前期に勝った。それでちょっとした油断が、自分を含めチームの大きなほころびになった感じやった。勝てない時期があったということはそういうことやろな」

フル回転したルーキーイヤーには、エピソードも残る。

デイリースポーツの阪急担当記者だった平井隆司が明かす。

「真上からの振り下ろしがすご過ぎて、中指と人差し指がマウンドの土にめり込み、突き指をしていた。受傷後は二、三日練習を休んでいたはず」

山口本人は平井の話を笑って否定している。

「ストッキングに指がはまったことはあるが、突き指はない」

二度目の胴上げ

山口のプロ一年目のシーズンは12勝13敗1セーブ、防御率は2・93。三十二試合に登板して先発は二十二回(完投十八回)、中継ぎは一回、記録用語で交代完了と呼ばれる抑えは九回だった。マウンドに上がらなかったのは十日間が最高。八月二十四日のロッテ戦のダブルヘッダーでの連投もあった。投球回数は203。山口は一年目から、先発投手がチームの主戦とみなされる200イニングを超える。三振149、四死球78。四死球も多かったが、倍の三振を記録した。数字からはあらゆる場面で阪急のマウンドを守った姿が浮かび上がる。

プロ入りと同時に立てた目標の15勝には届かず、黒星が一つ先行した。山口は後期を「二年目のジンクス」と位置付け、「速球に生きる」に不調の理由とそこから得たことを書いている。

「打たれだすとますます直球を投げるのが怖くなる。小細工してどうかひっかかってくれと祈るような気持ちで変化球を投げていた。それが勝てなかった二ヵ月でした。（中略）自分の一番の武器は直球。いくら直球を打たれても、直球を投げつづけて立ち直るようにしなければこのまま勝てなくなる。こう考えつくまで二ヵ月かかったということです」

太平洋・土井に言われたストレートに一時期は戻りながら、再び悩んだ。最終的には負けが込んだ二ヵ月で自分を支えるものを再確認する。山口は苦しみながらも崩れなかった。

十月十五日、阪急は近鉄とのプレーオフ（優勝決定戦シリーズ）を迎える。上田は阪急監督時代の西本の下で七一年から三年間コーチをつとめた。マスコミは「師弟対決」と盛り上げる。

西宮での第一戦、阪急は11勝を挙げた足立を先発させた。五回裏、大熊のソロ本塁打で4－4の同点。しかし六回表、有田修三の適時打で勝ち越された後は逆転できなかった。

近鉄　020　207　000＝11
阪急　201　010　201＝7

前日、山田も二番手で投入した上田は十六日の二戦目に山口を持ってくる。この試合を取られれば、ほぼプレーオフの行方は決してしまう。その中でルーキーを先発させた。

「勝とうと思ったら山口を投げさせるのが安全で確実だった。自分の中では一番いい方法。調子もよかった」

上田の思いとは裏腹に山口は風邪を引いていた。元々気管が強くなく、季節の変わり目には体調を崩す。チームの命運がかかった大事な試合で万全の状態ではなかった。注射を打って球場入りする。そこに負けられない重圧が加わる。

「目いっぱい緊張した。日本シリーズは勝っても負けてもシーズンが終わるから気が楽やけど、プレーオフは違う。まだ先を見据えんといかん」

本調子ではない体と張りつめた心では滑り出しはうまく行かない。初回、佐々木恭介、有田にタイムリーを許し3点を失った。ここで上田は山口ではなく、捕手の中沢を河村に交代させる。上田には根拠があった。

「タカシは最初からバンバン投げたいタイプ。ケン（河村）はいい意味で大雑把。タカシのしたいようにさせて力を引き出していた。中沢はピッチングの組み立ての中で意識してボール球を使う。そのボール球がタカシにはもったいない。カウントを悪くすれば、相手は『しめしめ』になる」

コントロールがよく、いつでもストライクが取れる足立などは、ボール球を交えて打ち取る中沢が合った。山口にはボール一個、二個分の制球力はない。最初からコースを考えず、どんどん直球を要求する河村の方が山口にとってはリズムを作りやすかった。

山口は二人の違いについて話す。

「リード通りに投げられんオレが悪いんやが、中沢さんはマウンドに来てよく怒った。『ここはこうやって、ああやって……』。おい、聞いているのか』。河村さんはマウンドに来ても『おおタカシ、ここ頑張れよ』という感じやった」

この上田の中沢、河村の使い分けが捕手二人制の草分けだった、と話すスポーツ記者は多い。

この捕手交代が当たる。初回、カーブを狙われての4安打3失点に河村は直球主体のリードに切り替える。山口は立ち直る。河村はバットでも貢献。七回、3－4と1点差に迫るソロ本塁打を放った。さらに八回一死一塁で長池が登場。一塁側ベンチ前で九回に備えてキャッチボールをしていた山口の目の前で2点本塁打が飛び出した。

「一発打ってくれ、と強く思ったら、イケさん（長池）が現実にしてくれた。そらうれしかった」

長池徳士は四四年生まれの外野手で、徳島県立撫養《むや》高校（現鳴門渦潮）から法大を経て六五年ドラフト1位で阪急に入団した。本塁打王と打点王はともに三回。六九、七三年には二冠王になり、六九、七一年はシーズンMVPにも選ばれる。プロ十年目の七五年はDHでの出場が多かった。

山口は運転免許を持っていなかったため、京都・西京極など関西で試合のある時などは長池の車に同乗させてもらった。

「イケさんは大きなアメリカ製のキャデラックに乗っていた。夏はクーラーをかけず、窓も開けず、レインコートを着て、汗をかいていた。オレは蒸し暑さで気分が悪くなった」

　球場入りする車の中でも汗出しをする長池はプロ意識が徹底していたが、一方で風変わりでもあった。後輩とはいえ、文句を言わず約一時間の道を揺られた山口も人のよさがにじみ出る。長池を含めた多くの先輩は今の選手たちよりも切実に生活感を出した。山口の記憶に会話が残る。

「プレーオフや日本シリーズに勝つとボーナスや賞金がもらえる。ピンチになったらマウンドへ来て『お前のピッチング次第で一人につき何十万、いや何百万円か収入が変わってくる。しっかり放れ』というような先輩がおった。牽制しようと思ったら『試合後に用事があるから早く投げろ』と怒られたこともあったな」

　生活がかかっている、ホステスのいる店に一杯飲みに行きたい、強いチームのプロ選手ほど要求を直接的に出した。言うだけの事をやっている自負があった。長池も大一番で年長者の重みを見せる。山口は12安打されながら１９２球で４失点完投勝利する。チームに初白星をもたらした。

近鉄　３００　０１０　０００＝４
阪急　００１　００１　１２×＝５

移動日と雨天順延で第三戦は近鉄の本拠地、大阪・藤井寺球場に移動して十九日に行われた。日曜日とあって三万二千人の観衆が詰めかける。阪急・足立、近鉄・鈴木とお互いのエースが中三日で先発した。阪急は二回、森本の適時打で先制。三回は長池の2点本塁打が飛び出し、鈴木をKOする。3－0。足立は二塁を踏ませぬ投球で3安打無四球の完封勝利。阪急が日本シリーズ進出にあと1勝と迫った。

翌二十日の第四戦、上田はローテーションの山田ではなく、中三日で山口を先発させる。第一戦で山田は伊勢孝夫に満塁本塁打された。精神的ダメージや相性を考えた上で大一番を新人に任せる。連勝で阪急は勢いに乗っていた。宿舎として使っていた遊戯施設、PLランドを引き払って球場入り。第五戦へのもつれ込みは首脳陣も選手も考えていなかった。

山口は六回までに3点のリードをもらうが、六回裏に佐々木に2点適時打、西村俊二にスクイズを決められ同点に追いつかれる。それでも「負ける気がしなかった」と七、八回を0に抑える。九回、芝池博明から福本が右越え、加藤秀が右中間に本塁打を放った。5－3。

阪急は三年ぶり六回目のパ・リーグ王者になる。山口は新人ながら前期優勝に続き、二度目の胴上げ投手になった。9回7安打3失点も自責点は1だった。

阪急　200　001　002＝5
近鉄　000　003　000＝3

シーズンは1勝3敗と負け越していた近鉄からプレーオフで2勝。山口は喜びを口にする。

「今まで阪急は日本一が獲れとらん。その挑戦権を手にできた。嬉しかった。近鉄とは相性が悪いと思ってない。野球は十何本ヒットを打たれても2－1で勝つこともあるし、調子がいいのに負けることだってある。気にはせんかった」

上田は3勝1敗で終わったプレーオフを振り返る。

「今だから言えるけど、勝てる要素はずいぶんとあった。経験、言い換えれば場数の差」

パ・リーグで七三年から始まったプレーオフは三年目。阪急は三年連続で進出していた。一方、近鉄は初めて。プレーオフができるまでのリーグ制覇も、阪急の五回に対して近鉄は〇回。上田が話したように、チームとして修羅場をくぐってはいなかった。プレーオフの結果を受け、七五年の通算順位は①阪急②近鉄③太平洋④ロッテ⑤南海⑥日本ハムとなる。

「赤ヘル軍団」との決戦

パ・リーグを制した五日後、二十五日に西宮球場で日本シリーズが始まった。セ・リーグは広島が初優勝する。五〇年の球団創設以来二十六年目だった。赤いヘルメットから「赤ヘル軍団」と呼ばれていた広島は十月十五日、後楽園球場で巨人を4－0と破り、130試合のペナントレースで129試合目に二位・中日を振り切る。劇的な勝ち方だった。

広島監督は三十九歳の古葉竹識《たけし》。シーズン当初のアメリカ人監督、ジョー・ルーツは塁審に対する暴行の退場処分を不服として、開幕から十五試合で辞任する。代行には一時、コーチの野崎泰一がついたが、古葉が五月三日に正式に就任していた。

三六年生まれの古葉は、熊本県立済々黌《せいせいこう》高校から専修大学、日鉄鉱業二瀬鉱業所を経由して五七年に広島に入団する。六九年オフに南海に移籍。七一年オフに現役引退した。主に遊撃手としてプロ十四年で1501試合に出場。1369安打した。六四、六八年には盗塁王。引退後は南海、広島で守備コーチを経験していた。

三七年一月生まれの上田と古葉は同学年になる。上田は広島に入団した五九年から六一年までの三年間選手、六二年から六九年まで八年間コーチとして在籍。二人は広島で十年以上の関わりがあった。そこから、この対戦は「兄弟シリーズ」とも呼ばれた。古葉は関係を話す。

「選手時代はよく話をした。彼は若くしてコーチになった。捕手出身だったから、内外野の動きをよく分かっていたね。監督として大事なグラウンドを全体的に見る視野を持っていた」


山口は広島のシリーズ進出を驚きの目で見ていた。

「シーズン中の勢いがすごかった。新聞やテレビなんかも取り上げた。手ごわい、と思ったな」

広島はシリーズ直前、古葉の発案でミニキャンプを広島市内で張る。練習後、自宅や寮に戻り食事を摂ってホテルに再集合。ミーティングを行い外出禁止にした。

「家におればファンや後援者からの誘いがたくさんある。それを断るのは大変。ホテルに泊めれば選手たちはきちっとした生活が送れる」

市民球団の広島は選手とファンの垣根が低い上、初のリーグ制覇で街全体がうかれる。ミニキャンプは宴会で深酒するなど無用のトラブルを避け、規則正しい毎日でシリーズに集中させる意図があった。それほど広島は力が入っていた。

第一戦は阪急・足立、広島・外木場義郎の先発で始まる。

広島は初回一死二塁からホプキンスが適時中前打を放ち、1点を先制する。その裏、阪急は大熊のソロ、マルカーノの2ランで3－1と逆転に成功。広島は五回、三村敏之の左犠飛で1点を返す。足立は八回、山本浩に右中間適時三塁打され追いつかれる。3－3。

一死一、三塁とピンチが深まった段階で、山口はマウンドに上がる。日本シリーズの時期にはプロ十七年目の足立も新人の山口を信頼していた。

「タカシだったら何とかしてくれるだろう」

広島は七番・水谷実雄に代えて、左の代打の切り札・山本一義を送った。山口は落ち着いていた。どちらかといえば気は楽だった。

「プロに入った最初と比べたらそんなに緊張せんかった。日本シリーズは勝っても負けても終わりやから」

山口の気持ちを知らない遊撃手の大橋は、牽制球のサインにはない鼻を触ったり、帽子に手を当てたりして、ルーキーの山口の緊張をほぐそうとした。

「自分としては間を作ったんだよね。タカシをリラックスさせ、気持ちを鎮めさせたんだよ。あいつの『えっ』という顔がおかしかったなあ」

山本一には2ストライク2ボールから高めを振らせる。続く水沼四郎はファウル二つの後、空振り。山口は緊張が最高潮に達する場面をKマーク二つで切り抜けた。

「山本一さんが振ってくれて助かったわね。登板は嫌なタイミングではない。シーズン中はもっと難しい場面で使われとる」

結局、試合は延長十一回時間切れ引き分けになった。当時は「17時30分を超えて新しいイニングに入らない」という規約があった。午後一時三分開始で終了時刻は五時三十二分。四時間二十九分は当時のシリーズ最長記録になる。

山口は3回⅔を1安打無失点。6三振を奪った。

広島　100　010　010　00＝3
阪急　300　000　000　00＝3

古葉は山口を崩せなかった第一戦を悔やむ。

「最初のゲームが取れるかどうかが、シリーズ全体に大きく影響する。ウチはエースの外木場が投げた。何としても取りたかった。七回は勝つための最高のチャンス。右の山口に対して、左の一義を送った。一義は犠牲フライや進塁打にできる力はもっていた。でも打てなかった」

阪急の球団営業部長の矢形勝洋はネット裏からチームを見守った。三四年生まれの矢形は兵庫・関西学院高等部、関学、丸善石油を経由して、左投手として五八年に阪急に入団した。現役は二年で終え球団職員になる。英語が堪能だったためマルカーノら外国人の獲得にも関わるなど編成や営業など多方面からチームを支えた。背広組ながらユニフォーム経験があるため、上田の信任は厚かった。最終的には球団取締役まで昇格する。

選手上がりの矢形は、西宮球場での山口快投の理由を話す。

「シリーズは十月末のデーゲーム。四時くらいになって日がかげると、西にある一塁側の照明塔の影がマウンドとバッターボックスの間に落ちてくるんよ。ボールは明るい所から暗い所を通って再び明るい所に出る。そうなると速い山口のボールは余計見にくくなるんやな。高め、ボール臭いのをみんな振ってしまっていた。山本一は『こんなボール見えん』と言うてたな」

色彩で言えば、真ん中が黒色、両端が白色。その中を白いボールが通過してくる。プロの一流打者でも異次元の感覚だった。いわゆる「消える魔球」になる。

山口自身も投げながら打者の不利を自覚している。

「ボールが影に入ったらバッターは見づらいやろうな、と思ってた。後で聞いたらバッター、キャッチャー、アンパイヤーみなそうやった。でもその時はそんなことよりも0点に抑えてホッとした気持ちの方が大きかった。負けんでよかった、という感じやった」

矢形は球団幹部だったため、マウンドから至近距離のバックネット裏で試合が見られた。山口の調子の好悪をフォームから判断できるようになる。

「山口がその日、スピードボールが来るかどうかは、軸足の右かかとを見れば分かったな。ワインドアップしてから、かかとが地面に対して四十五度の角度で上がって、止まった場合は速い。調子のようない時はこらえきれずもっと上がってしまっておった」

この日、山口は光と影の助けがあったとはいえ好調だった。初のシリーズで広島を零封した。矢形は山口獲得の優位性を口にする。

「山口はヤンキースのリベラみたいな存在やったな。獲れたんは大きい。観客動員を助けた功績もあるけど、阪急における分業制を作った。巨人には以前、宮田がいたけれど、三振で切り抜けるピッチャーじゃない。コーナーワークで勝負する投手やった。山口は三振が取れた」

マリアノ・リベラは九五年から一三年まで十九年間、ニューヨーク・ヤンキースの主にクローザーとして活躍した。通算652セーブはメジャーリーグ記録になっている。

宮田征典は巨人のリリーフ投手。分業制の確立されていなかった六二年から六九年までの八年間、試合後半のマウンドを守った。午後八時三十分前後に登板することが多く、「八時半の男」と呼ばれる。当時はセーブが認められていなかったためプロ通算成績は45勝30敗。20勝を挙げた六五年にセーブが認定されていれば22セーブが追加されていた。

七五年のレギュラーシーズンの観客動員は前年七四年の四十一万七千人から三万人増の四十四万七千人。山口は興行的にも収穫をもたらした新人だった。

第二戦は翌二十六日。この日は日曜日であり、前日二十五日より約一万二千人多い三万六千四百十八人の観衆が詰めかける。

阪急は山田、広島は佐伯和司が先発した。阪急は初回、長池の適時中前打で先制。五回には河村の右前打から打者一巡の猛攻をかけ、5安打で4点を奪う。山田は八回、リッチー・シェーンに右越え本塁打を打たれるも完投。阪急は5－1で勝利し、通算成績を1勝1分とした。第二戦は山口に登板機会はなかった。

山口は試合後、第三戦（二十八日）の先発を告げられる。広島への二十七日の移動日を含め、中二日でのマウンドになる。阪急にとって山口は守護神であるだけではなく、足立、山田に次ぐ先発三番手になっていた。

「日本シリーズはローテーションなんて関係あらへん。勝たんといかんかった」

山口は当然のように通告を受け取った。

広島へは新神戸から新幹線で移動した。広島市民球場のブルペンでは60球を投げて最終調整する。夜、外出禁止令が出ていたにもかかわらず山口は山田と夜の街に繰り出した。

広島のファンは荒かった。広島市民球場での三試合はブルペンに火のついたタバコやみかんの皮が投げ込まれたりする。阪急の選手が広島最大の歓楽街・流川に行けばトラブルに巻き込まれる可能性があった。それでも二人は外出する。山口にとって気分転換の意味合いもあったし、ファンの激しさは福岡平和台を本拠地とする太平洋で慣れていた。

「平和台ではベンチに帰るのに酒をかけられたりした。ブルペンではリリーフやブルペンキャッチャーがヤジを飛ばされてようケンカしとった。宿舎に戻るバスの前で人が寝とって、出発できんかったりもした。車内は石をなげられんように窓を閉めて、カーテンを引いとった」

強烈なヤジや荒っぽい行為に慣れていた二人はスナックに入る。他の客は山口たちを知っていたが、知らないふりをしていた。しばらくすると広島球団歌「それ行けカープ」の大合唱が始まる。「カープ、カープ、カープ広島、広島カープ」の歌声に合わせて二人は手拍子をしなかった。目ざとくそれを見つけた客たちから「前に出て歌え」と言われる。

「ヤマさんと前に出て歌った。気分は悪くなかったけどな。盛り上がっとるなあ、と思った」

山田もその光景を覚えている。

「タカシと二人で歌ったよ。怖さなんて全然ない。楽しくやっていたよ」

広島ファンの無茶な振りにも二人は平然と応えていた。

四時間四十九分の激闘

二十八日、広島市民球場の第三戦で山口は予定通りシリーズ初先発をする。広島の先発は金城基泰。阪急は二回、福本、大熊、加藤秀の三連続適時打で3点を先制する。三回は大橋が適時左二塁打を放ち1点を追加した。五回まで広島を抑えてきた山口だが六回に捕まる。一死一塁から山本浩に左越え2点本塁打を浴びた。

山口はマウンドが気になった。左足の踏み出し場所が掘れ、普段より5センチほど広い。広島はすでに三人目の池谷公二郎。荒れたプレート付近のわずかな誤差が気になって投球に集中できない。七回には大下、三村、ホプキンスに三連打を許し、4－4と同点にされる。一死満塁となり上田がマウンドに行く。「思い切ってストレートだけ投げとればええよ」。山口は監督の言葉通り直球を投げ込み、シェーンを一ゴロ、衣笠を右飛に打ち取る。阪急は九回、中沢と大橋の連続本塁打で勝ち越した。7－4。逃げ切った阪急は2勝目とする。

阪急	031	000	003	＝7
広島	000	002	200	＝4

山口は6安打4失点。6四死球を許したが、157球完投でシリーズ初勝利を挙

げた。

「ラッキーでしかないやろ。続投さしてくれた監督に感謝やな。ゲームの中盤から終盤に2点、2点と取られているのに降板させんかった。今やったら考えられんわな」

上田はブルペンには山口を超える投手はいない、と考えた。心中覚悟だった。

二十九日予定の第四戦は降雨のため三十日に順延された。

阪急、広島ともに先発一番手の足立、外木場の投げ合いで始まった。阪急は二回、森本の左越え本塁打で先取点。広島もその裏、山本浩、山本一の二本の本塁打で逆転する。三回にも山本浩の適時左前打で加点。1－3とする。阪急は七回、長池の適時左前打などで追いつく。七回から戸田に代わって山口が三番手登板する。157球完投から中二日だった。

「シリーズやから登板を納得する、しない、じゃなくて、『はいはい』っていう感じやな」

両チーム決定打が出ず、試合はシリーズ二度目の延長戦突入。延長十三回二死二塁から山口自身が適時左前打を放ち、二塁走者の井上修が生還した。4－3と勝ち越す。広島はその裏、二死満塁から代打の佐野嘉幸が適時中前打。サヨナラ負けと思われたが、福本の好返球で二塁走者の木下富雄が本塁で憤死した。4－4。延長十三回時間切れ引き分け。山口は7回8安打3四死球も1点に抑えた。通算成績は阪急の2勝2分となった。

阪急	010	000	200	000	1＝4
広島	021	000	000	000	1＝4

山口の球数は前々日の157球とこの日の110球で計267球。十三回完投した外木場も一試合投球数シリーズ最多の200球を投げた。第四戦を山口は一番覚えている。

「ヒットは外木場さんのスライダーをレフト前に引っ張った。ヤマを張ってた。これで勝った、と思った。ヒーローインタビューのセリフを考えとった。せやからバチが当たったった。佐野さんには2ストライクからウエスト気味に投げたボールが甘くなった。打たれた瞬間は『うわー負けた』。でもすぐに助かった。目の前でタッチアウト。フクさんに救ってもらった。登板は三回目やったけど疲れはそんなにない。勝っても負けても、最後やったからな」

古葉はプロの監督としては珍しく三塁コーチスボックスに立ち、直接サインを出した。逆転の希望は目の前でついえた。

「ヒットが出た時、ランナーの木下のスタートが少し遅かった。このゲームを勝てず引き分けにしてしまったのは大きかったなあ。第一戦引き分けの影響がここにも出たねえ」

第一戦は3－3の八回一死一、三塁で山口の前に連続三振。第四戦は延長十三回、サヨナラの好機に山口を捉えはしたものの、福本の好守備に逆転を阻まれる。古葉にとっては負けに等しい二つ目の引き分けになった。

試合時間四時間四十九分は第一戦を二十分上回るシリーズ記録。二〇一〇年の日本シリーズ第六戦（中日―ロッテ）の延長15回、五時間四十三分に更新されるまで最長だった。

その夜、宿舎に帰って山口はプロに入ってから初めてうなされる。寝付かれない日はあったがそれを上回った。勝ち越し打を放ちながら、外したボールが真ん中に入る。ミスで勝機を逸したのが情けなかった。普段は遠征先からは滅多に連絡を入れない実家に電話をかけた。母・房は「あれで勝てたらできすぎ。もっと苦労しないと」。その言葉で少し気持ちが楽になる。

第五戦は三十一日に行われた。勝敗にかかわらず、広島での最後の試合になる。阪急は山田、広島は佐伯が先発した。阪急は三回、大熊の適時二塁内野安打、四回には一死満塁から大橋がスクイズ（記録は投犠打野選）に成功して2－1とリードした。六回一死一、二塁で広島のシェーンが右中間に打ち返した打球を福本が背走捕球するファインプレー。監督の古葉は「あれが抜けていれば」と悔しがった。

山口は九回無死一、二塁で山田をリリーフする。シェーンを右飛、衣笠を投ゴロ、山本一を中飛と三者凡退。2－1で逃げ切った。阪急は対戦成績を3勝2分とし、日本一にあと1勝と迫る。山田はシリーズ2勝目、山口は初セーブを記録した。

阪急	001	100	000	＝2
広島	010	000	000	＝1

十一月一日は移動日。阪急は西宮に帰る。

山口は練習でブルペンに入らなかった。ランニングとキャッチボールで軽めに終える。

そして二日の第六戦を迎える。

山口は「流れはいい。今日で決める」と球場入りする。試合は阪急・足立、広島・池谷が先発。広島は二回、道原裕幸が2点左前打を放つ。その裏、阪急は二死二塁から大橋が適時左前打で1－2とする。四回には二死二塁から中沢が左越え2点本塁打を放ち逆転した。さらに2四死球に3安打を絡め3点追加。打者十人攻撃で5点を取り、主導権を握る。

山口は六回無死一塁から戸田をリリーフして三番手登板した。山口は少し戸惑う。

「戸田さんは悪くなかった。もう少し先輩が投げると思っとったけどな。交代のタイミングはちょっと早いなあ、って感じやったよ」

ゲーム中盤での山口投入は完投させた第三戦同様、上田の信頼の表れだった。同時にシーズンを通して先発、中継ぎとフル回転してくれた二十五歳新人に対する感謝の意味合いもあった。

「試合を締めるのはタカシ」

山口は衣笠、山本一を連続三振、代打・水谷を二ゴロに打ち取る。上田の願い通りの仕事をする。八回、先頭の三番・ホプキンスにソロアーチを浴びるが、四番・山本浩を遊ゴロ、五番・シェーンを一ゴロ、六番・衣笠を遊ゴロ。本塁打の影響はなかった。

「ホプキンスに一発もらったんは覚えとる。まあでも自分もチームも余裕があったわなあ。まだ一敗もしてへんし」

九回、二死一塁で一番・大下と対峙する。大下は右翼に力のない飛球を打ち上げる。ウイリアムスが両手で捕球した。

大歓声に包まれる一塁側スタンドを中心に赤、黄、緑、紫、青などのカラフルな紙テープがグラウンドに投げ入れられ、紙吹雪が舞った。

マウンドの山口は左手にはめていたグラブを高々と放り投げた。マウンドに走ってくる中沢と抱き合う。ベンチで片足をグラウンドにかけて、飛び出すタイミングを見計らっていた首脳陣や選手たちが一気にグラウンドに雪崩込む。幸せの雄叫びを上げるファンもフェンスを乗り越え歓喜の輪に加わった。監督の上田が胴上げされる。山口も続いた。前期優勝、プレーオフ、そして日本シリーズと勝利決定の瞬間、いつも山口はマウンドにいた。

「グラブを投げたことはまったく覚えてへん。胴上げはこんなふわっとしたええものやったんや、とその時初めて思ったな」

阪急は球団創立四十年目、日本シリーズ挑戦六度目で初の日本チャンピオンになった。

広島　020　000　010＝3
阪急　010　500　01×＝7

第六戦は戸田がシリーズ初勝利。4回1安打1失点の山口はセーブを挙げ、通算1勝2セーブとなった。

表彰式などのセレモニーが終わり、すっかり日の落ちたグラウンドでは恒例のビールかけが始まる。屋台も出て、選手、球団関係者の祝勝会が続いた。

翌三日の大阪スポーツニッポンは阪急で一、二面を作った。「悲願達成〝日本一の阪急〟」「上田胴上げ　山口も舞った」などの文字が躍り、一面のメイン写真は山口と中沢が抱き合う寸前のものが使われた。後方には監督の上田をはじめ、控え選手が駆け寄る姿が写る。晩秋の出来事ではあったが明るい紙面だった。

山口はシリーズ六戦中、第二戦を除く五戦で登板した。先発一回、リリーフ四回。両役をこなしたのは山口だけだった。連投をものともしなかった。

「肩には自信があった。連投しても少しだるく感じるくらいやった。肩が重く、休まんと投げられへん感じじゃなかったね」

山田は山口を絶賛する。

「あの年のタカシはチームの中で一番すごかったよ。よく投げた。あれほど騒がれながら、あれほど結果を残した選手をオレは知らない。当時はアマとプロの差はあった。大きかった。タカシは例外的にその差がないピッチャー。チームにもしっかり溶け込んでいたよね」

デイリースポーツの平井は断言する。

「七五年のシーズンは山口で明けて、山口で終わった。山口を獲っていなければ、上田さんの名前も歴史には出てこなかった」

広島はシリーズ直前の合宿も効果はなかった。衣笠は強い敗北感を味わった。四七年生まれの衣笠は平安高校から六五年に広島入団。右打ちの三塁手として中心選手に成長する。七五年はプロ十一年目の二十八歳。リーグ戦１３０試合すべてに出場し、シーズン本塁打21、打点71、打率・２７６の成績を残していた。

「阪急からは一勝もできなかったね。強いチームだった。勢いがあった。私が入団した頃、ファーム（二軍）が強かった。その時の選手たちが軸になった。広島は合宿もした。各投手のフィルム（映像）も見た。それでも勝てなかった。自分たちが

129試合でリーグ優勝を決め、ペナントレースに勝つことにエネルギーを使ってしまった感じ。正直疲れ切っていた」

シリーズで五、六番に座った衣笠と山口との対戦成績は9打数1安打0打点、打率・111、三振2の内容だった。ほぼ完全に抑え込まれた。

「山口高志は覚えている。インパクトがあったよね。毎試合、特に最後に出て来る感じがあってね、彼もまたチーム同様勢いがあった。日が陰ってくるとマウンドとバッターボックスが陰と日向になり、その真ん中あたりをボールが通過するんだな。それが見にくかった。オープン戦で山口のイメージはない。だから、こんなピッチャーがいたんだ、という驚きがあったよね。すご過ぎて歯が立たなかった。高めのボールを散々振らされたなあ」

第一戦から三戦まで七番・左翼で先発出場した水谷実雄は、山口とのシリーズ対戦成績は4打数1安打。内容は、内野ゴロ1、内野フライ1、内野ゴロ失策1、左前打だった。

「たいしたもんだ。あのタカシからよう打った。ボールは速かったし、ホップしてくる。あいつは真ん中を目がけて投げてきよった。イン、アウトコースどうのの駆け引きやない。バッターとしては楽なピッチャー。球種もないし、読みやすい。それでも捉えられん。理屈抜きで打てんかった」

四七年生まれの水谷は宮崎県立宮崎商業高校から六五年ドラフト4位で広島に入団した。七五年は129試合目の巨人戦で左翼手としてウィニングボールをつかんでいる。プロ十年目を迎え、バッティングは完成されようとしていた。それでも衣笠同様、山口を崩せなかった。

古葉は敗因を語る。

「ウチはリーグ優勝できてよかった、という安堵と、それが決まるまで神経をすり減らして戦った疲れがあったね。そこにもってきて、阪急はピッチャーが安定していた。足立、山田、山口。当時、六十人の支配下選手中一軍レベルは三十五人。その中で頼れるのは七、八人だけなのよ。ピッチャーは三、四人。まあ三人いればいいほうなのね。阪急はその数を持っていた。山口は特に速いボールがあって、抑えも先発もいけたんだね。こういうピッチャーがいてくれたら監督は非常に楽だったろうと思うね」

祭りの後

衣笠や水谷を抑え、古葉が監督の広島を破り、熱狂したのは西宮球場だけではない。阪急グループのおひざ元、大阪・梅田も同じだった。

日本一に輝いた翌三日、阪急梅田駅の中央コンコースでは午後1時から祝勝会が始まった。阪急少年音楽隊のファンファーレで監督の上田やチャンピオンフラッグ（ペナント）を持った選手たちが姿を見せると大歓声が湧き起こる。駅構内のパレードでは握手攻めを受けた。笑い続けの中で上田は安堵感を漂わせる。

「ウチはよその球団よりはバックアップがあった。森オーナーは『重役連中は野球が分からない。上田君にすべてを任せる。困ったことがあったらいつでも電話してこい』と言って下さった。もちろん電話したことはないよ。でもその言葉がどれだけ心強かったことか。本当に優勝できてよかった。肌でしみじみと感じたねえ」

梅田駅に隣接する阪急百貨店には午前十時の開店と同時に買い物客が殺到。各階に設けられた平均三〜五割引きのバーゲンコーナーは人であふれた。この日一日で四十五万人が訪れ、通常日曜日の約二倍、五億円の売り上げがあった。グループにとっての経済効果は大きかった。

山田は王者になった重みをかみしめる。

「今まで日本シリーズで負け続けたんだよね。でも勝って、日本一になるのはこういうことだ、というのが理解できたんだ。ファンがすごくよろこんでくれる。電鉄のスーツを着た気難しい連中がずっとニコニコしている。あれで阪急のカラーが、意識が変わったよ。周囲の見方も変化した。だからこそタカシの存在はとても大きいんだよ。貢献は計り知れない」

　シリーズ6戦5登板し1勝2セーブと大車輪の働きをした山口はシリーズMVPに選ばれる。副賞は自動車だった。セントラルは広島が優勝したため、それまでのトヨタ自動車とともに、広島メインスポンサーの東洋工業（現マツダ）がシリーズスポンサーにつく。阪急が勝てばトヨタの車に東洋工業は現金、広島が勝てばその逆だった。山口はクラウンをもらう。

　運転免許を持っていなかった山口は、オフにチームメイトで一つ年上の今井雄太郎と教習所通いを始める。しかし、数日で止めてしまった。山田は笑う。

「面倒臭くなったはずよ。そんなこと分かり切っている。タカシと雄太郎は教習所に行けばすぐに免許をもらえると思っていたんだ。でも取らせてくれなかった。当たり前よね。いくら有名人のタカシでもそんな訳がない」

　山口は今でも免許を所持していない。

　結局、車はディーラーで預かってもらった。二年後、保管期限が切れるため、工場渡しの卸値で買い取ってもらう。価格は約二百万円。その後、妻・裕見子が免許を取得。気に入っていた他社製の車を購入した。それを聞いた矢形から山口は「ばかやろう」と怒られるオチがついた。

その他の商品はみかん、コカ・コーラ、ハム一年分などがあった。

「嬉しかったけど、モノは一気に家に届くんや。みかんは十二箱、コーラは三百六十五本。分けてもらえるとありがたかってんけどなあ。小林のマンションは狭かったし、置くところがない。せやから隣近所に配りまくった」

山口はシリーズMVPとともにレギュラーシーズンの12勝13敗1セーブの成績から七五年のリーグ新人王に選ばれた。入団発表時にメディアの前でした約束を実現させた。

「新人王は目標にしとった。当時は一軍でちょっと投げたら、翌年に権利は残らん。入った一年だけの勝負。だから宣言通りにもらえて嬉しかったねえ」

日本シリーズ最終戦から九日後の十一月十一日、山口に新しい家族ができる。長女の志織が誕生した。当日夜、山口は神戸・三宮のスナックで飲んでいた。慌てて病院に駆け付けた。

「生まれたばかりの志織は真っ赤やった。だから赤ちゃんと言うんやな、と思った。女房はしばらく怒ってた。『人が苦しんでんのにお酒を飲んで』って」

名前は裕見子が決めた。山口の名前の「志」を入れた。山口には守らなければならない人間がまた一人増えた。

十一月中旬から始まったオフはサイン会などのイベントに忙殺される。

関西テレビの三十分の連続青春恋愛ドラマ「愛のファインダー」にも特別出演した。主演女優は宝塚歌劇団出身の衣通《そとおり》月子（現名は真由美）。山口は実名で居酒屋の客として、男優の岸部シローと共演する。オン・エアは春季キャンプ前日の二月五日。関西全域で放映された。

「岸部さんが『そこで阪急の山口に会ったから連れてきた』と居酒屋に入って一緒に一杯飲むシーンやった。お猪口《ちょこ》でお酒がわりの白湯を飲んだ。演技はできんし、ドラマなんかに出るのは初めてやったから、すごい恥ずかしかったなあ」

ポスターのモデルにもなる。阪急百貨店の紳士服や阪急沿線の神社仏閣へ初詣客を呼び込むものだった。宝塚歌劇団の雪組トップスターだった汀《みぎわ》夏子と一緒に写る。

「自分のところに来た話は金額に関係なくできるだけありがたく受けた。人が持ってきてくれたもんやからな。紳士服のギャラは、確か百貨店のつるしのスーツ二着やったと思う」

テレビドラマにポスター。「山口高志」は社会現象となった。

翌年一月五日、合同自主トレが始まるが、約五十日のオフで帰宅して裕見子と夕食を摂ったのはわずか二日。プロ野球選手のオフに付き物のゴルフはまだ始めていなかった。

「次の年は絶対にゴルフをしようと思ったな」

プロ一年目は残した記録やチーム成績に比例して、最後まで多忙だった。

七六年、日本シリーズの祝勝会。福本豊（右）、山田久志（中）と共に、喜びを爆発させた

七　阪急の悲願

兼務という激務

七六年、山口はプロ二年目を迎える。

「特別な意識はなかったな。まあまた一からって感じやな。去年はある程度頑張れた。だから次の年はそのまま入っていけるようにはしたい、とは思っとったけどね」

二月六日から二十七日まで高知市野球場で春季キャンプが行われた。プロ二年目のシーズンは四月三日に始まった。

山口は三月二十一日の広島とのオープン戦で右ひざに打球を受け出遅れる。七六年公式戦初登板は開幕から十四日経った四月十七日の日本ハム四回戦（後楽園）だった。4－3の八回一死から二番手として戸田をリリーフ。ただ、怪我明けで結果はほろ苦いものだった。1回⅔を5安打4四死球4失点。試合は4－7と逆転された。敗戦投手になる。

二度目の登板は中七日で二十五日のロッテ六回戦（西宮）になった。シーズン初先発して6回⅔を11安打3失点。七回から山田のリリーフを仰ぐ。チームは五回に出た河村の2ランなどで6－4と逆転勝利。山口は七六年の初白星を手にした。

すっきりしない勝ち方に山口は「はずかしい」と報道陣に感想を漏らしている。

阪急は9－3と大勝した五月二十八日の南海六回戦（西宮）から十一連勝を記録する。流れを作ったのは山口だった。南海先発の江夏豊に投げ勝つ。

江夏は、一月二十八日、阪神から二対四の大型トレード（阪神は江夏、外野手・望月充、南海は投手・江本孟紀、長谷川勉、池内豊、外野手・島野育夫）で移籍してきた。

四八年生まれの江夏は大阪・大阪学院大学高校から六六年、この年限定の国体出場のない高校生と社会人を指名する第一次ドラフト1位で阪神に入団した。六八年には25勝で最多勝、沢村賞のタイトルを獲った。同年の401奪三振はプロ野球記録。南海移籍時は二十八歳。持病の血行障害や心臓疾患などもあり、ロングイニングを任されるのは難しい状況だった。

山口が「投げ合ってみたかった」と話す江夏は三回に降板。2回⅓3安打6失点だった。山口は9回7安打されながらも3失点完投する。3勝目を挙げた。

江夏にとっては試合そのものより、山口の球速が記憶にある。

「ピッチャーは常に速いボールを投げたい、と思っているから、速いボールを投げるピッチャーには目が行くよねえ。タカシは今でも印象に残っているよ」

十一連勝最後の六月十三日には二位南海に6・5ゲーム差をつけていた。二十四日、前期優勝が決まる。通算成績は65試合42勝21敗2分。勝率・667で二位南海とはゲーム差7・5と圧倒した。以下、ロッテ、日本ハム、近鉄、太平洋の順になった。

山口は前期、4勝3敗3セーブだった。

七月十七日から二十日まで行われた第26回オールスターゲームに、山口は二年連続で出場する。阪急からは他に、監督の上田、足立、山田、戸田、河村、加藤、マルカーノ、福本、大熊、ウイリアムスと前年九人をしのぐ十一人が選ばれた。

山口は十八日の第二戦（後楽園）でパシフィックの先発に抜擢される。3回無安打無失点。47球を投げ、無四球、4三振を奪う完璧なピッチングだった。

一回　山本浩（広島）三邪飛、藤田（阪神）捕邪飛、王（巨人）二ゴロ

二回　張本（巨人）三振、田淵（阪神）三振、松原（大洋）三振

三回　末次（巨人）遊ゴロ、高田（巨人）三振、ホプキンス（広島）一邪飛

試合は11－1でパシフィックが勝ち、山口は勝利投手になった。

二十日の第三戦（大阪）にも山口は七番手登板。八回の1イニングを1安打無失点と再び内容を持たせた。王には昨年の三振に続き、第二戦では二ゴロ。三打席目となる第三戦では再び三振に仕留める。あこがれの大打者に二年連続して快打を許さなかった。

七六年オールスターは2勝1敗（3－1、11－1、1－5）でパシフィックが勝った。

八月二十六日、岡山県野球場であった南海後期八回戦で初回一死一、二塁から緊急登板。先発・今井が立ち上がりから三連打に四球を絡められ3点を失ったためだった。山口は体が温まっていない初回リリーフの不利を感じさせない。8回⅔を4安打無失点。11三振を奪った。阪急は五回、加藤秀の3ラン、長池のソロで5－3と試合をひっくり返し、結果的に15－3で逆転勝ち。山口は七月十五日の日本ハム三回戦以来四十二日ぶりとなる白星を挙げる。

山口のシーズン6勝目に上田は報道陣の前で喜びを表現する。

「タカシの復活が何よりもうれしい。今日は去年の日本シリーズと同じくらい速かった」

スポーツニッポンの阪急担当記者は松岡正明から入社四年目の近藤健に替わる。市神港、関大で山口の同級生だった近藤は岡山で帯同取材をしていた。試合終盤、近藤は取材準備のため、バックネット裏スタンド上部にあった記者席からグラウンドレベルへ降りる。球団専用ブースの外から、山口の投球をスコアブックに記そうとした。

ところが、山口の腕の振りが確認できない。ボールを投げていないのか、と疑問に思ったが、折々アンパイアの手は上がり「ストライク」、「ボール」のコールはある。

ブースは神宮球場の記者席と同じで掘り込み式だった。近藤は通路からの観戦だったため、低い目線は主審の腰に行き、視界も狭かった。地方球場のため照明も暗い。部屋の中には矢形がいた。近藤は背後から尋ねる。

「矢形さん、山口の腕が見えますか？　私は見えません」

「いやオレも見えん」

矢形はプロ野球経験者だった。その鍛えられた目をもってしても視認できなかった。

「いや、そりゃびっくりしたね。素人の自分だけでなく、プロ上がりの人にも見えないくらい腕の振りが速い。それだけボールも速かったということ。すごいなあと思ったよ」

阪急は九月七日の日本ハム十回戦（後楽園）から二十五日の南海十回戦（大阪）まで十一連勝して首位に立つ。

西宮球場で行われた十四日から十九日までの近鉄五連戦で山口は抑えで三登板三連勝する。十四日の九回戦では3回⅔無安打無失点、十五日の十回戦でも3回⅔を投げ2安打無失点。十七日の十二回戦でも6回無安打無失点だった。四日間三登板で13回⅓を0に抑えた。途中登板で試合最後まで投げ切る交代完了とはいえ、現在のように1イニング限定で投げたのではない。山口の真骨頂だった。

十七日の白星で二年連続二ケタ勝利の10勝に届き、報道陣の笑いを誘う。

「こんなにたくさん出番がくるとは思ってない。でも気分的にも肉体的にも疲れはなかった。この後いくらでも投げる。悩みは登板が多くて飲みに行けないこと」

阪急は後期も優勝する。2シーズン制が始まった七三年以来、初めて前後期完全優勝を成し遂げた。65試合37勝24敗4分で勝率・607。以下、南海、ロッテ、近鉄、日本ハム、太平洋となった。七六年の通算順位は①阪急②南海③ロッテ④近鉄

⑤日本ハム⑥太平洋となった。

山口の後期は8勝7敗6セーブ。七六年の通算成績は12勝10敗9セーブになった。新人だった昨年より3試合多い35試合に登板。昨年と比較すると勝ち星は同数だが、負けが三つ減り、セーブは8つ増えた。登板形態は先発19（完投15）、抑え16。七五年の先発22、抑え9、中継ぎ1と比べると抑えは倍近く増えている。防御率は2・82。投球回数は一年目にわずか5イニング⅓届かない197⅔だった。

山口は淡々としていた。

「勝ち星を大きく貯金するところまではいかんかったけれど、トータルとしては悪くない」

それでも物足りなさを感じたチーム関係者やファンはいた。山田は山口に同情する。

「一年目の衝撃が強すぎたんだよな。二年目の成績はそこそこ。でもそれじゃ周囲は納得しない。一年目以上を期待するからね。それが主戦を張る選手のつらさ。一年目はフル回転したから、疲れも取れていなかったかもしれないよな。タカシは大変だったと思うよ」

その山田は蘇る。プロ八年目の七六年は39登板で26勝7敗5セーブ（勝率・78
8）。前年の12勝10敗2セーブから大きく飛躍した。七二年以来、二度目の最多勝のタイトルを獲得。シーズンMVPも手にした。勝ち星はチーム二位の足立の17勝を大きく引き離す。

山田の復活は「山口を見て自分の速球に限界を感じ、変化球を磨いた結果」と世間ではささやかれた。事実、山田はこの七六年、新しい決め球となるシンカーを習得する。

「タカシを見て、もう自分の速さでは通用しない、と思った。ダチさん（足立）は『まだ早い。ストレートでいける』と言ってくれた。でも自分はダメだ、と感じたんだ。それでシンカーを投げ始めた。握り方は独学。ダチさんはボールの縫い目に指を引っかけていたが、オレは軽くはさむ。スプリットみたいな感じだね。よく落ちてくれたよ」

山田の復活理由はタテの変化だけではない。

「七五年に調子が悪かったのは、前年、リリーフと先発をやった反動がもろに出たんだね。上田さんに『リリーフにも回ってくれ』と言われた。先発とリリーフでは体の整え方がまったく違う。リリーフはいつ投げるか分からない。いつもコンディションを整えとかないといけないからね。それがタカシの入団でなくなった。また先発に集中できたんだよな」

山口が後ろを請け負ったことも、山田の蘇生につながった。両役をこなした七四年の山田の成績は11勝6敗11セーブだった。

球界には投手分業制が確立寸前だったが、まだアバウトな時期だった。先発は基本的に決まっている登板日から逆算して調整をする。ピッチング日も個人が尊重される、自己責任なのでやりやすい。リリーフは違う。イニングこそ短いが試合状況で登板が決まる。試合が始まれば展開によって予測は立てやすいが、それまで登板するかどうかは分からない。違う役目を一手に引き受けるのは難しい。阪急では山田の仕事を山口が引き継ぐ。基本的に先発に専念できた山田に憂いはなくなる。それが前年比二倍以上の勝ち星につながった。

山田から感謝された山口は当然のことをしたまで、と受け止める。

「オレが入った頃は先発と中継ぎの兼務なんていうのはザラやった。先発した翌日は上がり。試合前に球場を出てみんなより先に帰る。でも次の日からはブルペン待機。それは若いもんのつとめやと思っていた。ヤマさん（山田）や足立さんは先発ローテを守らないかん。両方ともやるのが自分の仕事や。ヤマさんも若い時はそれをしてきてるからな」

山田と並ぶもう一人のエース、足立は酷使された山口に同情を寄せた。

「勝つためには仕方ないが、タカシは使われ過ぎ。かわいそうやった。先発もリリーフもなんでもかんでもタカシ。肉体的、精神的にもストレスたまる。きつかったやろね」

謝意や憐憫《れんびん》を背中に感じながら、山口はアンパイヤーに名前を告げられた場面で、黙々とキャッチャーミットめがけて投げ込んだ。

巨人に勝つために

七六年、日本シリーズの相手は巨人だった。

巨人の監督は就任二年目の長嶋茂雄である。前年最下位から一気に三年ぶり二十九回目のリーグ優勝を果たしていた。

阪急はV9時代の巨人に対してシリーズ五連敗していた。そのためベテランたちには、入団二年目の山口と違い、異常な闘志があった。プロ八年目の福本は広島との違いを強調する。

「上田さんは毎年、春キャンプの目的を『巨人に勝つため』と言うとった。とにかく巨人に勝つのが目標。だから悪いけれど、七五年のカープには負ける気がせんかった。カープがシリーズに出て来た時は拍子抜けやったね。えっ、巨人ちゃうの？って感じ。試合はオープン戦みたいやった。試合前のウォーミングアップでカープ音頭が流れてくると『カープ、カープ』と手を上に挙げ、踊りながら歌っとった。それくらい余裕やったね。そのシリーズでやっと日本一になったけど、巨人と違う、という思いはあったね」

プロ十八年目の足立も福本と同じだ。

「広島に勝っての日本一はうれしいのはうれしい。でも巨人やない。自分の中のよろこびは100パーセントやなかった。巨人には今まで何連敗もしてきた。巨人に勝ってはじめて本当の意味での日本一やと思っていた」

阪急にとっては、これまでの巨人からの借りを返す機会が巡ってきた。

七六年日本シリーズ第一戦は十月二十三日、後楽園球場に四万六百五十九人の観衆を集め、午後一時四分にプレーボールが宣言された。先発は阪急がシーズン26勝をマークした山田、巨人は同14勝の堀内恒夫だった。

山口は、山田が王の2ランで4－4と同点とされた六回一死一塁からマウンドに上がる。デーブ・ジョンソン、吉田孝司を連続三振でピンチを切り抜けた。八回は巨人のクリーンアップ、三番・張本勲、四番・王を直球だけで左飛、捕飛に仕留めた。阪急は八回二死走者なしから巨人二番手・小林繁を攻め、大熊、加藤秀、マルカーノの三連打で1点勝ち越す。6－4と阪急が先勝する。山口は3回⅔2安打無失点、5三振、無四球で勝利投手になった。

「五番・右翼」で先発した末次利光は、八回の第四打席で山口とシリーズ初対戦する。二死走者なしから打席に入り、左越え二塁打を放つ。

「初打席は打てたけど、山口君のボールは速い、が頭にあったね。だから真っ直ぐ一本にヤマを張った。ヒットはやや甘いインコース。山口君との対戦はいつもよりポイントを前に置いたよ。普通ならスイングが間に合わない。振り遅れると勝負にならなかったからね」

雨で二十五日に順延された第二戦は月曜日ながら四万七千四百五十二人の観衆が詰めかけた。

阪急先発・足立は七回、先頭の王に右本塁打を許し4－2と詰め寄られた。山口は王の本塁打後、無死二塁から2試合連続登板する。一死後、代打・原田治明に適時中前打されるも、河埜和正を一邪飛、淡口憲治を三邪飛。八回表に1点を追加し、その裏に連続四球から王に適時右二塁打を喫するが、代打・柳田真宏を三振、ジョンソンを中飛とする。最終回は三者凡退。阪急は5－4としてシリーズ2勝目を挙げた。山口は3回2安打1失点。このシリーズ初セーブを記録した。

西宮への移動日を挟み二十七日の第三戦、阪急は中三日の山田、巨人は加藤初の先発で始まった。初回、マルカーノとウイリアムスの連続二塁打などで4－0と主導権を握る。阪急は11安打7四死球で10得点。3失点の山田は150球完投でシリーズ初白星を挙げた。阪急は3連勝で二年連続日本一にあと1勝と迫る。

上田は思った。

「これで行ける」

ところが第三戦終了後、気をよくした福本の報道陣にした発言が物議を醸す。

「近鉄だってロッテだって、ウチと三つやれば一つは勝つで」

この言葉が「巨人を見下している」ととられ、「傲慢だ」と非難された。七六年の通算順位はロッテが三位、近鉄は四位だった。２チームは決して弱くはなかった。福本は言う。

「言葉足らずで意味が通じへんかった。ロッテは強かった。ピッチャーは成田さん（＝文男、七〇、七三年に最多勝）なんかがおった。それまで巨人に一回も勝ってないのに『弱い』なんて言えるわけがない」

福本の思いとは別に巨人は発奮する。

翌二十八日には再び雨が降り、第四戦はシリーズ二度目の順延で二十九日になった。

阪急は中三日で足立が先発。敗れればシリーズ敗退が決定する巨人は、第一戦に先発の堀内を立てる。

山口は２－１の五回二死三塁から足立をリリーフ。高田繁を三振させリードを守った。しかし、七回一死から三連続四球。柴田勲に右犠飛を許し同点にされる。九回、二死から投手の小林繁に中前打。続く柴田に右翼スタンドに持って行かれた。２－４。対戦成績は巨人の１勝３敗。山口は４回⅓２安打３失点、８三振、４四死球。シリーズ初黒星を喫する。

巨人の初白星を手繰り寄せた柴田の一撃には伏線があった。山口は痛恨の一打を振り返る。

「小林にインコースに投げて、ぶつけそうになった。それで無難に行こうとしてヒットされてしもうた。最後は柴田さんに2ラン。一気に流れ変わったな」

山口が関大二年時、小林は野球部の練習会に参加する。以来付き合いは続いている。友人でもある相手の主戦投手に死球を与えそうになった動揺が柴田の打席に残った。

三十日の第五戦は最後の西宮球場での戦いになった。阪急は中二日で満を持して山田が先発。巨人は二戦目先発のクライド・ライトがローテーション通りに来る。山田は0−0の四回、先頭の王に2ストライク1ボールから四球目のカーブをインコースに決める。王は思わずハーフスイング。主審の山本文男のコールは「ボール」だった。この微妙な判定で崩れる。王、柳田に連続四球。高田の投前犠打の後、吉田孝司には右前適時打を浴びる。さらに二死から投手のライトに左越え3ランを浴び、この回で降板した。山口は3−5の九回から四番手登板。柴田を一邪飛、土井を二飛、張本を一直と三者凡退とするも阪急の反撃はなかった。

三十一日の移動日を挟み、戦いの場は再び後楽園に戻る。

十一月一日、山口は第六戦の先発を任される。七六年シリーズ初。第五戦から中一日だったが、足立、山田が登板した状況では山口しかいなかった。巨人は中二日で堀内を立てる。

阪急は順調に加点する。初回はウイリアムスの2点左三塁打、四回は中沢の適時左前打などで2点、五回はウイリアムスの左越え3ランなどで7－0と大きくリードする。山口は五回、王の適時中前打などで2失点。六回には途中出場の淡口に右越えの3ランを浴びる。7－5の七回、四球と犠打野選で一、二塁となり降板。最終第七戦までもつれ込みたくない阪急は山田に勝敗を託す。八回、柴田に右越え2ランを浴び同点。延長十回、無死満塁から高田にサヨナラ右前打される。7－8。阪急は3勝0敗から三連敗で3勝3敗のタイにされた。

山口は6回0/3 6安打5失点、6三振、8四死球と大乱調だった。山田は3回0/3 6安打3失点。阪急はチームを代表する二投手をつぎ込んでリードを守れなかった。

7点差逆転は現在でもシリーズ最多得点差逆転記録である。

阪急　200　230　000　0＝7

巨人　000　023　020　1＝8

山口は荒れた試合を覚えている。

「5点リードの五回にベンチ裏に祝勝会の準備でビールが持ち込まれたりしていたのが見えた。その後、オレがリードを詰められ、リリーフのヤマさんも打ちこまれた」

山口は二年連続日本一を確実だと思い込み、油断が先に立つ。山口だけではない。ベンチにいた足立はスパイクをアップシューズに履き替え、グラブは鞄の中にしまっていた。

「7点差ついていてひっくり返されるとは思ってないわねえ」

チーム全体に楽勝ムードが漂っていたところに落とし穴があった。

ベテランの意地

球場近くの水道橋にある宿舎・グリーンホテルに戻るバスの中で、誰も口をきかなかった。上田は訓示する。

「明日の新聞や今晩のテレビは見るな。ただし酒を飲みたい奴は行ってこい。麻雀もしていい。その代わり全員、朝九時十五分にはユニフォームを着て、ミーティングルームに集合だ」

メディアの予想は巨人有利に決まっていた。試合の場所は本拠地・東京。このままの精神状態なら重圧に押しつぶされてしまう。上田は余計な情報を選手たちに入れさせなかった。それでもアルコールや外出は禁止にしない。

「勝つには気分転換が必要やった」


第七戦の先発は足立しかいない。自他ともに認めていた。

「上田さんやコーチから『明日行く』と言われた記憶はない。でも、あうんの呼吸。山口、山田があんな状態。自分しかおらんわねえ」

前夜は一人で銀座の馴染みのバーに行った。

「気分を変えたかった。さすが東京、銀座や、と思ったのは、客が誰も話しかけてこんかった。阪急の足立、と知っていた。それでも放っておいてくれた。大阪ならそうはいかん」

カウンターに座って、水割りを二、三杯飲んだ。バーテンダーも余計な事は言わない。他の客に煩わされることなく、大一番に向けた精神統一ができる。足立は闘志を秘め、帰宿する。

福本は知人が経営する六本木のレストランバーに一人で向かった。

「注文したバドワイザーがやけに薄かった。明日で95パーセント終わりや、と思った」

日本人には淡泊なアメリカ製ビールが余計にそう感じさせる。楽勝から絶体絶命への激変。普段は底抜けに明るい福本の味覚も勝負への絶望感で変わっていた。

山口は竹村に新橋のステーキハウスに連れて行ってもらう。神奈川・川崎が本拠地の大洋に在籍した竹村は東京を知っていた。霜降りの上質ビーフ、削った鰹節のかかった〆のご飯は忘れられないほど美味しかったが、食は普段ほどには進まなかった。

「店を出る時に長嶋さんの行きつけ、と聞いてびっくりしたわな」

グルメの長嶋が銀座に連なる新橋界隈の評判店を知らぬはずはなかったが、山口は驚く。球場外の飲食店でも対戦相手、そして敵将のすごみを感じる。試合前に負けた気分になった。

「ここでも巨人か」

巨人は第六戦勝利の後、球場横の後楽園飯店で決起集会をする。首脳陣、選手全員が揃って中華料理のフルコースを食べた。食事会はV9最後の七三年にあやかったものだった。シーズン最終戦、甲子園球場の阪神戦まで優勝がもつれ込んだ一戦を前に、川上は宿舎だった芦屋の竹園旅館で名物の牛肉の鉄板焼きを選手やコーチ陣と食べる。自らビールをつぎ、必勝を誓う。翌十月二十二日は9－0で圧倒。0・5ゲーム差で阪神を振り切った。長嶋やベテランたちはその故事を思い出していた。

そして二日、第七戦を迎える。決戦の朝、上田は思う。

「まだ足立がおる、バッターもおる。力を出せば女神は寄ってくる」

平日、火曜日のデーゲームにもかかわらず、長嶋巨人の初優勝を見ようと、後楽園球場には当時史上最高の四万五千九百六十七人の観衆が入った。自軍ベンチの三塁側まで巨人一色に染まった応援スタンドを見て、中三日の先発・足立は開き直る。

「勝たんといかん、と思うと緊張する。そうなると負けなんよ。『応援するんやったら、好きなだけしろ』っていう感じやったな」

投手陣最年長、三十六歳の足立を支えていたのは「これ以上巨人に負けたくない」という思いだった。年齢から考えれば、最後の日本シリーズ、巨人戦になる可能性は高い。六連敗、巨人に負けっぱなしで野球人生の幕引きをしたくなかった。前日、山口、山田が打ち込まれ、阪急のマウンドを守るのは自分しかいない、という孤高の責任感もあった。

二回、淡口の一ゴロで一塁ベースカバーに入った時に右足をスパイクされ、裂傷三ヵ所を負いながらも降板しなかったのは、そんな強い気持ちの表れだった。四回までノーヒット・ピッチング。五回、高田に左翼スタンドに放り込まれる。六回、失策から1点を失いなお一死満塁。しかし左打者・淡口を得意の外に沈むシンカーで投ゴロ併殺に仕留めた。

山口は投手コーチの梶本にブルペンに行くよう催促された。しかし、投げる気力はなかった。

「ヤマさんも言われていたけど、『もう行かん』とベンチを動かんかった。オレはブルペンには行ったけど植村さんに『投げられません。足立さんに任せましょう』と言うた。前日の試合で戦意がなくなってる。もう足立さんしかおらんかった」

その流れの中、1－2の七回一死一塁から森本が巨人先発・ライトを捉え、左越え2ランを放つ。3－2と逆転した。生え抜きとして阪急十四年目の森本はシリーズ終了後、戸田、投手・大石弥太郎、外野手・小松健二とともに、中日の二内野手・島谷金二、投手・稲葉光雄、外野手・大隅正人との四対三トレードが決まっていた。にもかかわらず森本は一切の感情を表に出さず、プレーを続けた。上田はその姿に目を潤ませる。

「よく打ってくれた。森本の中日行きは決まってた。トレードはシリーズよりもうんと前からやらんといかん。つらいし涙が出た。でも強いチームを作るためには仕方ない」

巨人の先発マスクをかぶっていたのは山口の市神港の四学年先輩、吉田孝司だった。四六年生まれの吉田はV9がスタートした六五年に巨人入団。長く森祇晶《まさあき》の控えだったが七四年に正捕手となる。シリーズ当時はプロ十二年目の三十歳。経験も豊富だった。

「ライトは吠えるけどナイーブな一面もあったんだよ。要求したカーブが高めに入った。まあでもそれだけを責められない。それまで突き放すチャンスはあった」

吉田は六回の一死満塁での併殺を悔やむ。

八回には福本が右翼にソロアーチをかける。4－2。舌禍事件を振り払う。

足立は最後まで落ち着いていた。九回二死一、二塁と一打同点の状況も代打・山本和生を2ストライク1ボールからシンカーで空振り三振に仕留めた。

マウンドを走り降りる足立の周囲に、瞬く間に薄い水色のユニフォームを着た人垣ができる。腕を上げ、飛び跳ね、叫ぶ。監督の上田も勢いよくベンチを飛び出す。

挑戦六度目、ついに阪急は巨人を倒して日本シリーズを制した。二年連続日本一。上田の次に胴上げされたのは足立だった。

阪急　001　000　210＝4
巨人　000　011　000＝2

足立は125球完投。5安打2失点（自責点1）。シリーズ2勝目を記録した。

山口は今でも興奮を忘れない。

「ヤマさんと『勝ててよかった。これで大阪に堂々と帰れる』と肩をたたいて言い合った。足立さんに救ってもらった。あの時の足立さんのピッチングはそらすごかった」

足立、そして七回に逆転2ランを放った森本は六七年、球団創設三十二年目で初のリーグ優勝を果たし、日本シリーズで巨人にはじめて挑んだメンバーでもあった。二人にとっては巨人に挑み続けた十年で初の栄光だった。

Nの不在

スポーツニッポンの阪急担当記者、近藤は取材のため、優勝直後の三塁側ベンチに入った。驚く光景が目に飛び込んで来る。

「福本、加藤、山田さんらいい大人がみんなベンチに座って号泣しとった。わんわん声を上げてね。これまで巨人にずっと負けてた。ようやく勝てたうれしさの余りだった」

涙した山田には大きな達成感があった。

「今まで巨人にこっぴどくやられた人間はウルウル来てたよねえ。カープには悪いが、前年の優勝と全然違ったもんね。これでプロをいつ辞めてもいい、とさえ思ったよ。本当は西本さんで巨人を倒したかったんだけどね。西本門下生はみんな優勝取材で西本さんの名前を出していた」

山田には育ててくれた恩師への謝意があった。これまで五回の巨人とのシリーズを指揮したのは西本だった。上田が阪急監督になって三年目。在籍四年以上の選手はみな西本への恩義を感じていた。上田も球場での優勝インタビューで声を震わせる。

「できることならこの席に西本さんがいてほしかった」

山口は先輩たちの気持ちを慮る。

「勝った喜びをあらわにしまくってた。思いが強かったんやなあ、と思ったな」

最終戦も含めて上田はシリーズを総括する。

「足立はすごかった。巨人は押せ押せムードになったら強い。力のある打者が多かったから。その中で冷静だった。巨人に勝てたことは大きい。第七戦が負けなら永遠に巨人に勝てなかった。勝因はタカシや選手、スタッフを含め、みんなの一日一日の自信の積み重ねだと思う」

ホテルに戻り、恒例のビールかけがレストランで始まる。

福本はシリーズMVPに輝いた。27打数11安打（2本塁打）で打率・407をマークした。自分自身とチームへの二重の喜びで体中にアルコールを浴びまくった。

「ビールかけはみんな泣きながらやっとった。雄太郎は酒樽の中に入っとったわ。その周りでみんな『やったー、やったー』と踊ってた。そりゃ嬉しい。やっと巨人に勝てたんやから」

山口ももちろんその大騒ぎの中にいた。

「ビールや酒がなくなって、最後はイケさん（長池）が厨房からホースを引っ張ってきてみんなに水をかけとった」

前夜、福本や山口は敗戦を覚悟した。それだけに乱痴気の宴はいつまでも続いた。

福本は副賞として、トヨタの車、クラウンをもらう。

山口は苦笑いを浮かべた。第三戦を終わった段階で1勝1セーブ。四戦目以降の活躍次第では、二年連続シリーズMVPの可能性もあった。

「クラウンのハンドルにまで手がかかっとった。柴田さんの2ランで消えたな」

二年連続日本一を決めた夜、山口はメンバーと銀座に繰り出した。路上で小林や新浦寿夫ら巨人投手陣とすれ違った。言葉をかけられた。

「勝ててよかったな。三連勝の後、四連敗にならなくて」

それまで開幕三連勝後に四連敗したのは五八年、第9回シリーズで西鉄と対戦した巨人だけだった。阪急は二チーム目にはならなかった。

七回戦のシリーズで山口は第三、七戦を除く五試合（先発一回）に登板し、1勝1敗1セーブ。18回0/3を投げ、失点、自責点はともに9、防御率は4・50だった。12安打、22三振、14四死球の内容だった。

巨人を率いた長嶋の記憶にははっきりと残る。

「山口君、覚えているねえ。体は大きくなかったが、腕の振りがよく、ボールがホップしていたねえ。逃げるのが嫌いなタイプで、ストレートで勝負するピッチャーに見えました。性格的にも力で押すタイプだったんじゃないのかな。印象は村山さんの若い時と同じですね。豪快なストレートとドロップを投げていた村山さんの姿と重なりますよ」

ミスタープロ野球、球界を代表する長嶋が、山口の姿をその現役時代、五九年の天覧試合からライバル心むき出しで戦った村山とだぶらせた。

市神港の先輩である巨人・吉田はシリーズ前日練習中、あいさつに訪れた山口と話した。

「吉田さん、よろしくお願いします」

「こちらこそよろしく。先輩をたてて打たすんだぞ。全部真っ直ぐな」

「はい。分かりました」

シリーズ対戦成績は4打数0安打1四球。3三振した。

「本当に真っ直ぐだけだったね。でも速かった。当たんなかった。大学時代、山口が東京に出て来た時に伊藤菊さんを交えてご飯を食べたんだよね。明治神宮大会に合わせてだったと思う。その時、菊さんは言ったんだ。『君を獲りたい』ってね。山口はオレの後輩でもあったし、いい投手だったから巨人に入ってくれたらなあ、とずっと思ってたねえ。結局さ、同じチームで野球はできなかったけど、活躍してくれたのは先輩としてうれしかったよ」

伊藤菊さんとは伊藤菊雄。近大助監督をつとめた後、巨人の西日本担当スカウトとして、松山商出身でプロ通算165勝をマークする西本聖や桑田真澄の獲得に奔走した。プロ経験はなかったが後年スカウト部長に昇進する。吉田は山口の大学四年時、伊藤から頼まれて食事会を設定する。巨人としても欲しい選手だった。二年前のドラフト会議が予備抽選によるウェーバーでなく、競合できるのであれば、このシリーズの結果もまた違ったものになっていただろう。

高田繁は第四戦まで「二番・三塁」、五戦目以降は六番に下がって全七戦に先発出場した。

山口とのシリーズ対戦成績は5打数0安打3四球。3三振した。

「高めは本当に速かったね。『見逃したらボール。振っちゃあいけない』と言われても手が出ちゃったものね。並みのピッチャーじゃない。前に飛ぶ気がしなかったよね」

三連敗の後の三連勝。流れは巨人に傾いていた。

「有利だったよね。もったいない。接戦だったのに。勝てばドラマチックだったなあ」

そして敗因を挙げる。

「Nがいない。あの人に我々は生かされていたんだよ。特に大きい試合に強かった。オールスターや日本シリーズ。ここで打ってほしいと思うと必ず打ったよね。だからあれだけファンに愛されたんだよ」

N＝長嶋の不在。「ON」の王のみが現役だった。高田は、監督としてではなく、選手としての牽引、打撃を望んでいた。それはまた巨人全選手の思いでもあった。

日本シリーズ二連覇を決めたプロ二年目のオフ、山口は前年に誓ったようにゴルフを始める。自宅からほど近い苦楽園の打ちっぱなしに通った。高校や大学時代の友人たちとコースを回った。球団に頼み、できるだけサイン会などの営業を入れないようにしてもらう。

「それまで趣味らしい趣味がなかったんで、仲間とワイワイ言うてゴルフするのが楽しかったねえ。コース途中の茶店で酒を飲む。話に夢中になって、後から来た組に先に行ってもろたりした。最低でも三組くらいに『パス』言うてたなあ。全国的にゴルフ熱が高かったから、クラブハウスで一時間待ちなんてこともザラ。その間に酔っぱらっとった」

約六十日の二年目オフにゴルフ場へは四十日行った。約五十日の昨オフは、球団絡みの行事の影響を受け、自宅で夕食を摂れたのは二日。山口はプロの休暇を初めて満喫した。

阪急が一番強かった時代

七七年、山口はプロ三年目を迎える。

開幕戦は四月二日だった。山口は翌三日の南海前期二回戦（西宮）にシーズン初登板初先発するも8回6安打6失点。自身のシーズン開幕戦は三年連続で黒星になった。

二回目先発は中四日、八日の日本ハム一回戦（後楽園）になった。五回、中原全敏に適時中前打を打たれたが、阪急は大熊の左越え2ランなどが飛び出し、4－1で勝利する。山口はシーズン初白星を得る。148球完投。5安打1失点で三振8、四球は5だった。

この試合、前年から日本プロ野球でも導入されたスピードガンで山口は153キロを出す。四番のボビー・ミッチェルから2三振を奪うが、二回の空振りで計測した。スポーツニッポンの近藤はバックネット裏でスコアをつけていた日本ハムのスコアラーから情報を得た。

「なぜ数字を覚えているかというと、びっくりしたから。ぼくはタカシの応援に甲子園や日生球場などに通った。あいつのスピードはぼくの目から見て、大学三、四年の頃が最高やった。あれから五年以上経っているのにまだそんなに出るんか、と思ったんよね」

二十九日には前年十月に太平洋クラブから球団譲渡をされたクラウンライターとの三回戦（西宮）に抑えとして登板。6－4の勝利に貢献し、七七年初セーブを挙げる。1回⅔を安打、失点、四死球0とする。

　七月二日、ロッテ十三回戦を2－1で勝ち、阪急は前期優勝を決める。前期は65戦35勝25敗5分だった。以下、南海、近鉄、日本ハム、ロッテ、クラウンの順だった。

　山口の前期は6勝6敗2セーブだった。

　後期、阪急は65戦34勝26敗5分。勝率・567で二位。首位のロッテとはわずか0・5差だった。

　山口の後期は4勝6敗9セーブ。七七年は42登板、10勝12敗11セーブ。179回⅔を投げ自責点は61、防御率は3・06だった。登板内訳は先発13、リリーフは29(中継ぎ5、抑え24)。一年目の七五年の先発は22あった。山口はリリーフ色を強めていく。

　ロッテとのプレーオフは十月九日に西宮球場で始まる。山口は第二、三戦に三、二番手登板したが、勝敗はつかなかった。

　第一戦は18－1で大勝。十日の第二戦で山口は0－3の八回に登板。1回⅓を無安打無失点としたが、チームは零封される。山口は取材陣に悔しさを言う。

「きょうは後半に出番があると思っていた。でも負けゲームじゃ仕方がない」

十二日、仙台球場での第三戦は先発・稲葉が有藤通世の打球を右ふくらはぎに当て、1/3回2失点で降板した。山口は緊急登板し7回2/3を3安打1失点としたが、攻撃が上回れず1－3と連敗。十三日の第四戦は4－2。阪急は2勝2敗のタイに持ち込む。

十五日の第五戦は三十七歳・足立が先発する。ヒザ痛などをかかえシーズンは四年ぶりに二ケタ勝利できず7勝7敗に終わったが、ここ一番の勝負強さは健在だった。4安打完封。7－0で三年連続のリーグ優勝を決めた。


セ・リーグは二年連続で巨人がペナントレースを制した。

プレーオフから一週間後の十月二十二日、七七年日本シリーズは西宮球場で始まった。開幕戦は先発・山田が6安打2失点完投。7－2で阪急が先勝する。二十三日の第二戦も足立が被安打7、116球の完封劇。3－0で連勝する。

第三戦は二十五日、後楽園球場に移る。山口は1－0の五回裏、二番手としてシリーズ初登板する。一死後、王に右越え2ランを許す。九回、島谷に左越え本塁打が飛び出し2－2。延長十二回一死一、二塁で山口は七番・河埜と対戦する。それまでの結果は空振り三振、死球、右飛。投げ勝っていた。カーブ3球で2ストライク1ボールにした4球目、内角を狙った直球が真ん中に入り、左越えのサヨナラ3ラン。2－5で阪急は敗北する。日本シリーズの時間切れ規定となる四時間三十分にあと八分だった。7回⅓7安打5失点で敗戦投手になった山口は、取材陣を前に正念場での制球不足を嘆いた。

「救援は予定通りだった。真っ直ぐが甘いコースに入ってしまった」

巨人の末次は先発した柳田に代わり、八回に代打として山口と対戦した。末次にとって七七年は現役最後のシリーズになる。春のオープン戦前練習で打球を左目に受け、後遺症で視界が狭くなり、このオフで引退を決意する。この日は2打数無安打、1犠打。前年の七六年シリーズでの山口との対戦は一回。二塁打を放った。山口との二回のシリーズの対戦成績は3打数1安打（打率・333）、1犠打になる。

末次に残る山口の記憶は大きい。

「私がプロで対戦した中では一番速い。村山さんや江夏もいたけれど、最速だったね」

二十六日の第四戦は1－2の九回に潮目が変わる。阪急は二死無走者から藤井栄治が四球を選ぶ。代走の簑田浩二が二盗。中沢の代打・高井が巨人四人目・浅野啓司から左前打を放つ。一気に本塁を突いた簑田は絶妙のベースタッチで生還する。その後、六回からリリーフ登板していた山田の適時右中間二塁打などで5－2と勝負を決めた。阪急は3勝1敗。三年連続の日本一に「あと1勝」と迫った。

第五戦は翌二十七日、阪急は佐藤義則、巨人は前日、三番手で1イニングを投げた新浦が先発した。阪急は1－2の六回一死一塁で加藤秀がライトスタンドに2ラン。3－2と逆転成功後、七回にさらに3点を追加する。6－3の八回から山田が連投。阪急を三年連続の日本一に導いた。

山田は2勝1セーブでシリーズMVPを獲得した。16勝10敗7セーブだったシーズンでも二年連続でMVP。ダブル受賞となる。防御率2・28でシーズン最優秀防御率投手にもなった。

「巨人を連破して、阪急の選手たちは、俺たちは強い、と本当に思ったはず。プロのチーム、強いチームになった。あんなチーム、今はないね。巨人のV9時代に匹敵すると思う。自分たちはそれにずいぶんと貢献したけれどね」

吉田は捕手として全五戦に先発した。第三戦での後輩・山口との対戦は中飛、左前打、投ゴロだった。3打数1安打で打率・333。二年間のシリーズ通算は7打数1安打3三振1四球。打率・142と抑えられた。

「阪急は山口を含めてチームとして脂が乗り切っていた。一番強い時期だったと思うよ。福本は絶好調。追い込まれてからのレフト打ちがうまかった。山田もよかった。簑田も出て来た」

吉田はさらに七年現役を続け、八四年オフに引退する。巨人二十年で954試合出場。476安打、打率・235を残した。

二年連続のシリーズ対戦を経て、巨人ですらその強さを認めるチームに阪急はなった。

末次はV9の巨人とV3の阪急を比較する。

「強さ自体はV9の巨人の方があったたね。ONをはじめ圧倒的な打力があった。前後の打者も機能していた。ただし、阪急の投手陣はすごかったね。スタッフが揃っていた」

阪急の七五～七七年の打線は三番・マルカーノだったが、四番は長池、加藤秀、島谷と変わった。三番・長嶋、四番・王の巨人のように固定できなかった分だけ迫力を欠いた。その点、投手陣は足立、山田、山口と盤石だった。白石、V3時には稲葉、佐藤義らもいた。

山口は入団以来三年すべてで日本一になった。ただ、七五、七六年の5登板と比べると七七年シリーズは第三戦の1登板のみ。山口自身がシーズン終盤に調子を崩していた。具体的なケガや病気ではなかったが、プロ三年目の疲労が抜けなかった。

「マウンドにいなかったのはシーズンが終わって調子がよくなかった、ということ。他に調子のいい人間がおった。まあそれでも三連覇する常勝軍団になれてうれしかったわね。活躍できなかった、という感覚はない。調子の良い、悪いはあっても全体では納得しとった」

七八年、好リリーフを見せ観衆に応える山口と上田監督。同年、山口はアクシデントに見舞われる

八　引退

突然の激痛

七八年を迎えた。山口にとってはプロ四年目である。二十八歳になった。

前期は四月一日開幕。山口は4－3と勝った三日の南海三回戦の九回にシーズン初登板する。1回を無安打無失点。10球で初セーブを挙げた。五日の近鉄二回戦（西宮）には中一日でシーズン初先発する。近鉄はエース・鈴木が登場。投げ合いに注目が集まったが、鈴木は初回、四番・島谷に3ランなど連続本塁打を浴び、4失点で早々と降板した。試合は結局9－2。山口は完投でシーズン初勝利を挙げた。報道陣には笑顔だった。

「四回の失点は鈴木さんが早く降板して気が緩んだ。今日はストレートに力があった。カーブ、スライダー、チェンジアップなど変化球をうまく使えた」

プロ四年目はスライダーやチェンジアップなど変化球の数も増えていた。

前年の日本シリーズでの不調からは抜け出している。

五日の先発後、山口は四年目で初めて抑え中心のリリーフに固定される。昨年、佐藤義が山口に続く球団二人目の新人王に輝いた。日大から七六年ドラフト1位で入団した右腕は7勝3敗1セーブ。佐藤義や今井ら若手先発陣が成長、兼務の必要がなくなった。上田は説明する。

「タカシは信頼できる。あの位置に置くとこちらが安心して見ておれた。代わりをやれるのは山田くらいのもの。山田には山田の仕事がある」

山口に先発調整は不要になった。肉体、精神的に楽になったはずだが、そうは考えない。

「最初の四年間はポジションのことなんか考えへんかったな。投げさせてもらえるならどこでもええ、という感じやった」

十日の日本ハム四回戦（後楽園）では六連続奪三振で二連勝とする。3－3の七回二死一、二塁から先発・白石をリリーフ。先頭の二番・中村国昭にこそ四球を与えたが、ジーン・ロックレア、ボビー・ミッチェル、村井英司、柏原純一、千藤三樹男、岡持和彦ら主軸から三振を奪う。六九年に首位打者を獲った永淵洋三に右飛にされ七連続を逃したが、圧巻だった。2回⅓を無安打無失点。阪急は八回、マルカーノの適時右越え三塁打などで2点を加える。山口は珍しく悔しさを出した。

「オレとしては七連続を狙ったんやけどなあ。永淵さんにストレートを打たれてしもうた」

プロ野球、そしてリーグ記録の一試合連続奪三振数は9。現役時代254勝を挙げたコーチの梶本が五七年に作った。その記録には及ばなかったが、受けた中沢は報道陣に「すごいボールがきていた」と讃えている。

六月十八日、阪急は前期優勝を決める。57試合目での38勝Vは2シーズン制最短記録になった。最終的には65戦44勝20敗1分。勝率・688となり二位の近鉄に9ゲーム差をつける。

山口の黒星は五月二十八日の南海戦（出雲）のみ。前期は7勝1敗8セーブ。

後期に入っていた七月十七日、阪急にアクシデントが起こる。

上田が倒れる。医師の診断は無菌性髄膜炎。高熱が数日続き、下がったと思うとまた上がる状態が続いた。原因は疲労による免疫力低下。上田は休養に入り、二軍監督の西村正夫が監督代理になる。上田が復帰するのは八月二十五日。入院生活は三十六日に及んだ。

七月二十二日から第28回オールスターゲームが始まる。山口は四年連続で出場し、二十五日の第三戦（後楽園）に五番手登板する。七、八回の2イニングを投げ2安打2失点。八回、掛布雅之（阪神）にはオールスター記録となる三打席連続本塁打の三本目を喫した。

「カケ（掛布）は二打席連続でストレートを打っとったんでカーブを投げた。そうしたら『待ってました』とばかりに打たれたな。今でもその話になる。オールスターやからストレートを投げなかった後悔はあらへん。お祭りで遊んどった。その時は出るのが普通の感覚やった」


七月二十九日に後期は再開される。山口は三十日、札幌円山球場であった日本ハムとのダブルヘッダー（六、七回戦）に二試合ともに登板。1勝1セーブを記録して、連勝（13－6、3－1）に一役を買う。六回戦では9－6の七回から登板し3回を無安打無失点。先発・今井が五回を持たずに降板したため、シーズン10勝目が手に入った。七回戦では先発・佐藤義をリリーフして、2－1の七回途中から登板。2回2/3を1安打無失点。シーズン10セーブ目を記録した。勝ち星はプロ入りから四年連続、セーブは二年連続で2ケタに届かせた。

「一日二敗もあったから、そうなることもあるわなあ」

山口はプロ一年目の七五年八月二十四日、太平洋とのダブルヘッダーで抑え、先発として一日二敗。三年経って逆の結果を出す。

八月、山口は自己最多となる月間11登板を記録する。月間成績は3勝2敗3セーブ。二十七日のクラウン十二回戦（西宮）では13勝目を挙げ、シーズン自己最多勝利を記録する。3－3の九回から稲葉をリリーフ。延長十一回、マルカーノがサヨナラ3ランを放ったため、2回1/3を1安打無失点の山口に勝ちがついた。阪急は九月二十七日、ロッテ十二回戦（川崎）に4－1で勝ち、後期優勝を決める。リーグ初の四連覇で完全優勝は二年ぶり二回目だった。

山口の後期は6勝3敗6セーブ。シーズン成績は42登板、13勝4敗14セーブとなった。投球回数はリリーフ専念のため前年の179回2/3から50イニング以上少ない122回2/3になる。肉体的疲労は減り、負け数は昨年より8も減った。自責点38、防御率2・79とプロ四年目で最高をマークする。さらに、救援勝利12、セーブ14を足したセーブポイントは26となり、創設二年目の最優秀救援投手賞を手にする。

「やってきたことが賞という形になってうれしかったわな。せやけど、逆転してもらった試合がいくつかあったんで野手の人らに感謝しないといかん、とも思った」

初代の七七年最優秀救援投手は江夏。4勝2敗19セーブで22セーブポイント（救援勝利3、セーブ19）を挙げた左腕は話す。

「タカシを筆頭に今は岩瀬がいる。高津や変則だが角もいた。この賞のお蔭でたくさんの人がスポットライトを浴び、いい思いができた。当時、ピッチャーは完投してなんぼ。リリーフは落ちこぼれという評価だった。人のふんどしで相撲を取る感じだな。でも、この賞ができて、先発に勝ち星をつけてやることができるようになった。リリーフとしては最高の喜びだよな」

中日の現役ストッパー、岩瀬仁紀《ひとき》は、一三年シーズン終了時に53勝41敗382セーブ。セーブ数は日本プロ野球記録を更新中だ。高津臣吾は九〇〜〇〇年前半を中心にヤクルトやシカゴ・ホワイトソックスなどで日米通算44勝52敗313セーブ。サイド左腕、角盈男《すみみつお》は八〇年代に巨人など三球団で38勝60敗99セーブを記録した。江夏自身はプロ十八年で206勝158敗193セーブ。山口は江夏とともに抑えとしての先駆者になった。

セ・リーグはヤクルトが制した。五〇年の球団創設以来、二十九年目での初優勝だった。

阪急の後期最終戦は九月二十八日。日本シリーズ初日は十月十四日とプレーオフがない分、日程的には半月の余裕があった。

その間、山口は大きなアクシデントに見舞われる。

十月上旬、神戸市北区にある有馬温泉で一泊二日の祝勝会が行われた。前夜は宴会があり、翌日にゴルフコンペがあった。ゴルフ場でティーグラウンドに降りる際、もう少し下に地面があると勘違いして右足を空踏みしてしまい、腰を痛める。山口自身は軽いぎっくり腰として上田にもトレーナーにも報告しなかった。数日後、シリーズ前練習が始まり、投手陣にもバッティングが加わる。当時のシリーズはDH制が採用されていなかった。福本の約1キロと重量があるバットを借り、ボールを打った瞬間、激痛が走る。腰痛を悪化させてしまう。

阪急にとって抑えの山口の戦線離脱のダメージは計り知れない。上田はチームに箝口令を敷き、ヤクルトに対する隠蔽工作のため練習にも参加させた。しかし、隠し通せるものではない。一、二戦とブルペンでカムフラージュのキャッチボールをしていたが三戦目からベンチを外れた。上田は選手登録を抹消した。

山口のシリーズ四年連続登板はなくなった。

剛速球の代償

日本シリーズ直前の大事な時期に腰痛を発症した山口。痛めた部位とそのピッチング・フォームには相関関係があった。

中日の四番だった谷沢は七五年のオープン戦での初対戦が印象に残る。

「山口君はアーム投げのような感じだった」

中日スカウトだった法元もアマチュア時代の視察で同じように思う。

アーム投げ（以下アーム）とは腕を真っ直ぐに伸ばして、円を描く投げ方である。折れ曲がらないロボットアームを使うピッチングマシンが想像しやすい。日本人に多い体重移動より、上半身をはじめ体の強さで投げるため、パワーピッチングと言われ外国人によく見られる。

山口はテイクバック時、腕を曲げているので完全なアームではない。そこに通常では見られない体の上下動が加わる。しかし、体前面しか見えないバッターは、サークルに添って一直線に腕を使うアームに映った。


現役、育成、採用とプロ球界の現場におけるすべてを経験した堀井恒雄は山口の腰痛の理由を説明する。

「山口さんは円運動のアームに、プラスして普通の人にはない肉体の強さからくる上半身の折り曲げがありました。その中心は腰に来ます。イメージしやすいのはドアの蝶つがいですね。だから長年そのフォームで投げ続けていれば、そこが傷んでくる可能性が高い」

五八年生まれの堀井は183センチの大型右腕。京都・大谷高校、大商大を経由して、八〇年ドラフト2位で大洋に入団した。移籍したロッテも含めプロ1年で中継ぎとして168登板、15勝17敗2セーブ。引退してから十一年間はロッテ、横浜で投手コーチをする。横浜ではスカウトを振り出しに、ドラフトや外国人も含めた編成全体を統括する編成部専任部長もつとめている。

堀井は中学二年の時に関大四年、全盛期の山口を西京極球場で初めて見る。

「速さや威力を見て、とても人間の投げるボールとは思えなかったですね」

バックネット裏に座った人間には山口が投げ終えた後、背番号14が見えた。普通の投手には起こりえない現象だった。山口はアーム気味の腕の振りに、「ギッコンバッタン」と形容されたおじぎのような動作を加え、球威や球速を増していた。よく使われた表現は「暴れる」。そのパワーみなぎる激しいアクションはデイリースポーツ記者、平井に「地面に指を突いた」との憶測を呼び起こさせた。

投球時の衝撃はピッチングの軸となる腰に集中。高校、大学、社会人の九年を含めた大きな勤続疲労はプロ四年目に爆発する。

堀井はアーム気味だった山口の長所を示す。

「腕を上から思い切って振る分、私がビビった強烈なボールが投げられるのです」

そしてその投げ方になった理由を解説する。

「山口さんは角度をつけようとした。平地で身長160センチと200センチの者がボールを投げた時、軌道を大雑把に言えば、前者は平行、後者は上から下になります。下から上へのアッパースイングは重力に逆らうから、よりパワーを必要とする。結果的に難しい打ち方になります。山口さんの身長で角度をつけようと思ったら、アームに近い投げ方にならざるを得なかった」

アームは山口のボールに打ちにくさを付加させる。

ただし制球には影響が出る。堀井は続ける。

「アームは円運動。だからボールをリリースしてストライクを取れるポイントは、極論したら一点になるんですよ。当然コントロールは悪くなる、と言うより、ならざるを得ない。そこ以外で放せば、ボールは上下してバラバラになる。普通の腕をたたんで投げる楕円運動にすれば、若干の高さのずれはあるもののリリースポイントはいくつかできてきますよね」

山口の制球の悪さは、コントロールピッチャーだった足立の四年間と比べるとよく分かる。山口の一年目、七五年からと足立の年間投球回数200を上回った六三年からの対比では、足立の四球数は山口のほぼ1/2〜1/3である。また三振に対する四球の割合は、足立は1/3〜1/4くらいだが、山口はほぼ1/2、プロ四年目は1/2以上になっている。

【山口高志】
七五年　三振149　四球75　イニング203
七六年　三振152　四球91　イニング197
七七年　三振151　四球85　イニング179
七八年　三振95　四球60　イニング122（リリーフ固定）
【足立光宏】
六三年　三振121　四球31　イニング200
六四年　三振125　四球37　イニング236
六五年　三振104　四球35　イニング171
六六年　三振158　四球49　イニング270　※1回未満の数字は切り捨て

堀井はその数字を認識したうえで山口を擁護する。

「アームでフォアボールは付き物。しょうがない。でも、三振は三つでチェンジになるが、フォアボールは四つ出さないと点数にならない。四球と三振の繰り返しなら、先に3アウトになり、得点はされません。打たせて取るピッチャーがフォアボール連発はダメだけど、山口さんのようにボールに威力があって、三振を取れるならこれでいいんですよ」

その上でアームの難しさを口にする。

「リリースポイントを定めるには前に出す足を突っ張って、腰の位置を一定にする。それで法則性のある連動を作ります。ただし、その連動を維持するには相当なパワーがいる。腕、肩など上半身の筋肉はもちろん、円運動の中心の腰やお尻を支える腹筋や背筋も重要になってきます」

阪急のエース・山田は堀井の言葉を裏付ける。

「タカシの遠投はすごかったね。なかなかボールが落ちてこない。地肩が強い証拠。風呂に入って裸を見てびっくりしたよ。逆三角形の体型。おしり、背筋、ふくらはぎの筋肉の盛り上がりは強烈よ。ピッチャーの体とは違う。投げ込んで自分で作り上げた体だったよね」

堀井はまとめる。

「山口さんは真ん中に強いボールを投げたら打たれない、ということだけを考えていたはずですよ。ピッチャーとして何をメインに据えるのか。山口さんはコントロールより、角度や速さや勢いを取った。自分の考えを突き詰め、行動に移した人だったと思います。どっちにしろ、体の強さがいる山口さんの投げ方は普通の人には真似できません。だから天才なんです」

対戦した打者が口をそろえる「高めが多かった」のは、ストライクを取るために中央を狙ったボールすべてがホップ、浮かび上がっていたからにほかならない。

その代償は腰にくる。

黄金時代の終焉

山口、阪急の悲嘆に関係なく十月十四日、後楽園球場で監督・広岡達朗率いるヤクルトとの七八年日本シリーズが開幕する。本拠地、神宮球場は東京六大学などの学生野球開催と重なり、折り合いがつかなかった。

3勝3敗で迎えた第七戦、いまでも語り継がれる事件が起きる。0－1の六回一死走者なし、ヤクルト四番の大杉勝男が1ストライク1ボールからシュートを強振する。打球は左翼ポール上部を通過。二階ジャンボスタンドに落下した。レフト線審の富沢宏哉はホームランを宣告する。上田はベンチを飛び出し、「ファウルだ！」と猛抗議。選手をベンチに引き揚げさせる。球団オーナー代行・山口興一やコミッショナー・金子鋭もグラウンドに出て、試合続行への説得にあたった。結局、シリーズ最長中断時間、一時間十九分を経て試合は再開される。

判定は覆らない。阪急にはさらに災難が降りかかる。長い中断で足立は肩が冷え、登板不能になった。リリーフに備えていた山田も状況は同じだった。

「コーチに『行ってくれ』と言われたけれど、『行けません。松本、お前が行け』と答えたんだね。体が冷え切っていた。キャッチボールして休んで、またキャッチボールして、そして中断。申し訳ないけど、勘弁してくれ、という感じだった」

マウンドに上がったのは七七年ドラフト1位で東洋大姫路から入団した松本正志だった。この状況を十九歳の新人左腕に任せるのは酷だった。大杉の次打者、五番のチャーリー・マニエルに左越え本塁打される。0－3。八回にも一点を追加され、0－4で敗北。阪急は四年連続日本一を逃した。

勝負に「たら、れば」は禁物だが、山口の不在を惜しむ声は多い。遊撃の大橋は振り返る。

「タカシがケガしてなかったら、四勝一敗で日本一になってるよ。四戦目は『雄太郎行け、頑張れ』じゃなくて、ヒルトンにタカシをぶつけてる。そうしたら抑えてるよね」

第四戦は5－4の九回二死一塁から中二日で先発させた今井を続投させ、ヒルトンの決勝2ランを浴びた。山田をブルペン待機させながら上田は交代を迷う。山口がいれば、最優秀救援投手投入は間違いなかった。3勝1敗にすれば、第五戦も本拠地・西宮。流れはシリーズ初出場のヤクルトから阪急に完全に変わっていた可能性は高い。上田は言う。

「タカシがおれば勝ってる。ヒルトンのホームランなんか考えられん。日本シリーズはペナントレースの縮図。悪いところが出る。このシリーズがそうだった」

ペナントレースに山口はいた。シリーズ前に消える。そしてチームはウィーク・ポイントをさらけだす。最も信頼できる抑えの不在は阪急から四連覇を奪った。

翌二十三日、傷心しながら大阪に戻った上田はオーナーの森、球団社長の溪間《たにま》秀典にその日のうちに辞任を伝えた。病による長期の離脱、日本シリーズの中断、さらにはV逸の責任を取った。上田は後任に梶本隆夫を推薦。阪急で254勝を挙げ、コーチ五年目だった梶本は「私はトップに立つ人間ではない」と固辞したが、球団や上田の説得により話を受けた。

上田は七四年から監督在任五年で日本シリーズ優勝三回（七五～七七年）、リーグ優勝四回（七五～七八年）、二位一回（七四年）と輝かしい実績を残した。上田の退団と同時に球団社長も溪間から阪急電鉄東京支社長の岡田栄に交代する。阪急の一時代が終わりを告げた。

衰えていった球威

七九年、山口にとってプロ五年目を迎える。腰は容易に完治しなかった。洋の東西を問わず、人づてに「よい」と聞いた治療は、中国針やカイロプラクティックなど何でも取り入れた。気を送ってもらったり、呪文を唱える宗教的なものも片手ほど試した。訪れた病院や治療院は約二十。日本一円に広がった。時間の経過とともに痛みはおさまり生活に影響はなくなる。しかし、ピッチング時の腰の感覚は戻ってこない。

腰痛前との違いを説明するのに、山口は胸の前で間隔を取った両手を倍くらいに広げた。

「ピッチングはおかしいままやった。腰を切るのにこれくらいやったのが、こんなになった。腰が入れ替わる、回転する時にキレの悪さが残るんや。音で例えるなら『ばん』が『ばーん』って間延びする。自分では同じ形で放ってる。でも腕の速さ、強さが微妙に悪なってた」

力は腰を源に手に伝わる。その根本の違和感はこれまでの投げ下ろしを奪い、山口のピッチングを崩してしまう。

初登板は前期開幕から三試合目の四月十日、昨年十月にクラウンライターから球団譲渡を受けた西武との一回戦（西宮）だった。2回⅔を1安打無失点。試合は4－2で阪急が勝ち、山口はシーズン初セーブを挙げた。

その後、五月十二日、埼玉・西武球場で行われた西武八回戦を最後に、山口は一軍選手登録を抹消され二軍に落ちる。腰の状態が思わしくなかった。再び一軍のマウンドに上がるのは八十八日後。八月八日の日本ハム後期四回戦（西京極）だった。山口はプロ五年目で最長の戦線離脱を経験する。オールスター戦にも不選出。入団した七五年から続いた連続出場は4で途切れた。阪急は前期、首位・近鉄に1

ゲーム差の二位。39勝21敗5分だった。

八月十七日の近鉄六回戦（西宮）ではシーズン初白星をマークする。2－2の六回一死一、二塁で先発・白石をリリーフ。打線が6得点し勝ち星が転がり込んだ。2回2/3 2安打無失点。勝利は七八年八月二十七日のクラウン後期十二回戦（西宮、6－3）以来約一年ぶりだった。山口は報道陣の取材に照れ笑いを浮かべながら答えている。

「勝利はずいぶん前のことなので覚えていない。勝ち方もピンと来ない」

しかし、九月一日の西武六回戦（福井）での中継ぎを最後に、首を捻挫したこともあって再び二軍落ち。三十二日間、一軍マウンドから遠ざかった。

阪急は後期優勝を飾る。36勝23敗6分。二位・近鉄とは2ゲーム差だった。

プレーオフは十月十三日に大阪球場で始まった。近鉄本拠地の日生球場はプレーオフに必要な三万人の収容能力はなく、藤井寺球場はナイター設備がなかった。

阪急は1－5で第一戦を落とす。翌日の第二戦、山口の不調が世間に広まる。1－2の五回一死一、二塁で先発・白石の後を受けて二番手登板。六番・有田修三に1ストライクから高め直球を左中間3ランされ、点差を広げられる。4－5と追い上げた八回には一番・平野光泰に左中間2ランを浴び、マウンドを永本裕章に譲った。3回5安打5失点（自責点3）。入団して五年、重要な試合で打ち込まれての交代はこれまでほとんどない。7点差を逆転された七六年の巨人との日本シリーズ第六戦くらいだった。二本のサク越えはクリーンアップの強打者に打たれたものではなく、非力な右打者に完璧に捉えられ、レフト方向に引っ張られた。山口の衰えは明らかだった。最終スコアは4－7。黒星こそ先発・白石についたが、救援失敗で阪急は二連敗と後がなくなる。報道陣の取材には「ボソボソ」と答える。

「八回は1点差になり大事に行き過ぎた。調子は七、八分くらい……」

翌十五日の大阪スポーツニッポンは「救援山口　火に油」、「崩れたタカシ神話」と見出しをつけ、その凋落ぶりを報道した。

西宮球場に移った十六日の第三戦は延長十回、1－2で敗れる。阪急は三タテされリーグ五連覇の夢を断たれた。近鉄はリーグ初優勝。山口のリリーフ失敗はそのままプレーオフ敗退に直結した。

山口の七九年成績は二度の離脱があったため、過去四年に比べて大きく落ち込む。登板は最多の七七、七八年の42と比べると、⅓に近い16。1勝0敗6セーブ。32イニングで自責点は7、防御率は1・97になる。登板内訳は先発0、中継ぎ

3、抑え13だった。

八〇年、山口はプロ六年目を迎える。開幕を一軍で迎えながら、五月二十八日のロッテ前期十一回戦（川崎）まで約二ヵ月間で四試合に登板して2セーブを挙げたのみ。二軍落ちもあった。

そのロッテ戦では日本プロ野球史上初の３０００本安打達成に「あと1」と迫った「安打製造機」の張本勲と対戦する。

四〇年生まれの張本は左打ちの外野手として浪商から五八年に東映に入団。新人王になり、首位打者には七回就いた。七六年から巨人、この年からロッテに在籍。四十歳のシーズンだった。

山口は関口朋幸の後を受け三番手登板。六回一死二塁で張本と対戦する。初球のシュートが甘く真ん中高めに入る。張本はそのボールを見逃さずフルスイング。打球は一直線にライトスタンドに飛び込んだ。

張本は直球だけに狙いを絞っていた。

「山口君は球界を代表する速球派ピッチャー。高めのボールは特に速かった。私はヤマを張ったり、読んだりするバッターじゃなかったが、あの時はもう大ベテラン。追い込まれたらあのストレートは打てません。だから100パーセント読みました。1、2、3で振ったら見事に当たった。見逃したらボールだったかもしれないね。ホームランはたまたま。でも詰まってでもなんでもいい。ヒットのランプがつけばよかった。本拠地で達成したかったですからね」

　福本はセンターで打球の行方を見送る。

「オレが守っている時に、タカシが完璧にやられたのはハリさん（張本）の3000本だけや。ハリさんはストレート一本に絞ってたはずや。他にタカシが『ガツン』といかれた記憶はない」

　山口はストレートではなくシュートを投げていた。

「自分の思い通りに曲がらんかった。張本さんは曲げる意思を感じてないやろな。この頃は全盛期のスピードやない。だから必死やった。変化球は何でも投げてる。キャッチャーは若い笹本。マウンドに来て『何投げましょう？』と聞いてきた。ストレートが走ってたら笹本もこん。オレの中では、シュートを当てさせてレフトフライのイメージやった」

　笹本信二は山口より二歳下の五二年生まれ。阪神、阪急、巨人の三球団に在籍。阪急では八〇年の79試合出場が最高で、中沢、河村に比べ、年齢も若く経験も少なく、投手寄りのリードになった。

それでも山口に後悔はない。

「打たれて納得はしとった。イチローのヒットが増えて行った時に、テレビによく張本さんの3000本のビデオが流れた。当然オレも映ってる。それはそれでありがたい」

イチローはシアトル・マリナーズ在籍時の二〇〇八年七月三十日、テキサス・レンジャーズ戦でルイス・メンドーサから左前打を放ち、張本に次ぎ二人目の3000本安打（日米通算）に到達する。その前後には最初に大台に乗せた張本の映像がテレビをにぎわせた。山口は視聴者が自分を思い出す機会を作ってくれた出来事を悪くはとっていない。

張本は日本ハム、巨人、ロッテなどでの山口との対戦を踏まえて評する。

「もう一ついい球種、フォークかスライダーを持っていればものすごいピッチャーになっていたと思いますよ。200勝はできたんじゃあないかな」

山口は張本との対戦後、左アキレス腱痛で二軍落ちする。一軍登板は三十四日間なかった。

阪急は前期、優勝したロッテにゲーム差6・5をつけられ四位に沈んだ。

山口は七月三十一日、西武四回戦（西武）でシーズン初勝利をマークする。七九年八月十七日の近鉄後期六回戦以来約一年ぶり。4－4の七回から3イニングを2安打無失点。九回、中沢が決勝ソロを放ち白星が手に入った。これが八〇年唯一の勝ち星になる。

山口の八〇年成績は17登板、1勝3敗3セーブ。28イニングで自責点は16、防御率は5・14になる。登板内訳は先発1、中継ぎ4、抑え12だった。

阪急は後期五位。首位・近鉄に6・5ゲーム差をつけられた。

阪急は七三年からの二シーズン制導入八年目で初めて優勝にからめなかった。監督二年目の梶本は辞任。十一月十日、球団は上田利治の再任を発表する。梶本はヘッド兼投手コーチになる。さらに足立が現役引退。二軍投手コーチについた。五九年の入団以来、阪急一筋二十二年で187勝153敗3セーブを残した。

V3を達成した上田が三年ぶりに阪急に戻る。八一年は第二期政権一年目になった。

プロ七年目の山口は開幕一軍だった。登板三試合目となった四月二十七日の西武前期六回戦（西宮）で五回から登板。5回9安打7失点と荒れた。3－13の敗戦に黒星こそ先発の永本についたが、山口は二軍行きを命じられる。その後、再昇格はなかった。山口は入団以来初めてペナントレースの大半を二軍で過ごした。八一年成績は登板3、0勝0敗0セーブ。プロ七年目で初めて勝ち星、セーブともになし。9イニングで自責点11、防御率11・00と過去最悪だった。

阪急は前期三位、後期は二位に終わる。二年連続でプレーオフ進出を果たせなかった。

「太く短くでいい」

八二年、山口はプロ八年目を迎える。三十二歳になっていた。

西宮球場では三月二十九日、総工費十一億円をかけた電光式新スコアボードが完成する。コンピューター制御の大型カラー映像装置「アストロビジョン」が併設。七五年、初の日本一の画像がスタジアムに鮮やかに再現された。山口が主戦として輝きに満ちていた頃である。

山口は開幕一軍でスタートした。シーズン初勝利は二回目登板となった五月二十三日、島根県出雲市の浜山球場で行われたロッテ前期九回戦だった。三回から三番手登板した。5回⅓を2安打2失点。九回は抑えに回った佐藤義が零封して、6－5の逆転勝ち。山口にとって白星は約一年十ヵ月ぶりだった。最後に勝ったのは八〇年七月三十一日、西武後期四回戦（西武、5－4）だった。この勝利で山口はプロ通算50勝を達成した。

佐藤義からウィニングボールを受けとり、報道陣の取材に応える山口の目は潤み、唇は震えた。喜びや苦しみが複雑に混じり合った。試合後、先発した今井らが節目の勝利を祝ってくれる。

「旅館の下駄をつっかけて近所のスナックに飲みに行った。大酒飲みの今井はボトル二本空けとった。次の日は休み移動だったから気兼ねなし。久しぶりに勝てたから面白かったなあ」

よろこびの一戦を経て、野球人生最大の決断を下す試合がやってくる。

九月三日、西宮球場で行われた西武十一回戦だった。後期三回目登板は九回、四番手。わずか1イニングに5安打2四球7失点した。最終スコアは3－16。目を覆う結果だった。失点16は八二年のチーム最多になった。

山口はマウンドの上で引退を決める。

「ボコボコやった。アンパイヤーにまで励まされた。打たれてホームにベースカバーに行った時に『もうちょっと頑張れ』と。もう限界。辞めようと思ったな」

審判にまで憐みをかけられたのがつらかった。試合後、夙川と西宮北口の間の阪急高架下にあった行きつけのスナックから親しい人間に電話で現役引退を決めたことを報告する。最初にダイヤルしたのは父・達三だった。

山口が引退を決めた八二年、阪急は前期二位、後期五位。最終順位は四位に終わる。

直近の二年を振り返ると、入団当時の山口では考えられない低い数字があった。

年	登板	勝利	敗北	セーブ	投球回数	自責点	防御率
八一	3	0	0	0	9	11	11・00
八二	8	1	1	0	15	17	10・20

10点台の防御率はプロの投手とはいえなかった。

山口は前年の八一年シーズン終了後、上田から引退勧告を受けている。

「移籍するか？　もしプロとしての闘争心を失くしているのなら、ユニフォームを脱げ。自分の名前を大切にするのも一つの生き方だ」

上田にとって三年ぶりに現場で確かめた山口のピッチングは全盛期からほど遠か

った。見るに忍びない。親心で言葉を発した。

山口はコーチの梶本に相談する。自宅を訪れた山口に梶本は所有している日本刀を出し、おもむろに鞘を払った。二つ折りにした和紙を切る。意図が分からなかった。迫力に押され何も聞けない。梶本邸を辞去して思う。

「もう少し現役を続ける気になった。日本刀は怖いけど、野球をしていても切られて殺される訳やない。たとえ打たれてもそれはない。あとちょっとやろう、と思ったな」

トレードは考えなかった。阪急への愛着もあったが、それだけではない。

「問題は仕事場じゃあない。元気でおって働き場所を探しているんやない。力の問題。環境を変えて片付くことやないわな」

答えを一年先延ばしにしたが、復活はかなわなかった。

福本は四年前の腰痛を予感していた。山口の入団三年目、七七年だった。

「タカシ、そんなフォームやったら体がもたん。必ずケガするぞ」

「フクさん、ありがとうございます。でも自分は太く短くでいいです」

「アホか、プロは長くや」

福本は山口にいずれ訪れる最後をケガがもたらすであろうことを悟っていた。
「言うた通りになった。ギッコンバッタンの影響で腰がパンクした。ハードな投げ方やからそうなる。ええ時期はたった四年。もったいなかったなあ」
引退を惜しんだ。

山口は酒好きだった。「アルコールが選手寿命を縮めた」と話す関係者も多い。当時は野球もできて、酒も浴びるほど飲める選手が「男らしい」ともてはやされたりもした。

選手寿命における酒の影響の有無は、はっきりとは結論付けられていない。飲酒すれば筋痙攣《けいれん》が起こる。

アルコールは体外排出時に水分を伴うために脱水症状に陥りやすくなる。脱水が起これば、細胞の浸透圧を調整し、筋肉、神経細胞の働きに関わる電解質（イオン）が消失。筋肉は柔軟性を失くし、硬くなる。結果、肉離れやこむら返りなどになる可能性が高まる。しかし、飲酒の当日や翌日、適切な水分と電解質補給ができれば筋痙攣の回避にはなる。

重要なのは、山口はアルコールを分解する肝臓の強さを父・達三から受け継いでいたことだ。肝機能の強弱は体のサイズではなく遺伝によって決まる。肝臓が体内の酒精を早く分解できれば、酔いにくいし、体内残留量も少なく、筋痙攣にはつながりにくい。達三は九十歳を超えても出身地、薩摩の芋焼酎「さつまおはら」を愛飲。二日で一升瓶を空にした。妹・英子が醸造元に電話をして、個人宅への配送サービスの有無を確認する。「二日で一升を売り切る居酒屋はそうはありません。よろこんで配送いたします」と返事があった。山口はその血を引いていた。

福本は飲酒の翌日、平然としていた山口を覚えている。

「オレが次の日に気分悪くて、ゲーゲーしてても、あいつはケロッとしとった」

山口の短い選手寿命は酒のせいではなく、腰を中心に長年の勤続疲労が原因だったと考える方が妥当である。

東尾修は五〇年生まれの同級生、そして同じ右腕だった山口の引退までの八年を眺める。

「プロは持ち味、特徴をどう生かすかよね。選手寿命の長さじゃあない」

東尾は六八年、和歌山県立箕島高校からドラフト1位で西鉄に入団した。八八年オフに引退するまで二十年間で697登板、251勝247敗23セーブ。最多勝2

回、最優秀防御率1回、シーズンMVP2回を獲る。九五〜〇一年の七年間、西武監督をつとめ、九七、九八年にはリーグ連覇した。山口と比べれば現役時代は長く、そして華やかだった。

高校時代、二人は同じ関西の学校に通いながら面識はない。

「あの頃は今みたいにネットや携帯はない。オレは田舎の学校だったたし、タカシとの距離は遠かったたな。よくは知らない。スピードも自分と同じくらいだったんじゃないかな。大学と社会人で速くなった印象があるね。プロはどういう形で成功するか分からないんだよ。高校からか、大学、社会人から入るのか。結果論で言えば、タカシはあれでよかったと思うよ」

同じようにドラフト1位でプロの世界に入りながら、東尾は山口の三倍近くの年月をプロの一流選手として過ごした。勝ち星は山口の五倍。それでも時間や成績に重きを置かない。

「タカシは早くに日本シリーズに出たよな。オレは三十歳過ぎまで出られなかったからね」

山口のシリーズ初出場は二十五歳の七五年、東尾は三十二歳の八二年。七年の差があった。

「選手寿命が長いとか短いは問題じゃない。プロで名前を残す人間は何か持っているんだよ。タカシは人にはないスピードがあった。150キロを超えるボールが投げられた。そりゃ、あの全身を使って、振り下ろす投げ方では肩、ヒジ、腰なんかに相当負担はかかるわね。選手寿命も短くなる。でもね、プロの世界で大切なのは自分の体の特徴や能力をいかに生かすかなんだ。タカシはめいっぱいやった。一回あのピッチングで花開いたからいいんだよ」

山口が示した生きざま

山口は腰を痛め、直球投手から変化球投手への切り替えを試みる。肉体的な負担を少なくして、もう一度開花しようとした。東尾の言葉とは裏腹に、あがいた。スライダーやシュートは覚えた。しかし、ストレートに代わるウィニング・ショットまでには至らない。

足立は二軍投手コーチとして、山口の最後の二年を見守った。自分の経験から「ピッチャーはコントロールと変化球でやれる」と言い続けた。

「タカシは変化球を覚えんのに抵抗を持っていた感じやった。私の話には『はい。はい』と返事はしとったけど、本気で覚える気はなかったな。タカシが引退して、同じコーチになって飲みに行った時に『言われたけど、しませんでした』と話していた。変化球一つ覚えれば、ケガさえ治れば勝てるピッチャーになれたのになあ、と思う」

足立から見ればその取り組みは甘かった。山口には言い分があった。

「入団から一年ごとに一種類球種を増やそうとした。でもモノにはならんかった。フォークはボールをうまく挟めんかった。人差し指内側の血管が切れて、内出血したこともあった。自分のフォームは変化球ピッチャーのそれじゃあない。必要な腕のしなり、ヒジや手首の柔らかさを持っとらん。背筋力、馬力で投げるパワーピッチャーやった」

東尾は速球派から技巧派へ転向する難しさを口にする。

「長く現役を続けたいと思っていても、なかなか変われないんだよね。そんな甘いもんじゃあない。オレが知ってる限り、本当にうまく転向できたのは、鈴木さんだけじゃあないか。でもあの人でも二年くらいは勝てなかったからね」

鈴木さんとは鈴木啓示。鈴木は近鉄入団二年目、六七年から速球を武器に五年連続して20勝以上を挙げていた。しかし、七二年に落ち込みが来て14勝。七三年は11

勝、七四年は12勝と三年連続で10勝程度になった。そのため、七四年から監督になった西本と投手コーチの杉浦忠とともに変化球を磨き、制球主体のピッチングに変えた。

杉浦は立大で長嶋茂雄、本屋敷錦吾とともに「三羽ガラス」と呼ばれ、五八年に南海に入団。七〇年オフに現役引退するまでプロ十三年で187勝を挙げた。

鈴木は自身のオーバースローとは違うアンダースローの理論を受け入れ、再び最多勝争いに加わる。22勝の七五年を含め、さらに十一年を現役で過ごしプロ通算317勝を挙げる。

そんな鈴木でも自己変革をするまで三年を要した。

「自分を変えるのは、ものすごく勇気がいる。そら、今まで信じた物を別の物にするんやから。だからアドバイスの時期や監督、コーチの熱意も必要なんや。自分一人ではなかなか難しい。西本さんはワシがプロ九年目で低迷していた時に監督になった。『変えんかい』と言うてきた。なにくそ、と抵抗はあったわ。でも、それでも変われたのは西本さんや杉浦さんの根気のお蔭やな。杉浦さんは力を入れっぱなしにするんやなく、抜くコツを伝授してくれた。『力で投げるんやったら相撲取り呼んで来い。力で打てるんやったらレスラー呼んで来い』とよう言うとった。大事なんはパワーやなくてタイミングや。力を長く使うんではなく、一瞬に集中する。抜いて入れる。入れっぱなしやったら肝心な時に力が入らん。リリース時にいかにポイントに集中するか。それを会得した。二人には素晴らしい指導を受けた」

鈴木は、「恩人」と話す杉浦や「オヤジ」と慕った西本の情熱に、自分の意識を融合させてスタイルを変えられた。

東尾はライバルとしてその変化を見ていた。

山口は鈴木になれなかった。

山口の周囲には、西本、杉浦のように変革に異常なまでの熱を放った指導者がいなかった。何よりも山口自身が最終的に変貌を望まなかった。

根底にあったのはストレートへの強いこだわりだ。真っ直ぐを捨てきれなかった。

「それでプロに入ったんや。それしかないやろ」

スタイルを変えてまで生きながらえたくはない。ボールを曲げたり、落としたり、力の限り投げ込まない姿を受け入れられなかった。「剛速球投手」とのみ呼ばれたかった。周囲には「惜しい」と映ったかもしれない。それでも自分自身は納得していた。

山口は一つの生きざまを示したのだ。


生涯成績はプロ八年で50勝43敗44セーブ。腰痛を発症する前の最初の四年間に限って言えば47勝35セーブを挙げている。787回を投げ、自責点は278。防御率3・18を残した。奪三振は600で、一試合の奪三振数を仮定する奪三振率は6・86だった。


担当スカウト・藤井は球団取締役の矢形に山口の活躍年数を四、五年と予見していた。

「藤井さんは『肩を酷使しているから短い年数しか働けない。でも必ず勝てる』と言っていた」

山口は言う。

「お世話になった藤井さんの言葉をまっとうできてよかった。それを一番に思うなあ」

三回の日本一、四回のリーグ優勝は山口なくしてはありえなかった。

その右腕で阪急の新しい歴史を築いたのだった。

現在は阪神の投手コーチを務める。右は藤浪晋太郎

九 継承

山口のコーチ論

八三年、現役引退した山口は足立の補佐をする二軍投手コーチになる。三十三歳だった。

山口と同時に大橋も現役をやめ、二軍守備・走塁コーチについた。プロ十四年で1372試合に出場し739安打、打率・210を残した。大橋は探究心旺盛な山口に接する。

「タカシは真面目で研究熱心だったね。『見ていてどう思いますか』と野手の自分にも聞いてくるんだよ。ピッチングについて話し合ったことが何回もあったね」

山口は普段はおとなしかったが、指導に食い違いがあると先輩であっても自説を曲げなかった。コーチを選手の将来に大きく影響を及ぼす仕事と考えていたからである。大橋は続ける。

「コーチ一年目のキャンプで同部屋だったのよ。外で夕食をとる約束をしていたが、タカシが戻ってこない。理由を聞けば新山さん（=隆史、一軍投手コーチ）と育成方針でもめたらしい。シャワーから出てきたら、顔にローションと間違えて髪用のリキッドを塗ってた。顔面はバリバリ。笑ってしまったよ。普段は冷静だが興奮すると戻らない。よっぽど腹が立ったんだろうなあ。あいつらしい。牽制のサインもこうならないようにしてあげるためだった」

大橋は牽制や守備隊形のボディーサインに関して、ありもしない体の部位を触ったりした。山口は怪訝な顔をしていたが、先輩なりに入れ込み過ぎるのを抑える意図があった。

八三年からペナントレースがプレーオフ付き一シーズン制になる。阪急は二位だった。

山口のコーチ一年目、八三年の年俸は六百万円だった（金額はすべて推定）。八二年まで現役八年間の年俸は、前半の四年において華々しい活躍をした割には大きく伸びなかった。最高はプロ五年目、七九年の一千五百万円。二〇一四年の日本プロ野球のトップは巨人・阿部慎之助の六億円である。信じられないほど低く抑えられていた要因は、商標、グッズビジネスなども含め、球団収入がまだきっちりと確立されていなかったことが大きい。それは阪急のみならず当時の球界全体の流れでもあった。山口はサラリーについて触れる。

「今とは時代がまったく違うわな。特に阪急はプロ五年目までの選手に対する査定は厳しかった。球団からは『五年を超えたら割り引かず100パーセントで考える』と言われたりしとった。まあ、あの頃は一千万円が野球選手の大台やったこともある。ヤマさん（山田）が20勝したのに現状維持やった年もあったしな」

入団一年目の七五年シーズンオフ、球団初の日本一、新人王受賞を引っ提げて臨んだ契約更改交渉は、六百万円からわずかに百万円増えただけ。七百万円だった。

山口は初の給料を決める話し合いを苦笑交じりに思い出す。

「あの時は球団にうまくやられた。最初に『新人王、シリーズMVP、おめでとう』と言われて、テーブルの上に現ナマで二百万円置かれた。『ありがとうございます』と受け取ってから、『これが来年の分ね』と契約書を見せられた。そうしたら百万円しか上がってなかった。せやけど、お金はもう懐に入れてしまっている。まあええわ、って感じになってしもた」

九四年、阪急から球団譲渡されたオリックスに所属していたイチローがブレイクする。プロ野球シーズン最多安打210（当時）の達成やシーズンMVPなどを獲得した。結果、九五年の年俸はそれまでの八百万円から八千万円になった。わずか一年で十倍に跳ね上がった。

その時、一軍投手コーチだった山口は、イチローとの契約交渉をする査定担当から、「イチローの給与決定の参考に」と自身の現役一年目から二年目の上昇率を問われた。「百万円だけ」と答え、二人で大笑いしたことを覚えている。

巨人を初めて倒し、日本シリーズ連覇した翌七七年は九百万円。シリーズ三連覇の翌七八年は一千百万円になり、プロ四年目で初めて一千万円の大台を突破した。七八年は腰痛でシリーズ不在だったとはいえ、最優秀救援投手賞受賞などもあって査定は良好。七九年は前年から四百万円増、自己最高の一千五百万円になった。入団時の2・5倍になる。

腰を痛めてからは減俸が続く。プロ五年目で通算48勝41セーブとした翌八〇年は一千三百万円。同年、チーム稼ぎ頭の山田はプロ十一年目、通算171勝33セーブで三千九百万円だった。山田ですら低かった。引退を決めた八二年、山口の年俸は九百万円にまで落ちた。三年で六百万円ダウン。ただ、上昇は鈍かった一方で、下降もそれに応じて緩やかだった。

現役選手としての生涯賃金は八千一百万円。平均は年一千万円ほどだった。当時のプロ野球選手としては平均以上の稼ぎはあった。

チーム首脳は主要選手より年俸は少ない。新人コーチは入団時と同額スタートになった。

山口がコーチ二年目の八四年、阪急は七八年以来六年ぶりにリーグ制覇をする。日本シリーズは九年ぶりに広島と対戦。七五年には4勝2分と負けなしで圧倒した。広島は七九、八〇年にシリーズ連覇を果たし、雪辱に燃えていた。

広島・衣笠は八四年の阪急とのシリーズに強い思い入れがある。

「すでに日本一に二回なっていたが、この時はどうしても勝ちたかったんだよね。前回一勝もできない屈辱が残っていたから」

広島は衣笠の意気込み通り4勝3敗で阪急を降し、四年ぶり三回目の日本一になった。借りは返す。しかし、衣笠の心にはわずかな陰りがあった。九年前、9打数1安打と封じ込まれた山口と勝負できなかった。

「ぜひとも対戦したかった。山口にもいてほしかったよね。自分には七五年に負けた悔しさだけが残っている」

球団創設五十周年を迎えた八五年、阪急は四位に落ちた。八六年は三位、八七年は二位、八八年は四位でシーズンを終える。

八八年オフの十月十九日、阪急電鉄がオリエント・リースへの球団売却を発表した。球団名は「オリックス・ブレーブス」に改称される。山口がコーチ六年目のことだった。そして阪急黄金期を支えた山田、福本が引退する。

同年十月一日には、南海の流通大手・ダイエーへの球団譲渡と本拠地の大阪から福岡への移転も発表された。

阪急はオリックス、南海はダイエーに保有企業が変わり、リーグは大きく様変わりする。

オリックス一年目の八九年、引き続き指揮を執った上田は山口を一軍に引き上げ、一人で投手陣を見させた。

開幕直後の四月十日、山口は凶報に接する。前年六月三日に生まれた次女・志鶴がわずか十ヵ月で多臓器不全で亡くなる。発熱で自宅近くの苦楽園の診療所に連れて行った後、容態が急変。西宮市内の総合病院に入院し、集中治療室に入ったが二度と自宅には戻らなかった。体調を崩してから五日間の短さだった。

「信じられへんかった。待望の第二子。しばらくは思い出しては涙ぐんでいた」

現実を受け入れるまではかなりの時間がかかった。十三歳になっていた長女・志織の悲しみは大きい。妹を失ったことに中学生ながら無力感を覚える。大学進学では薬学部を選ぶ。新薬を開発して妹のような突然死から乳幼児を守るためだった。薬剤師免許を取得後、現在は友人らと立ち上げた製薬会社の経営に参加している。

次女との突然の別れがあった八九年、チームは二位だった。

上田は二年連続二位になった九〇年オフに勇退する。二期十五年の阪急、オリックス監督でリーグ優勝五回、日本一に三回ついた。シリーズ三連覇を達成した監督は五人。巨人・水原茂、西鉄・三原脩、巨人・川上哲治、西武・森祇晶である。上田は「名将」と呼ばれた。九五〜九九年は日本ハム監督もつとめる。

上田の山口のコーチとしての評価は高かった。

「経験豊富で選手から信頼があった。しっかりと叱るところは叱って、褒めるところは褒めた。相手の身になって考えることが自然にできたねえ」

オリックスは九〇年、「ブレーブス」から「ブルーウェーブ」に名を変え、ホームグラウンドも西宮球場から神戸市須磨区にあるグリーンスタジアム神戸（現ほっともっとフィールド神戸）に移した。西宮球場は二〇〇四年に取り壊しが始まり、現在跡地は大型商業施設・西宮ガーデンズになっている。

監督勇退、呼び名、本拠地球場などの変更で阪急の色合いは薄れた。

九一年から九三年は現役時代に阪急に縁のなかった巨人ＯＢの土井正三が指揮を執った。土井は山口を残すも一軍投手コーチ二人制を採用。最初の二年はジム・コルボーン、九三年は米田哲也にメインを任せた。サブの山口は試合中ベンチには入らず、ブルペンで戦況を見守りリリーフの準備を指揮した。チームは三年連続して三位だった。

毎日がピクニックのよう

九四年は二位。監督は土井から仰木彬に替わった。三五年生まれの仰木は福岡県立東筑高校から西鉄に入団した。二塁手として十四年を過ごし引退。八八年から九二年までは近鉄監督をつとめ、五年間すべてＡクラス、八九年はリーグ優勝している。仰木は一軍投手コーチのメインに山田を据える。山口は兄貴分の山田とオリックス投手陣をまとめていく。

仰木は一年目の春季キャンプ後、山田と山口に指示を出した。

「一年間の先発ローテーションを作成せよ」

シーズン中にはケガや調子を落とす投手もある。予想は立てにくい。それでも二人は監督室のホワイトボードにローテを書き込む難しい作業をこなした。

「試合日、休日、対戦相手を書き込んで、先発五、六人を入れていく。得意、不得意チームも考えながら、途中で順番を入れ替えたりせなあかん。一ヵ月先くらいまでのローテは作ったことはあったけど、一年は初めてやった。手間はかかるし、先発の柱の五、六人が決まらんと悩むわねえ。仰木さんはデータ野球やったから、ヤマさんとオレが自分の野球観に合うかどうかのテストをしてたんと違うかな。シーズン先々の想定なんかを含めて勉強にはなったね」

九五年一月十七日早朝、マグニチュード7・3の阪神淡路大震災が起こる。死者、行方不明者は六千人超。オリックスの地元・神戸も大きな被害を受けた。山口家は当時、西宮の阪急夙川駅近くに引っ越していた。家族三人は無事だった。

関大野球部の同期だった山口円は阪急苦楽園口駅近くに住んでいた。地震後すぐに携帯電話に着信がある。一駅南に住まいのある山口からだった。タンスが倒れるなど家の中の大混乱を見て茫然としていた山口円は正気を取り戻す。

「タカシが電話で『大丈夫か？』と。すぐに我に返りました。ありがたかったですよ。自分も地震に遭っているのに、友達に連絡を取るなんて普通は考えられないでしょう。そんな優しく気遣いができる一面をあいつは持っているんです」

オリックスは被災した神戸で、ユニフォームの右袖に縫い付けられた「がんばろうＫＯＢＥ」を合い言葉に一丸となる。球団譲渡七年目で初のリーグ優勝に輝いた。82勝47敗1分。勝率・６３６で二位のロッテに12ゲーム差をつける圧勝だった。日本シリーズは1勝４敗でヤクルトに敗れる。

九五年、抑え・平井正史と左腕・野村貴仁とともに、試合中盤から終盤にかけて勝ちパターンを作ったのはサイド右腕・鈴木平だった。七〇年生まれの鈴木は静岡・東海大学第一高校（現東海大翔洋）から八七年ドラフト3位でヤクルトに指名される。入団五年で29登板、３勝２敗と芽が出ない状態で、九四年オフに投手・山内嘉弘とのトレードで移籍してきた。

翌九五年二月、鈴木は沖縄・宮古島での春季キャンプに参加する。沖縄本島への遠征メンバー発表時、山田と山口はおもむろに投手陣に「行きたい人？」と問うた。佐藤義や長谷川滋利が手を挙げた。佐藤義は実績がある。九〇年ドラフト1位で入団した右腕・長谷川も先発に定着していた。二人ともケガさえなければ先発ローテーション入りは確定。二月のオープン戦でテスト登板の必要はない。ところがメンバーに加えられる。鈴木は驚いた。

「今でも忘れませんね。『こんなのあり?』でしたから。普通、遠征メンバーはすでに決められています。ところがここは自己申告制。まずそれにびっくり。さらに行っても意味のないヨシさん（佐藤）や長谷川さんを二人は怒らずに平然とメンバーに入れるんですよ。『登板はないからバッティングピッチャーをやれよ』と。ヤクルトでは考えられませんでした」

佐藤義や長谷川は当然、物見遊山の気分が入っていた。山田、山口はそれを承知していながら、あえてメンバーに加えた。これまでヤクルトで経験した監督・野村克也による厳格な選手管理とは一線を画していた。

「試合で結果を残してくれたら、何をやってくれてもいい、という感じでした」

鈴木の心に残っているのは山口が責任者であり、リリーフ陣が待機していたブルペンの居心地のよさや明るさだった。

「山口さんは本当に気持ちよくやらせてくれました。毎日がピクニックのようでむちゃくちゃ楽しかった。五回くらいに一回肩を作ります。でもそれまでブルペンには行かなかった。マッサージを受けたり、控え室でケータリングを食べたりしていました。自分と野村さんは、仰木さんに『おまえたちは五回までいったいどこにいるの?』と聞かれました。もちろん試合を見たこともありません。先発が崩れたら、若手が探して呼びに来るんです。山口さんの伝言は『ちょっと早くなりそうだ。来てくれないか』。もし『何をやっている。遅い』と言われれば、『先発が悪いんじゃないですか』とカチンと来ています。でも、決してそうは言わない。ブルペンには若手に買いに行かせたガムや飴が置いてありました。それをクチャクチャさせながらアップを始めるんです。メジャーに行ったらこんな雰囲気なんだろうな、と思いましたよ。山口さんの口から小言が出たことは一切ありません。シーズンが進むと疲れが出てくる。疲労の蓄積とは逆に一試合一試合の重みはどんどん増してくるんです。その状況下でピッチャーをどれだけストレスなくマウンドに送るかを常に考えてくれていました」

山口が若い選手たちに任せ切ったのには考えがある。

「緊張っちゅうもんは長い間はもたんのよ。コーチがピリピリしても仕方がない。日本シリーズやプレーオフの短さならええけどな。シーズンは長いからな」

目先の勝利にとらわれず、長期的な視野に立った上での放任だった。

快適な職場環境の中で鈴木は自分の登板時期が分かるようになる。

「ぼくは右なので左バッターから出ることはありません。そろそろ来るな、と思うと、山口さんがジロッとにらむ。『オレ？』って感じです。アイコンタクトがありました」

　山口と山田は鈴木ら登板過多の中継ぎ陣に気遣いを見せる。

「練習が終わったら『メンバー表には名前を入れておくけど、今日はもう上がっていいぞ。連投しているし、いると監督が使うから』と言われたこともありました。それで治療院に寄って本当に帰宅しました」

　リーグ初Vの九五年、鈴木は50登板で2勝4敗3セーブ。野村は37登板で3勝1敗2セーブ、そして平井は53登板で15勝5敗27セーブをマークした。

　前年九四年、8勝17敗とひどく負け越した王者・西武に21勝5敗と大きく勝ち越せたのは鈴木、平井、野村のリリーフ三人によるところが大きかった。特に鈴木と平井は西武戦に関して驚異的な数字を残す。

名前	登板	勝利	敗北	S	回数	安打	失点	自責	防御率
鈴木	11	1	0	1	15 1/3	7	1	0	0・00
平井	12	2	0	8	15	5	0	0	0・00
野村	8	1	0	0	8 1/3	5	1	1	1・08

二人の防御率は0。1点台の野村を加えても三人の平均防御率は0・24だっ

た。この三人が試合中盤から終盤に次々とマウンドに上がれば、西武はデータ上1点も取れない。

西武監督の東尾は球場で鈴木をつかまえて吐き捨てた。

「お前らの顔なんか見たくねえ」

鈴木は完璧だったリレーを振り返る。

「みんな楽しいブルペンを失いたくなかった。だから頑張ったんです」


鈴木はヤクルトでの五年間では大成せず、オリックスで名を成した。大人として遇してもらったこともあるが、コーチングの大筋に違いがあった。

「ヤクルト時代、自分は野村さんが要求した細かいコントロールがありませんでした。でもオリックスは山口さんも山田さんも仰木さんも『いいよ、いいよ。おまえは真ん中狙って投げればいい』でした。太さん（ヘッドコーチの中西太）なんかいつも『おまえはダーッといけばいいんだよ。ダーッと』と言ってくれました。オリックスは『長所を伸ばす』、野村さんは『短所を直す』やり方。どちらも正しい。オリでも自分にはオリックスのやり方がはまったのです」

ピンチでマウンドに上がって来た山田の一言も心にしみる。

「ゆっくりやろうや。今夜の予定、まだ入れてないんだろう?」

打たれたら最初に謝った。

「悪かったな。登板はもう一個前だったな。オレの責任だ」

目で見ること、聞くことすべてが鈴木にとって新鮮だった。

「大事な部分をジョークに包んで軽くする。関東やセ・リーグのチームでは考えられませんでした。その上、300近い勝ち星の山田さんから直接謝罪。恐縮しっぱなしでした」

鈴木は山口を絶賛する。

「ブルペンを見させたら日本一だと思います。毎日毎日、本当に気持ちよくマウンドに送り出してくれました。接し方もうまかった。抑えても打たれても態度は変わりません。負けた日は『まあ打たれる日もあるわ』って。その言葉にどれほど救われたか分かりません」

闘将からの電話

九六年、オリックスは74勝50敗6分、勝率・597で二年連続ペナントレースを制する。

セ・リーグ優勝は巨人。監督・長嶋茂雄が「メーク・ドラマ」と叫び、最大11・5ゲーム差を逆転した。仰木は巨人主軸の落合博満、松井秀喜に鈴木と野村をぶつける。右打者の落合には右の鈴木、左打者の松井には左の野村だった。オリックスは4勝1敗で巨人を圧倒、球団譲渡後初の日本一になる。鈴木は神がかった九五年と球界の盟主を退けた九六年を振り返る。

「九五年は地震がありました。目に見えない力が働いていた。三、四点差で負けていても逆転していました。でもリーグ優勝したことで達成感が生まれ、シリーズではヤクルトにコテンパンに負けました。その下地があって、九六年は投打ともに充実していました」

日本一を花道に山田は退団する。二人三脚で来た山口に謝意を残す。

「タカシは口下手、口が重い。でもピッチャーに慕われていたよね。ブルペンの様子をよう上げてくれた。仰木さんは信頼していたね」

九七年からは山田に代わり仰木の近鉄時代に投手コーチをつとめた神部年男が入団する。山口はメインになり、さらに二年コーチを続ける。九七年のオリックスは優勝した西武にゲーム差5の二位（71勝61敗3分、勝率・538）でシーズンを終えた。

リーグ三連覇ができなかった理由を鈴木は考える。

「神部さんがどうこうではありません。ただ山口さんと山田さんのコンビが良すぎた。まさにあうんの呼吸でした。『このままあの二人でいいじゃないか』と思っていた自分たちには戸惑いがありました。山田さんが抜けて精神的支柱がなくなったのです」


三位になった九八年オフ、山口は一軍投手コーチから関西地区担当スカウトに転出する。八二年の現役引退後、十六年に及んだコーチ生活は終わる。

山口の担当第一号となったのは社会人の後輩、松下電器の右腕・大久保勝信《まさのぶ》だった。〇〇年ドラフトで逆指名の2位で入団させた。大久保は山口が阪急二年目の七六年生まれ。二十四歳だった。和歌山県立日高高校から立命大に進学。187センチの長身から投げるMAX150キロの直球と落差のあるフォークが武器だった。

逆指名は九三年ドラフトから導入された、選手が球団を選べる制度だった。山口はスカウト二年目で上位選手の獲得に携わる。

「視察、指名から契約まで立ち会った初めての選手やから思い入れは強いわな。松下電器の遠征について行って同じ宿舎に泊まったりしとったね」

大久保は山口の名前は知っていたが、現役時代のことは知らない。

「見た感じ怖い人だったが、話したら優しく、よく考えている、というのが分かりました」

ドラフト直前、巨人が大久保争奪戦に加わる。川崎製鉄千葉の右腕・藤田太陽を阪神に獲られたため、方針転換した。中大捕手・阿部慎之助との両獲りを画策したが、大久保本人の気持ちは変わらなかった。結局、巨人は立大右腕の上野裕平を逆指名の2位に据える。

入団後、大久保はリリーフとして活躍する。一年目の〇一年には主に抑えとして53登板、7勝5敗14セーブで山口と同じ新人王に輝いた。

「新人王はたまたまです。自分はオリックスしか知らないけれど、いいチームに入れた」

大久保はヘルニア、右肩痛、アキレス腱断裂などケガに悩まされたが、十年をプロで過ごし一〇年オフに引退する。通算成績は254登板、16勝20敗63セーブ15ホールド。

山口には大久保への感謝が残る。

「新人王を獲ってくれたし、よくやってくれた。故障さえなかったらもっと成績を残してた」

大久保は現在、球団リテール営業部コミュニティグループに属し、野球教室などで主に関西の小、中学校を回る。球団職員になった現在の方が山口の偉大さをより感じる。

「学校に教えに行った時に、羽田さんが球の速かった人を聞かれたら、真っ先に山口さんの名前を挙げるんです。すごかったんだな、と改めて感じます。そういう人に獲ってもらったのを誇りに思っています」

羽田さんとは羽田耕一。近鉄監督・西本幸雄の指示を聞けず、殴打された羽田は引退後、近鉄で一、二軍の打撃コーチを経験。今、大久保と同じコミュニティグループの野球教室校長である。

大久保がプロ入りした翌年の〇一年ドラフトから逆指名制度に変わり、大学、社会人を対象に二つの自由獲得枠（自由枠）が導入される。枠を使えばトップクラスの高校生指名ができなくなるため、指名順位を示す「位」は「巡目」になった。

山口は次第にスカウト哲学を身に着ける。

「通うこと。色々な状況を見る」

試合、練習にかかわらず、視察すればするほど、その選手のさまざまな側面がわかる。判断材料が増える。山口は〇二年ドラフト自由枠で獲得した神奈川大学の右腕・加藤大輔と同ドラフトで阪神が5巡目指名した常磐大学の右腕・久保田智之の対比で、視察数の大切さを痛感する。

「その時には久保田がよく見えんかった。体のキレが悪いと感じたんや」

久保田の大学がある茨城県から、加藤の大学のある神奈川県へ移動して評価をつけた。その後、プロに入った久保田を見て、その評価が誤っていたと考える。

「投げているボールに力があった。体のさばきもええ。フォームを見てもアームのような感じだったが、そうやなかった。ちょっとグラウンドで見たくらいじゃ分からん」

加藤は一三年オフに引退した。オリックスと楽天で十一年を過ごし、400登板、22勝28敗87セーブ54ホールド。〇八年には33セーブを挙げ最多セーブ投手にもなった。一方の久保田は一四年シーズンで現役十二年目に入った。一三年オフまでに444登板、41勝34敗47セーブ117ホールド。〇七、〇八年にそれぞれ55、37ホールドポイントを挙げ最優秀中継ぎ投手に選ばれた。〇七年は日本プロ野球記録の年間90登板を達成している。

加藤と久保田に単純に優劣はつけられない。チーム事情や与えられた投手ポジションも違う。それでも、この二人によって山口は「足を運ぶ」という鉄則を知る。


転機が訪れたのは〇二年オフだった。福井県で視察を終え、夕方、現地でくつろいでいた山口の携帯電話に着信が入る。液晶画面には「星野仙一」と出た。

「もう一回ユニフォームを着る気はないか？　関係者から話がいく。考えてくれ」

星野のメッセージは短かった。すぐにヘッドコーチの島野育夫から電話があった。

〇一年オフ、星野は辞任した野村克也の後任として阪神監督に就任した。一年目の〇二年は四位に終わっていた。

星野は八二年オフに現役引退。中日一筋十四年で146勝121敗34セーブ。中日監督を八七～九一年、九六～〇一年の二期十一年つとめ八八、九九年には二度リーグ優勝している。阪神投手陣再建の中、阪急、オリックスで十六年間コーチをした山口に興味を持った。

「どんな相手でもひるまずに向かっていく、真っ向勝負のあの山口の姿勢をダメだったタイガースの連中に学んでもらいたかったのよ」

　山口は即決する。

「もう一回ユニフォームを着させてもらおう」

　スカウトでは、選手発掘、調査、指名、入団までこぎつける苦労を学んだ。一人の選手に対する思い入れはより深くなる。選手、家族、チーム関係者など色々な人間に接する中で成長もあった。今ならいいコーチになれる、そう考えていた時、星野阪神からオファーがあった。

　〇二年オフ、二軍投手コーチとしての阪神入団を決める。七五年のプロ入りから二十八年間在籍した阪急、オリックスを離れた。五十二歳の時だった。

　阪急球団取締役だった矢形は山口の行く末が気になる。入団時に結んでいた終身雇用契約はオリックスに引き継がれていた。山口から電話で報告を受けた際、契約内容に突っ込む。

「オリックスに一筆残っているのを伝えたか？」

「はい。阪神は理解してくれた上で六十歳までは面倒を見ます、と言ってくれています」

「それなら君の好きにしたらよい」

〇三年二月、高知県安芸市で阪神二軍の春季キャンプが始まる。山口は初めてタテジマのユニフォームに袖を通した。

山口入団と前後して星野阪神は大規模な血の入れ替えをする。外国人を含め二十四選手を引退やトレードに出し、新たに二十六選手を加えた。効果は大きく十八年ぶりにリーグ優勝を果たす。日本シリーズは3勝4敗でダイエーに敗れた。

阪神退団後、十一年から楽天監督を務める星野は山口をこう評する。

「スピードなら自分が見た中で三本の指に入っていたね。身長の高い低いは関係ない。それは親からもらったもの。仕方がない。それをものともしなかった山口の現役時代の姿をウチの則本や松井に見せてやりたいね」

楽天がリーグ優勝した一三年、三重中京大学からドラフト2巡目で入団した則本昂大《たかひろ》は15勝8敗で新人王に輝いた。その年のドラフト1巡目で松井裕樹が神奈川・桐光学園から入団する。翌一四年、則本は田中将裕がヤンキースにポスティング移籍した後の開幕投手になる。十八歳の松井も開幕一軍に名を連ねた。星野にとって、楽天を支えていくエース候補たちに、169センチの山口のピッチングは教科書たりえるものだった。

れる。

藤川球児に託した剛速球

阪神における山口招聘の効果は、星野が監督を辞任した翌〇四年により大きく現れる。

星野の後任、岡田彰布の下で阪神コーチ二年目を迎えた山口は自分の投手理論を託せる相手に出会う。

藤川球児。

八〇年生まれの藤川は高知商から九八年ドラフト1位で阪神に入団する。

ドラフト上位投手がそうであるように藤川も最初は先発として育てられる。しかし、九九年から〇三年までの五年間で一軍登板は48。右ヒジ痛などで2勝6敗と埋没していた。〇四年三月、リーグ連覇を目指す開幕一軍には右肩痛もあって残らなかった。プロ六年目スタートを上で過ごせず、オフには戦力外通告の可能性が高る。高卒の場合、上位選手は大学進学を仮定して四年程度は面倒を見る。ただし一軍に定着しなければ整理対象になった。

山口は藤川をドラフト前から知っていた。オリックスコーチとして高知の春季キャンプに参加した時に地元の人間から「ガリガリだけどいいボールを放る」と聞いていた。同じ阪神で選手とコーチになり、その能力の高さを間近で見る。

「オリックスが指名をしとれば野手にする予定やった。脚は速いし、体にバネもある。ミートも上手でバッティングセンスもええ。ピッチャーノックをしている時に冗談で『はやく野手になろうぜ』と言うたりしとった。能力は高かったから故障さえなければ何とかなる、と思ってた。ただ〇三年のファームは杉山や久保田がいた。そっちに目が行った」

阪神は〇二年ドラフトで自由枠二つを使い、龍谷大の右腕・杉山直久、専修大学の左腕・江草仁貴を獲得していた。当時の山口にとって優先順位は、藤川よりも即戦力投手の整備のほうにあった。

〇四年、山口は開幕一軍から漏れた藤川とじっくり話をする。

「クビになる可能性もあって、球児はコーチの話を聞ける時期に入っとった。人は他人の言葉を受け入れて理解するタイミングがある。その時やった。自分が説得した訳やない」

山口が提案したのはピッチング・フォームの変更だった。十五歳の時、市神港監督の高木太三朗に教わった基本を示す。

「体を真っ直ぐにして軸足の右ヒザを折らずに倒れ込む。右腕は上から下に振り抜く」

藤川は左足を踏み出し、体をひねりながら腕でボールを押し出す感じで投げていた。軸足の右足はひねりを作るために折れていた。体の回転は横だが、そこにオーバースローのタテ回転が加わる。上下の動きはバラバラで、力が効率よく足先から指先に伝わっていかない。

特に言い続けたのは「軸足の右ヒザを折らない」と「肩やヒジの自然な動きで投げる」の二点だった。

「パワーは軸足、方向性は前足。だから右足を折るんやない。右足親指の付け根に力を入れて踏ん張る。裸足で地面の砂をつかむ感じや。倒れ込みながら、足裏の力を上半身に伝え、肩のスムーズな回転とヒジのたたみで投げろ。右ヒザに土がつくピッチャーはあかん」

藤川は山口の指導すべてを受け入れる。

「自分には合いましたね。指導が届いた。当時の日本人の投げ方は下半身主導でヒザをするくらい低く行って上体を曲げる投げ方でした。山口さんの教えはアメリカンチック。でも今では主流になっています。ステイバックしてマウンドの傾斜を利用して投げ下ろす。ポイントは一点に絞ります。『軸足を折らない』。軸足が折れれば体に負担がかかり上から叩けません。そういうことを早い段階にシンプルに教えてもらいました。山口さんが速球派投手だというのは知ってました。映像は見てないが、同じタイプだったのでフォームのイメージもできたのです」

フォーム改造のための中心的な基礎トレーニングは二つ。右ヒザに装具をつけてのピッチングと正対キャッチボールだった。ヒザの上下を覆うプラスチック製の装具をつければヒザは曲がらない。山口は本来、ヒザを痛めた患者に使う矯正ギプスを野球に流用した。マウンド上から30球をメドに投げさせ、その後、外してピッチングさせる。ヒザを曲げない感覚を持たせた。同時に約15メートルの距離で正対して、両足を肩幅に開き、肩の回転とヒジのたたみだけで投げるキャッチボールをさせた。足を踏み出さない、手だけで強く放らせることで、肩やヒジの円滑な動きを覚えさせた。

山口は自身の経験から、体の自然な動きに合わせたフォームに変更すれば、ケガの減少につながることも分かっていた。

「体の動きがバラバラやったら肩やヒジにかかる負担は大きい。当然、疲労もたまり、連投がきかんようになる。疲れが抜けんとケガをする可能性も高くなるわな。

肩のスムーズな回転とヒジのたたみができれば故障個所は減ってくる」

藤川はフォームを変えた〇五年以降、一二年オフにFA退団するまで、阪神八年間で最低でも年間48登板しながら、長期戦線離脱を要する大ケガはなかった。


藤川はボールの変化を実感すると同時に山口に心が傾いて行く。

「これまではフォームにメスを入れられることはなかったし『悪い』と言われたこともありませんでした。山口さんは『ここを変えれば一気に力がかかる』と言ってくれた。そしてその通りになりました」

藤川は頭ごなしでなく、誰にでも平等で、しかも選手を踏み台にしない山口の人間性にも好意を持った。

「コーチ経験しかない人の多くは、新しい選手を作って、もっといい役職につこうという気持ちが強い。自分のマネジメントを最初に考える。でも山口さんは違った。この人間のために、という思いがありました。自分が選手を使ってでも生き残りたい人ではありませんでした」

山口は「誰々を作った何々」というコーチの肩書を欲してはいない。選手時代に十分栄耀に浴した。何より元々人を押しのけてまで上に立ちたい、という気持ちがなかった。監督になりたいという欲望も皆無。藤川は山口の根底にあるものが見えていた。

山口は藤川だけを重視してコーチングした訳ではない。二軍の若手や調整中のベテランにも同じように接してきた。

「みんなに均等に話をしたつもり。球児とほかのピッチャーに言ったのはおんなじ内容や。球児を特別扱いしたことはない」

福原忍は藤川とともに山口の教えに共感する。七六年生まれの右腕は広島・広陵高校から東洋大学を経て、藤川と同じ九八年ドラフト3位で阪神に入団した。一年目の九九年から中継ぎ、抑えとして54試合に登板。MAX153キロの直球で10勝7敗9セーブの成績を残した。翌〇〇年には先発もこなす。しかし成績は先細りして〇二年は25登板、1勝2敗に終わった。同年オフ、右肩関節唇損傷で手術を受ける。〇三年のリハビリ中に山口と出会う。藤川と同じで軸足を折らず体重を前に乗せる指導を受けた。プロ五年目だった。

「申し訳ないけれど、山口さんの現役時代は知りませんでした。でも初めにヒザの使い方を教えてもらって投げて行くうちに、ボールに角度がでるようになりました。球児と『いいよねえ。自分には合っている』と話したことを覚えています」

　山口が広島との日本シリーズで輝きを放った七五年、福原は生まれていなかった。それでも選手としてはもちろん、スカウト、コーチとしても接点がなかった山口の言葉が自分の中に入って来た。

「右ヒザにギプスをはめてずいぶんと投げました。リハビリが終わり、投げ始めの頃でしたね。山口さんの投げ方は体重が前に乗る。ボールに角度も出る。フォームは次第にしっくりくるようになりました。右ヒザが折れるということは沈み込むということです。そうなればマウンドの傾斜を使えない。ボールにパワーも乗りません。平地で投げるのと同じになってしまいますからね。でも山口さんは強制的にさせません。いつも『やってみたらどうや』って感じでした」

　福原は〇三年シーズン終盤には一軍に復帰する。5登板で2勝2敗。〇四年は先発ローテに返り咲き10勝15敗と復活した。今でもより完成したフォームを目指して、マイナーチェンジに取り組む。右腕は耳に近づき、典型的なオーバースローになった。

「一〇年くらいからちょっとずつ変えてきました。全身を使って投げるイメージ。体のタテ回転を意識しています。腕のタテ振りを意識することでカーブもよくなってきました」

抑え不在の一三年にはリリーフとして50登板、4勝0敗14セーブ14ホールドを記録した。プロ十五年で73勝94敗28セーブ43ホールド。十六年目の一四年も開幕一軍に名を連ねた。今でも山口の言う「上から叩く」を実践している。

美しき師弟愛

水谷実雄は阪神の二軍打撃コーチとして、〇三、〇四年に山口の同僚になる。阪急の二軍打撃コーチとして過ごした八七、八八年以来だった。指導者としてともに過ごした四年間に山口の選手へのアプローチや教え方を目の当たりにしている。

「コーチはその子の特徴をその子よりも分かっとらんとできん。藤川にもいいところがある、とタカシは分かっていたはずよ。そして藤川ができることを教えた。野球の技術なんていうものは、今日言うて明日つくもんじゃあない。できない練習をさせたら十日で逃げる。でも練習せんといかんというのは間違いない。だから、その子ができることを教えるのが大事なんじゃ。なんぼいいことを言うても、その子が伸びてこんことには話にならん。立派な事は言うが、できんことを見抜けんコーチがいっぱいおる。タカシは見抜けた。それは実体験から来た。たたき上げよ。腕をしっかり振れ、とかそういう教え方になっとる。結局、腕が振れる奴にはかなわんのよ」

　山口は「〇三年は杉山や久保田の指導を優先した」と言ったが、その言葉は額面通りではない。謙遜である。山口はコーチにとってもっとも大事な観察を二軍の全投手に行ってきた。藤川の日常や野球への向き合い方を見極めた結果、藤川が「できる」アドバイスを送れた。

　藤川は山口の教えを日々実践する。次第にボールに力と速さが備わりだす。七月下旬に一軍昇格。二十八日の中日戦（甲子園）では十一回無死一、三塁で登板する。柳沢裕一、谷繁元信、荒木雅博を三者連続三振に仕留め、ピンチを切り抜けた。〇四年は26試合に中継ぎ登板して2勝0敗だった。31イニングで自責点は9、防御率は2・61。三振はイニングを上回る35を奪った。岡田は藤川を先発ではなくリリーフで使う。山口は意図を説明する。

「オレは最初、先発で考えとった。登板日が決まってて、体調を合わせやすいからな。でも監督は後ろで使った。短いイニングに集中させた方がいい、ということやった。結果的にそれがよかったと思うよ。先発では今ほどは活躍していなかったかもしれん」

〇五年から藤川は、ジェフ・ウィリアムス、久保田智之の頭文字を取った「JFK」の一人としてリリーフの局面でブレイクする。〇五年は80登板、7勝1敗1セーブ46ホールドで二年ぶりのリーグ優勝に貢献した。〇六年は63登板、5勝0敗17セーブ30ホールド。両年とも最優秀中継ぎ投手賞を受賞した。〇七年は、それまで相手打者の左右やイニングで登板を変えていたのをクローザーに固定され、71登板、5勝5敗46セーブ6ホールドをマークした。セーブ数は日本プロ野球記録になる。一一年は41セーブを獲得し、〇七年に続き二回目の最多セーブ投手のタイトルを得た。一二年オフにFA宣言してシカゴ・カブスに移籍。日本通算562登板、42勝25敗220セーブ102ホールドの記録を残した。

〇四年に阪神の二軍バッテリーコーチについていた加藤安雄は、山口と藤川が同じ剛速球を投げられた理由をそのボールの握りにも見る。

「タカシと球児は同じでしたよ。ストレートを投げる時、右手の人差し指と中指をつけていました。私はキャッチャー出身で何百人とピッチャーを見てきましたが、そんな握りをしていたのは二人だけでした」

二人の間にボールの握り方の指導はない。偶然の一致だった。

山口は幼少時代、キャッチボールをしてくれたり、喫茶店でミルクを飲ませてくれた隣の「おじさん」に教わる。普通、野球の教本に載っている直球の投げ方は人差し指と中指を開く。「おじさん」の教え方は基本ではなかった。山口は振り返る。

「オレに初めて野球を教えてくれたのはおじさんやった。その時にほかのストレートの握りがあるとは思ってへんわな。高校や大学でも周りから聞かれたことはない。それが当たり前やと思っとった」

当時としては異質の教え方だったが、山口は自分なりに真理を見出す。

「テーブルの上のピンポン球に人差し指と中指を置いてスピンをかける時、二本をそろえた方が回転がかかって前に飛ぶよなあ。あれと同じや。指を開いたら力は落ちる。せやから、オレはおじさんの教え方は正しかったと思うんよ」

ただ、指二本を同じように密着させる投げ方ながら山口と藤川には若干の違いがある。

「オレは指をべったりボールにつけるが、球児は最初、第一関節だけボールにつけ、第二、三関節は浮かせている。リリースの直前にオレと同じように指全体をつけて投げてた」

横からそのピッチングを見ていた山口は藤川に問いかける。

「その指の感じやったら、投げにくくないか？」

「いや、ぼくはこれが投げやすいです」

「ほな、それでええわ」

山口は言う。

「これも『異常の正常』やな。オレも含めてほかのピッチャーならできん投げ方をあいつはしとる。まあでもそれでええのよ」

山口がよく口にする言葉が藤川にも当てはまった。

山口は藤川の成功を目の前で確認していない。〇四年七月には二軍を離れ一軍昇格。さらに山口自身が同年オフ、コーチからスカウトに転出したからだ。自分のコーチングによる藤川の実りを見るのは〇五年になってからである。テレビを通してだった。

「スカウトに戻ったある日、仕事が終わって、家に帰って寝ころんで阪神戦の中継を見とった。試合途中で球児がマウンドに上がって投げだした。その瞬間、びっくりして起き上がったよ。『がばっ』って感じやな。素晴らしいボールを投げとった。うれしかったねえ」

藤川は山口に対して今でも恩を持ち続ける。

「山口さんのお蔭でアメリカに行けました。成果は自分のこれまでを見てもらえればわかる」

山口はそれに応える。

「ありがたいこと。今でも野球がやれているのは球児のお蔭やな」

再びスカウトに

〇四年は球界でも大きな出来事があった。資金難に陥っていた近鉄をオリックスが吸収合併し、「オリックス・バファローズ」になる。それに伴って新球団「東北楽天ゴールデンイーグルス」が誕生した。新球団は日本国内最大のインターネットショッピングモール「楽天市場」を運営する楽天を親会社とし、宮城県を保護地域（フランチャイズ）に、宮城球場（現楽天Ｋｏｂｏスタジアム宮城）をホームスタジアムにする。楽天は五四年の高橋ユニオンズ（五七年に大映、後のロッテに吸収）以来、五十年ぶりの新球団となった。十二月にはダイエーが携帯電話などによる情報、通信業国内大手のソフトバンクに球団を譲渡した。

八月には明大投手・一場靖弘をめぐる栄養費名目の裏金問題が発覚。関与した巨人・渡邉恒雄、阪神・久万俊二郎、横浜・砂原幸雄の三人の球団オーナーが辞任した。一場は野球部を退部。同年ドラフト自由枠で新生の楽天に入団する。

その激動の〇四年オフ、山口は指導現場を離れ再びスカウトになる。オリックス時代との違いは特定の担当地域を持たない投手担当になったことである。当時編成部長で現ヘッドコーチの黒田正宏は理由を説明する。

「社長も含めた球団首脳との話し合いで全国担当のピッチャー専門スカウトをしてもらおう、ということになった。当時、スカウトにピッチャー出身が少なかったこともある。タカシならユニフォーム組の感覚も持っている。熱心だし真面目だからうってつけだった」

新担当は球団社長・野崎勝義らの肝いりだった。山口は各地区担当から名前の上がった投手を視察し順位づけをする。野手の順位を決めるのは、スカウト統括の佐野仙好だった。投手なら山口、野手なら佐野の意見が重視され、球団社長や監督、黒田らを交えたスカウト会議で指名選手の最終決定がなされた。

〇五年ドラフトは高野連から高校生の早期進路決定を促す要請を受け、高校生と大学・社会人の二回に分離された。また一場事件の教訓から資金のかかる自由枠は希望枠と名前を変えて一枠となった。阪神は十月三日の高校生ドラフトでは1巡目に大阪・近畿大学附属高校の右腕・鶴直人を指名。十一月十八日の大学・社会人ドラフトでは山口の後輩、関大左腕・岩田稔を希望枠で獲得した。

大阪桐蔭出身の岩田は高校時代から、オリックスのスカウトとして、大東市のグラウンドに視察に訪れていた山口を認識していた。

「監督がヘコヘコしてました。すごい人だなあ、誰だろうと思っていた。大学に入って、初めてOBと知りました」

大阪桐蔭の監督は関大OBの西谷浩一。就任以来、一四年夏までに春四回、夏六回甲子園に出場させ、春は一二年の84回、夏は〇八年の90回と一二年の94回、一四年の96回大会で優勝に導いた。一二年の春夏連覇のバッテリーは藤浪晋太郎と森友哉。藤浪は一二年に阪神、森は一三年に西武にそれぞれ1巡目入団する。六九年生まれの西谷は山口より十九歳若く、偉大な先輩として常に山口を立てていた。

山口の岩田の印象はよかった。

「強いボールが投げられた。左やったしな」

左投手は右投手よりも絶対数が少ないためドラフト評価は1巡上がる、と言われている。その言葉通り、岩田は上位候補になっていた。問題は持病である。高校時代、ウイルス感染が原因の1型糖尿病を発症していた。定期治療や血糖値を下げるための毎日のインスリン注射が必要だった。体調を考えれば登板が読めないリリーフはさせられず、先発としてしか使えない。球団としては使い回しがきかず、リスクを負うことになる。事実、中日などはスカウト会議を経て候補者リストから外した。プロ野球選手として見た場合、当然の判断だった。ただし、前例がないわけではない。八八、八九年に巨人に所属した右腕のビル・ガリクソンは同じ1型糖尿病ながら注射を打って先発。二年で21勝、デトロイト・タイガースなどメジャー十四年で162勝を挙げていた。

山口の評価は揺るがない。地元の逸材獲得に向け球団も援護する。横浜が下位での指名を検討していたが、阪神は自由枠、最上位での獲得方針を打ち出した。黒田は思い出す。

「タカシが見てくれていたのが役に立った。岩田の能力は高い。ボールの質もよかった。ウチは病気があっても先発ローテーションに入れる、と判断した。球団も了承してくれた」

岩田は阪神の申し入れを受ける。

「最初は社会人に行くつもりでした。病気のこともあったし、野球が終わった後も企業に残れる。そっちの方がいいと。でもそうそうチャンスが来ることはありません。しかも高い評価でね。ありがたかった。リーグ戦が始まっている九月くらいまで悩みました。でも阪神なら高校時代から通っている東大阪の病院を替える必要はない。同じ主治医に見てもらえる。病気に対する環境が変わらないということも大きかったのです」

山口はスカウトとして単に選手を評価して全国を回っていたのではない。高校、大学、社会人と各世代の指導者とコミュニケーションを取り、影響を与えた。高知・明徳義塾高校監督の馬淵史郎とは山口がオリックスのスカウト時代から親交がある。

馬淵は九〇年に明徳監督に就任。同校を一四年夏までに春十一回、夏十五回の甲子園出場に導く。九二年の74回選手権では「高校生の中に一人いるメジャー選手」と評した石川・星稜高校の松井秀喜への五連続敬遠を指示した。松井はその後、巨人、ヤンキースの四番に座る。馬淵は十年後の84回選手権では初めて全国制覇をした。

山口より五歳下の馬淵はその現役時代を知る。

「(拓殖)大学の時に広島との日本シリーズをテレビで見たよ。そりゃ速かったで。ホップするボール球で空振りが取れるんやからね。すごいわな。低めは誰でも打ち取れんのよ。ボール球でアウトや三振が取れるのは素晴らしい。プロが真っ直ぐ一本に張っていて打てんのやから。部員には『山口高志みたいな投手になれ』と言ってある。ただ今の子は知らんけどね」

山口と話す中で共感を覚える。

「山口さんは『ピッチャーは体幹。球児も丹田《たんでん》(へその少し下で体の中にあるポイント)に力を溜めることができていた』と言うとった。参考になったねえ。やっぱりプロでも体幹のトレーニングが大事なんやな、と。高校生は体幹が強うなくても、手先が器用ならレギュラーをつかめる。でも上ではやれん」

山口は高校、大学時代に腹筋や背筋など体幹を鍛えるトレーニングに没頭した。その成果が剛速球になり、プロでの活躍につながる。実体験から来る山口の言葉に、五連続敬遠や選手権優勝をしている老獪《ろうかい》な馬淵も共鳴を受けることが多かった。

翌〇六年の大学・社会人ドラフトで阪神は大阪ガスの左腕・小嶋達也、小嶋に次ぐ二人目、大学・社会人ドラフト3巡目では武蔵大学の右腕・上園啓史を指名した。上園は大学四年で日米大学野球の日本代表に選出されるが、二、三年時には首都大学リーグ二部だったため、中央ではほぼ無名だった。

阪神の関東地区担当スカウト、菊地敏幸は上園に三年から目をつけ、マークしていた。

「四年春のオープン戦の明大戦を見て指名を決めたよ。レギュラークラスが出ていた明治に若干シュート気味のボールで内角を突き、バット三本をへし折った。ボールも気持ちも強かったし、テンポもよかった。使い勝手がいい、プロではどの場面でもいける、と思ったしね」

菊地は山口の一学年上の五〇年三月生まれ。八九年から阪神スカウトを続けていた。プロ経験こそないが、見る目は確かで、日米通算91勝112敗1セーブ12ホールドの藪恵壹、一三年オフまでに同93勝74敗1セーブの井川慶（現オリックス）らの阪神入りに尽力した。

菊地は上園獲得を実現するため、投手担当の山口に協力を要請する。

「タカシを巻き込んだんだよ。あいつが見る時はいつもよくない。毎試合投げているような状況でリーグ戦なんていいわけない。その頃見たら消しに入る。でも他球団が評価を落としてくれたからラッキーだった。競争相手が減る。オレはいい時を知っている。だから『今はよくないけどプロ向き。オレが推薦するからスカウト会議でいいと言ってくれ』と頼んだ。タカシの意見は通る。あいつは『分かりました』と言ってくれたね。ありがたかったよ」

上園は一人エースだった。山口の関大時代と同じ。時には三連戦三連投もした。好調時を知っているのは担当スカウトの菊地だけだった。山口は菊地を信じ、3巡目(全体の二十番目)での指名に持って行った。

「確かにオレが見た時には内容はよくなかった。けど、体に強さはあったわなあ。それと投手にとって大事な『ボールに意志を伝える』ということができた。打たれたくない、っていう強い気持ちをボールに込められた」

上園は入団一年目の〇七年六月、一軍に昇格。先発ローテーションの一角に食い込む。セ・リーグの新人投手では最多、チームでは三位の8勝を挙げ新人王に輝いた。阪神では七人目、投手としては九四年の藪以来三人目だった。菊地、そして山口の判断は正しかった。

「タカシとは同じ五〇年生まれだけど、早生まれで二ヵ月だけ先輩の自分を立ててくれる。スーパースターは普通何か欠けているところがあるが、あいつはいつも自然体だ」

〇五年にスカウトに転じた山口は終始チームにつく必要はなくなる。沖縄・宜野座での春季キャンプは帯同したが、主な仕事は投手コーチを手伝ってのピッチャーノックや新人や若手選手などのケアだった。時間に余裕ができる中、沖縄で山口を中心に「関大会」ができる。関大出身の選手、球団職員、メディア、野球用品メーカーなどの人間が集まり、泡盛を飲み、アグー豚などの代表的料理を食べて親睦を深める。野球部に籍を置いたかどうかは問わなかった。

世話役は中日スポーツの吉川学だった。六〇年生まれの吉川は島根県立三刀屋高校から関大に入学。山口の十年下の後輩投手として野球部に属した。八三年の卒業後、阪急や阪神担当記者を経験する中で山口とつながりができ、親しく接するようになる。〇五年には記者歴二十年を超えたベテランとなり、山口とともに会を主宰する。九四年卒の野球部OBで球団職員の竹内孝行が〇五年には広報として現場にいたのも助けになった。

会は基本的に年二回開催。二月は沖縄、十二月は忘年会を兼ねて神戸で行われる。メンバーが集まれば阪神の遠征先の東京や横浜で催されたりもする。参加人数は年々増え、二十人以上になった。一四年二月の集まりにはDeNAへFA移籍した投手・久保康友も参加した。久保は関大一から松下電器に進んだが、関大の付属高校出身ということで〇九年三月、ロッテから阪神への移籍後毎年参加している。

吉川は先輩・山口を評する。

「朴訥《ぼくとつ》な人。口数が少ない。人の悪口を言わない。頓着しない。後輩の面倒見もいい。会が続いているのは山口さんの人柄のお蔭だ」

吉川は早大出身で阪神監督時代の岡田に「会は盛り上がっているらしいな。関大は結束が強い」と言われたことを嬉しく思い出す。

愛すべき男

阪神は〇八年オフに岡田が辞任。真弓明信が監督に就任する。同時に山口はスカウトから再び一軍投手コーチに戻る。メインは久保康生。山口は慣れ親しんだブルペンが仕事場になる。〇九年・四位、一〇年・二位、一一年・四位。一一年オフには真弓が辞任し、和田豊が新監督になる。山口は和田と〇四年は二軍で、〇九～一一年は一軍でコーチとして同僚だった。和田阪神は一二年・五位、一三年は二位に浮上した。

　ベンチにいるメイン投手コーチは一二年に藪、一三年には中西清起に替わったが、山口は不動だった。和田は一四年シーズンで監督三年目を迎える。六二年生まれの自分より一回り上の山口を頼りにしている。

「山口さんは一つのことに対してこつこつと粘り強く取り組む。選手に時間をかけて、色々なことを説明して教える。『あれせい、これせい』という命令系コーチではない。選手の考えを尊重する。引き出しはたくさん持っている。ここ二年、投手の成績を出してくれている」

　一二年のチーム防御率は2・65のリーグ三位、一三年は3・07で一位だった。

　ベンチにいる中西はやりやすさを感じる。

「試合の流れを見ながら継投の準備など的確に動いてくれるよな。自分は働きやすい。教える内容は細かい。フォームを一つ一つ分析して、腕の上げ方がどう、とか熱心。途中で投げ出すコーチが多々いる中で忍耐強く教える。勉強になるね」

　岩田は中西の言う粘り強い指導の例を挙げた。

「ショートスローの時、ヒジが落ちてボールを引っかけてしまうんです。自分は賢くないから、一から十まで言ってもらわないと分からない。山口さんは噛み砕いて説明してくれました。『ヒジを前に突き出す感じで投げろ。そうすれば腕のラインが出る』。その通りにしたら安定しだしました」

山口は一四年シーズンも引き続き阪神のユニフォームを着る。

開幕戦は三月二十八日の巨人戦（東京ドーム）だった。4－12で開幕黒星をつけられたが、プロ二年目の金田和之が七回にプロ初登板。1回無失点でデビューを飾った。金田は主に中継ぎで起用され、シーズン26登板目となるオールスター明けの七月二十二日の巨人戦（甲子園）では3勝目を挙げた。一二年十月のドラフト5位で入団した右腕は大院大出身。大学時代の監督は今でも山口を「最高のピッチャー」と位置付ける西山正志である。

「大学の時から四十年経って、ぼくの教え子が阪神に指名され、山口さんから教えてもらえる。ほんまに夢のような話や。ありがたい限りやね」

西山は金田を通して、山口と再び縁ができたことによろこびを感じている。

山口は一四年五月十五日に六十四歳の誕生日を迎えた。阪急、オリックス、そして阪神と結んだ終身雇用契約上限の六十歳から四年をプロ球界で過ごした。七五年の入団時から山口を見続けている元阪急球団取締役の矢形は言う。

「今は山口のコーチとしての実力だ」

評論家として今でも山口とグラウンドで顔を合わす山田久志には賛辞しかない。

「タカシは人と合わなくても合わせることができるんだよね。そういう人が持っていない能力を持っている。人生でもそう。衝突することがない。こらえるのよ。だからタカシの悪口を言う奴はいない。サラリーマンをやっていてもかなり上の方に行っているはずだよ。派閥に入らないし群れない。でもみんなとうまくやれるんだよな」

山口には常にコンプレックスがあった。

身長が低かった、私立強豪校に行けなかった、高校一年では野球を辞めかけた……。

それらの劣等感がベースにあるため、周囲が絶賛する投手に成長しても、一歩引く姿勢は変わらなかった。コーチとしてはナンバー2が多いのはそのためだ。決して誇らない、出しゃばらない。その控えめな態度は周囲から慕われ続けている。

藤浪晋太郎は一年目の一三年開幕から先発ローテーションに入った。24試合に登板して10勝6敗。創価大学出身で16勝4敗をマークしたヤクルト・小川泰弘がいたため新人王にはなれなかったが、高卒新人としては堂々の内容だった。先発の藤浪はブルペンにいる山口と接点はあまりない。それでも二十歳と六十四歳、祖父といっても過言ではない年齢の山口に親しみを持つ。

「年の割にはとても気さくに話を聞いてもらえます」

山田は山口の人となりについて、こう締めくくった。

「愛すべき男だよ。今でもオレの姿を見れば『ヤマさん、ヤマさん』ってあいさつに来てくれる。四十年近くたっても全然変わらない。こんな男はこの世界ではいないね。でも阪神の情報をくれ、と頼んでも言わないんだよ。あれが信頼される一つの理由なんだろうな」

山口には野球を続ける理由がある。

同級生の言葉を持ち出す。

「プロは選手寿命の長さじゃあない。持ち味、特徴をどう生かすかだ」

プロ現役二十年で通算251勝を挙げた東尾修のコメントだった。

山口は一語一語かみしめるようにゆっくり話す。

「東尾は四十歳近くまでマウンドに立っとった。その現役生活を通して『長いとか短いじゃやない』と言えた。でもオレは現役としてはプロで八年しかやってへん。還暦を越えても、まだ野球が、投げることが、どういうことなのか自分では本当には分かっとらん。カーブを四球続けて抑えたら『ナイス配球』。打たれたら『何しとんねん』となる。すべては結果論なんやが、どないしたらそうなるのか。違いは何なのか。今も野球を続けさせてもらっている中で、その答えを求めとる」

白球を追う山口の人生はまだ終わらない。

エピローグ

一九三六年から始まった日本プロ野球は二〇一四年で七十九年目を迎えた。人生に匹敵する長い歴史の中で、山口高志が煌《きら》めいたのは、わずか四年だけだった。しかし、その短い期間から、成し遂げた事象を見る時、達成度の高さは時代に重なった人々を今でも引き付ける。ふれあいを持った者はその気性までもほめたたえるが、ファンの魂をもっとも揺り動かしたのは投じたボールだった。

DeNAのGM・高田繁は巨人での十三年の現役生活に思いをはせる。

「自分が対戦した中でピッチャーとして最高だったのは江夏だった。ストレートが一番だったのは尾崎さん。高めのストレートに限って言えば山口だったよ」

高田は三歳下の江夏豊の名前を真っ先に挙げる。左腕・江夏は阪神など五球団に属し、プロ十八年で829登板、206勝158敗193セーブと輝いた。

「当時スピードガンはなかったけど、江夏のボールは150キロ以上出ていたよね。そのボールをわずか一個分、内外に出し入れできた。スピードとコントロールを兼ね備えていた。それだけじゃあない。ストレートと腕の振りが同じ落差の大きなカーブも持っていたよ」

江夏は二〇一二年十一月十八日、甲子園球場で行われた阪神×巨人OB戦に出場した。試合後、日本記録の868本塁打を放った王貞治との対談に臨む。八歳年上の王は感謝を表す。

「ここまでやれたのは江夏、君のお蔭だ。ありがとう」

江夏は感動する。

「体が震えたねえ。ピッチャー冥利に尽きるわなあ」

江夏は王にそう言わせる投手だった。

二人目の尾崎行雄は四四年生まれ。浪商で高田の一学年上だった。

「怪童」と呼ばれた尾崎は二年夏の第43回選手権大会で優勝。その秋、主に経済的理由から浪商を中退し東映に入団する。十七歳でプロデビュー。入団一年目の六二年には、ほぼ直球のみで20勝9敗の成績をマークする。新人王にもなった。

ともに過ごした時期はわずか八ヵ月。それでも入学時からレギュラーだった高田は高校、プロで球速160キロとも言われた直球を体感する。

尾崎は七三年オフに現役引退する。プロ十二年で364登板、107勝83敗の成績を残した。十三年六月十三日、肺がんのため世を去った。生前、取材をした朝日放送（ABC）アナウンサー・伊藤史隆に語っている。

「最近のピッチャーはダメだ。ストレートの種類がなさ過ぎる。思いっきり腕を振る、コースを狙うなどアクセントをつけない。高めと低め、外角と内角、速いと遅いなどを組み合わせて、本当はストレートだけでもバラエティー豊かにしないといけないんだけどな」

伊藤は阪神などの野球中継の実況を三十年以上も続け、ゆったりとした語り口も含め、関西ではナンバー1のスポーツアナになった。その伊藤に尾崎は本音をぶつける。

直球にこだわりを持っていた尾崎もまた不世出の右腕だった。

三人目の山口はその尾崎の言葉に反する。

高田に残る五歳下の山口の強い印象は、高めの直球一種類のみだった。視力が効き、腕を伸び切らさずにたため、もっとも力がこもる領域にボールは来た。ホームランコースである。スイングするのはバッターの本能。近鉄・羽田耕一が監督・西本幸雄の指示を出した円陣に参加できず、平手打ちを受けたのは同ポイントの空振りが原因だった。

江夏は言う。

「あそこに放るのは勇気がいるんだよな。高めに投げて、一つ間違えれば遠くに飛ばされる。手を出してもらえなかったらフォアボールになる」

目から遠く、腕が届きにくい、結果的に打ち取りやすい原点の外角低め、アウトローではなかった。投手の鉄則を無視して、山口はもっとも怖いゾーンに敢然と白球を投げ込む。その剛速球に打者はフルスイングで応えた。

そしてバットは空を切る。

国民栄誉賞を受賞した広島の鉄人・衣笠祥雄は評する。

「高めの見極めができなかったよね。勢いに引きずり込まれて行った。振っちゃダメだったけど振らされちゃったよね」

そのボールは太平洋を越えてシカゴ・カブスの藤川球児に受け継がれている。

山口には、高田や王をはじめとするプロ野球の大打者を今でも魅了する、江夏のような速さと制球の奇跡的並立はなかった。尾崎が話したような真っ直ぐにつける変化もない。ハイストレートだけが存在した。

それでも背番号14の躍動は、古希に近づいた高田をはじめ、プロ、アマ問わず対戦した打者、投げ合った投手、そして何よりファンの脳裏に深く刻みこまれている。

江夏、尾崎もすごかった。

山口高志もまた伝説である。

あとがき

山口高志さんを書かせてもらう野望は突然現実になりました。

二〇一三年五月、私の初の著書が世に出た夜、朝日放送アナウンサーの伊藤史隆さんがお祝いに一席設けてくれました。伊藤さんは関西地区で平日夕方放送の報道・情報番組「キャスト」のメインキャスターをしています。宴なかばで次作の相談をしました。スポーツを含めた世事に造詣が深く、バランス感覚に富む人の口から出た名前が「山口高志」でした。

「プロ野球投手として光を浴びたのは四年だが、最速男と呼ばれるなど記憶に残っている。コーチとしても藤川球児らを育てた。選手、指導者として二重に素晴らしい。読んでみたい」

スポーツ新聞記者時代から、取材対象者だった山口さんには可愛がってもらい心安くはありました。しかし、現役の阪神タイガース一軍投手コーチです。承諾を得るのは難しいと思いました。それでも忙しい中、一週間後に阪神甲子園駅の「にし

「むら珈琲」で会ってくれました。用件を聞いた後、いつもオーダーする、ほどよい苦みの利いたアイスコーヒーを飲み干して言いました。

「お世話になります。これからよろしく」

そして、甲子園球場でのチームトレーニングに合流していきました。


山口さんとの思い出は常に山口さんが好きな美食と絶景がつきまといます。阪神の沖縄キャンプでは金武《きん》の海兵隊基地、キャンプ・ハンセン前にあるメキシカン・レストラン「ゲートワン」で通常の倍はある大きなハンバーガーを買い、海を見ながら並んで座って食べました。パテからしみ出す濃厚な肉汁を舌で受け、東シナ海の群青色に曇天の白灰色のコントラストを目で感じました。晴天の南西の島々しか知らなかった私にとって、その対比は今でも鮮やかな記憶です。甲子園や鳴尾浜球場へのウォーキングを兼ねた練習視察のお供では、西宮鳴尾の四川中華「鴻福門」の辛く痺れる麻婆豆腐、西宮北口の魚料理「磯浜」の酢のまろやかさが生きる松前寿司などと、甲山、六甲、摩耶の濃緑の山並み、夙川の透明な流れがセットでした。ごちそうになったおいしい食事に美しい風景、この本には生きていく上で心身に不可欠なものとともに、聞かせてもらった山口さんの思い出や野球哲学が詰まっています。

山口さんが阪急ブレーブスで選手として絶頂期を迎える頃、私は小学校の高学年でした。ラグビーをしていた私はテレビで見たピッチングをおぼろげながら覚えている程度です。人気ナンバー1の野球をしていた多くの同級生たちは、私たちの住まう地区が阪急沿線にあったため、「ブレーブス子供の会」に入り、西宮球場に応援に通っていました。迫力ある剛速球を夢中になって讃える彼らにとって山口さんは「神さま」でした。長じて私はその山口さんの評伝を書かせてもらえました。それは小学生の頃の私には思いもよらぬことでした。調べれば調べるほど、書けば書くほど、山口さんのすごさは私にも「神さま」の感覚を呼び起こさせました。

数年前、私にとって大切な人のお父上が不治の病で余命宣告を受けました。その時、「最後の思い出に」と話す先方の希望をかなえ、阪神対広島戦の甲子園チケットを手配してくれたのはほかならぬ山口さんでした。私はお願いする球団関係者に迷惑がかかる、などの理由でこの手の話は家族も含め、それまで一切取り次ぎませんでした。例外を考えた時、浮かんだのは山口さんの顔でした。入場券四枚はすぐ手元に届きました。

実は、山口さんは私にとって子供の頃から今日までずっと「神さま」だったのです。

そんな山口さんのために たくさんの人々が取材を快諾して、資料提供をしてくれました。歩んできた道の確かさを示しています。私は著者としてこの場を借りてお礼をお伝えします。

担当記者をしていた阪神は球団を挙げて協力してくれました。監督の和田豊さんをはじめ、首脳陣、選手、球団職員の方々には大変お世話になりました。取材設定や資料閲覧の手配をして下さったオリックス・バファローズ、埼玉西武ライオンズ、東北楽天ゴールデンイーグルス、横浜ＤｅＮＡベイスターズの広報部の協力もありました。

関西学生野球連盟前事務局長の中川八郎さん、元阪急ブレーブス球団職員の矢形勝洋さん、中日ドラゴンズ元スカウトの法元英明さん、毎日新聞元記者の村上清司さん、慶応義塾大学野球部ＯＢの福田修也さんらは重要資料を提供して下さいました。立命館大学硬式野球部監督の松岡憲次さん、ＮＨＫの伊藤綱太郎さん、朝日新聞社の宮田喜好さん、東京世田谷・桜神宮宮司の芳村正徳さん、スポーツライターの藤島大さんらによるサポートも大きな力になりました。

以前勤務していたスポーツニッポンのバックアップもありがたかったです。鈴木光さん、牧田大一さん、福澤孝哉さん、OBの松岡正明さん、近藤健さんは取材設定を含め細やかな配慮をしてくれました。特に先輩記者として、取材現場で数えきれないくらい面倒を見てもらった内田雅也さんには、資料提供や助言など実によくしてもらいました。大阪スポニチ3面の連載「追球」を担当している内田さんは野球への愛、情熱、知識を含め日本一のベースボール・コラムニストだと思っています。その敬愛する先輩に援助をしてもらえたのは私の誉れでした。

もちろん、出版元の講談社の鈴木章一さん、野﨑英彦さんによる献身的で的確な編集作業もこの本がより一層読みやすく、磨かれるためには不可欠でした。特に、鈴木さんの判断で伝統と実績に彩られた出版社の本として発刊できたことは、山口さんの輝かしさをさらに高めました。

読者のみなさまをはじめ、この本に関係したすべての方々に深く感謝いたします。

私は制作に携われ、とても幸せでした。

山口さん、本当にお世話になりました。ありがとうございました。

二〇一四年秋に　鎮　勝也

山口高志の今、これから

山口高志は二〇一五年シーズン終了をもって、阪神タイガース一軍投手コーチ（ブルペン担当）を退任した。

六十五歳だった。

プロ野球には四十一年の長きにわたって関わることができた。

七四年秋のドラフトで阪急ブレーブス（現オリックス・バファローズ）に1位指名され、七五年からプロの世界に入る。

所属球団は阪急、オリックス、阪神と変わったが、一度もプロ球界を離れることはなかった。阪急入団時に終身雇用契約を結んでいたとはいえ、コーチとしての才能がなければ、営業などに配置転換され、グラウンドから引き離されてしまう可能性もあった。長嶋茂雄、王貞治ら記録と同時に人気を博してきた選手ならまだしも、実質四年の盛りで現役を終えた選手としては稀有な例である。「そら、幸せやったよなあ。六十歳の定年を過ぎても、ユニフォームを着続けてこられたんやから」

その後、母校である関西大学の野球部アドバイザリースタッフに招聘された。八歳下の後輩監督・早瀬万豊《かずとよ》を助け、五十近くも歳の離れた後輩たちを毎日指導する。阪神退団後、大学生や高校生へのコーチングに必要な学生野球資格回復研修は受けている。

年が明けた一六年春、山口の朝は早く、そして一日は長くなる。

午前六時には起き、七時前には兵庫県西宮市にある自宅を出る。最寄りのさくら夙川駅からＪＲに乗る。大阪府の北東部にある高槻駅で下車。路線バスに乗り換える。向かう先は関大の高槻キャンパスだ。

緑濃い丘陵地にある大学施設は九一年に完成した。吹田市にある千里山キャンパスのグラウンドは改修工事などがあり、春先の練習は高槻が使われた。

現場に到着するのは八時三十分。能力別に三班に分かれ、順次グラウンドに顔を出す百人超の部員とキャッチボールをする。時にはノックを打ってやる。昼食はバックネット裏に作られた関係者用の小屋で摂る。練習終了は午後七時を過ぎる。ナイター設備に灯がともり、落ちるまでグラウンドを離れない。

「しんどさは年齢的にもある。せやけど、新たに生き甲斐をもらった。ありがたいことや。後輩たちを相手に好きな事をさせてもらっているんやからな」

関大のエース番号「11」を背負うのは阪本大樹だ。山口や阪神のエースだった村山実も付けていた。その背番号は三年生右腕に受け継がれている。大阪・履正社高校で甲子園を経験した阪本の身長は山口と同じ169センチ。速い腕の振りを軸に生み出される力強いボールは背丈とともに山口とかぶる。

「山口さんがすごいピッチャーだったことは知っていました。ウチの大学からプロに行った先輩は、村山さんや岩田さんなんかを含めてみんな知っています」

現役投手である阪神・岩田稔は近しい存在だ。「ミスター関大」と呼ばれた山口を二十歳の学生が認知しているのは、偉大さを指し示す。

阪本は山口から投球時の股関節の使い方をアドバイスされた。軸となる右足に溜めた力を着地した左足に伝える時、左腰外側の付け根に体重を乗せられれば、ボールの威力が増す。

「乗っている時にはストレートの質は全然違います。でもいつもできません」

山口は言った。

「投げている最中に体重を乗せようとしても無理。普段からその部分を含めた股関節のトレーニングをしておかんと。股関節を柔らかくすれば、力は乗ってくるようになる」

阪本はストレッチなどに時間を割くようになった。床に着けて前後させた両太ものの内側を伸ばすなど、山口の助言を取り込む。

「春のキャンプから、そこを注意するようになりました。山口さんは一つ一つの言葉に重みがあります。聞き入れないとダメだな、と思わすものを持っています」

二年生までは通算3勝2敗の成績だった。一六年の春シーズンから阪本は一戦目に投げる主戦となる。1カード目の京都大学、2カード目の同志社大学から計3勝を挙げ、早くも過去二年間分の勝ち星と並んだ。

監督の早瀬はアマ球界では有名な存在だ。岡山・作陽高校から入学。投手としてリーグ戦通算23勝15敗の成績を残し、社会人野球の名門・日本生命に入社した。選手、コーチ、監督すべての時期に都市対抗野球で優勝する。

一四年から職員として、母校の監督についた。一六年で三年目を迎える。山口の就任をよろこぶ。

「よく働いていただいています。特に野球の上手い下手ではなく、可愛い後輩としてまんべんなくみんなに関わってくださっているのがいいですね。これまで高いレベルで選手を見ておられるので、その色々な情報を少しずつ後輩たちに伝えていってくださればありがたいです」

早瀬は日本生命の監督を退任した後、仕事では島根支社長まで上りつめた。日本生命には当時、支社が107あり、そのポジションに就けば、次は社員七万人を統御する役員が視野に入る。早瀬のハイクラスのビジネス経験を通しても、山口は好もしく映る。

「山口さんはアドバイザーをお願いする前からも、年に二回ほど食事をしたりしていましたし、よく存じ上げていました。プロでの経験や穏やかなお人柄も含め、大学生の指導に携わるのには、まったく問題はありません。周りからは『同じピッチャー出身だから、やりにくくないか？』と聞かれますが、よく気も遣ってくださるし、そんなこともありません」

山口の性格は以前と変わらない。年長者やプロでの実績をタテに取って、物を言ったり、行動する傲慢さはない。

「来てまだわずかやし、あんまり言わんようにしてる。ピッチャーはオレやなくて監督が育ててきたしな。だから、邪魔をせんようにせんといかん。もちろん聞かれたら答えるけどな。今、感じているのは、後輩たちからテストされてるんやないんやろか、っていうことやな。長いことプロで何を勉強してきたんか、って」

山口は自身を形作ったプロにおいて、強烈に残っている思い出が二つある。

「阪急に入ってすぐに、四年連続で日本シリーズに行けたんはうれしかった。そのうち日本一に三回なれたんやからな。コーチになってからは、イチローや球児ら一流の選手と一緒にやれたことやなあ」

広島東洋カープ、読売ジャイアンツ（巨人）を二回破り、球団悲願の初の球界制覇のみならず、それを三回も達成できた。七八年のレギュラーシーズン終了後、腰痛を引き起こさなければ、四連続も可能だったろう。

プロ野球の現役生活を八年で終えた後は、阪急、そして球団譲渡されたオリックスでコーチに就任した。

イチローがオリックスに入団するのは九二年。現在、アメリカメジャーリーグ、マイアミ・マーリンズに所属する外野手のプロ一年目、山口は一軍投手コーチだった。三年目の九四年、当時のプロ野球新記録となるシーズン通算210安打を放つ。そして、不世出の選手に成長する。その姿をブルペンやベンチから目の当たりにしてきた。

「そら凄かったなあ。まだ元気やったころやから、バッティングピッチャーをやったんや。そしたらそのミート率に驚いた。どこに投げてもバットの芯でとらえるんやもんな。あんなバッター見たことない。すごい選手になるやろなあ、と思った。でも、ここまで長持ちするとはなあ。ほとんど大きなケガはしてへんもんな」

一六年、イチローは日米通算二十五年目のプロ野球シーズンを送っている。

山口は〇三年、阪神の二軍投手コーチになる。そして、藤川球児と出会う。軸となる右足を折らず、マウンドの傾斜を利用して、力いっぱい腕を振ることを教えた。山口と同じ剛速球投手が生まれる。

日本球界屈指のクローザーになった藤川は一三年、メジャーリーグに挑戦する。しかし、利き腕である右ヒジじん帯の移植手術（トミージョン）もあり、シカゴ・カブス、テキサス・レンジャーズに所属した約二年半は不本意だった。帰国後、独立リーグ、四国アイランドリーグｐｌｕｓの高知ファイティングドッグスを経て、一六年シーズンから古巣・阪神に戻る。

山口は一五年十月、球団から退任通告を受けた直後、藤川と食事を共にした。

「日本に帰ってきてから、初めて会った。ようここまでやったよなあ、ということや、何とか戦力になって頑張って、というような話をしたなあ」

年が改まった一六年、山口はデイリースポーツの臨時評論家として二月の沖縄・宜野座キャンプを視察。その時に先発に再転向した藤川のブルペンを見ている。

「珍しくコントロールで苦労しとったなあ。心と体がかみ合ってへん。ランナーが出ると、打たれたくない、という思いが強すぎて、フォームに影響が出とる。軸足を含めて崩れるのが早かった」

藤川は開幕を一軍で迎える。四月三日の横浜ＤｅＮＡベイスターズ戦では6回2安打無失点。〇三年九月十九日の巨人戦以来、４５８０日ぶりの先発勝利を記録する。しかし、次回登板の十日の広島戦では4回$\frac{1}{3}$で7失点。腰の違和感で十四日に一軍登録を抹消され、二軍落ちする。

「体や年を考えると、相手を0点に抑えるのはしんどい。6回を3点差以内で抑えるような感じで、もっとおおらかに行けば、自然と結果はついてくると思うけどな」

八〇年生まれの藤川は一六年で三十六歳になる。自身が引退したのは三十二歳の年だった。年齢的な観点からもクォリティー・スタート（QS）の意識を強く持つことを望んでいる。


山口はプロでの記憶を抱え、原点のアマに戻った。

目標がある。

「やるからには勝ちたいな。『関大ここにあり』っていうのを見せたい。神宮を驚かせたいよな。オレらがやったように」

大学四年生の七二年、六月の第21回大学選手権、十一月の第3回明治神宮大会を連覇した。初めて関西がメジャータイトルを独占する。春秋の関西六大学リーグ、さらに七月の第1回日米大学野球を含めると個人五冠を達成した。

望むのは、自分たちが成し遂げた「強い関大野球」の再来である。

その兆しはある。早瀬が監督に就任した一年目、一四年秋の関西学生リーグで39季ぶりに優勝。二枠しかない関西地区の代表決定戦も勝ち抜き、山口以来、42年ぶり4回目となる神宮大会に出場した。第45回大会では初戦となる二回戦で創価大学に1－2と惜敗したが、久しぶりに全国舞台で、胸に紺字で「KANSAI」と入ったグレーのユニフォームが躍動した。

山口は関西学生リーグの試合をスタンドから見る。連盟規定によりベンチには監督とコーチ二人しか入れないためだ。観戦のスタイルはネクタイを締め、ジャケットを着る。砂埃が舞い、直射日光が当たり、眩しく、暑い中、試合前後に選手指導をする可能性があるにもかかわらず、ジャージ姿ではない。

阪急入団の七五年、初めて自主トレに参加した時もスーツ姿だった。誰もがカジュアルな装いだったため、先輩遊撃手・大橋穣《ゆたか》はその正装が今でも忘れられない。

生真面目な性格は四十年以上たっても変わらない。

「コーチは見るのが大事。それが一番やろ。見ないと指導はできんからな」

真摯なまなざしの先に見据えるのは母校の復権だ。勝つことで自分の人生が豊かになったように、後輩たちにも同じ経験をしてもらいたい。

今、山口の胸は恩返しの思いであふれている。

文庫版あとがき

今回の文庫本化によって、山口高志さんというプロ野球の伝説に属する人の生き方が、また新たにたくさんの方々に読み継がれていくかと思うと、著者としてよろこびと感謝の気持ちでいっぱいになります。

山口さんは自身のことが書籍化される前も後も、私に対する態度はまったく変わりません。いつも同じで優しく思い遣りがあります。

散歩に誘ってもらった後のランチはいつもおごりです。飲酒を兼ねた夜の食事の支払いも山口さんです。私の好物を満腹になるまで食べさせてくれます。阪神西宮駅前の洋食「甲南亭グリル」ではハンバーグと海老フライ、焼肉「三千里」ではテッチャンなどのホルモンが山盛りで、私は幸せな気分になります。

いつも話に出て来るのは、長い付き合いのある人たちです。山口さんは仲間を大事にします。神戸市立神港高校、関西大学、松下電器（現パナソニック）、そしてプロ球界……。私はたかだか十五年ほどのお付き合いですが、本を書かせてもらったこともあり、仲間のはしくれと認めて下さっているのかもしれません。

特に大学時代のことは頻出します。プロと違い、四年間という限定された時間の中で、個人五冠を達成した充実感があるのでしょう。楽しそうに話します。

仲間たちも山口さんを大切にしています。二〇一五年にあった創部100周年記念パーティーでは、同期の橋本治三《はるみつ》さんが、個人でこの本のハードカバー版を400冊買い上げ、手土産として関係者に持たせました。共同通信の川上克秀さんは山口さんより十学年近く下の野球部の後輩です。私は上京するたびに、川上さんに五反田の焼とん酒場「かね将」、中目黒のそば処「㐂道庵」など地元の名店で飲み食いさせてもらっています。先輩・山口さんへの尊敬や感謝を、まだ手のかかる私に向けてくれているような気がしています。

私が「バンカラ」なイメージを持つ関西大学には、連帯感を強める何かがあるのかもしれません。その野球部のアドバイザーに山口さんが就任しました。チームスポーツに必要な結束力がこれまで以上についていくのでしょう。

たくさんの仲間がいる山口さんの前途は明るい。

大学野球界に再び「関大旋風」が起こるのを願ってやみません。

どうかご奮闘を。

二〇一六年春に　鎮　勝也

本書は二〇一四年一〇月、小社より刊行された『伝説の剛速球投手　君は山口高志を見たか』を文庫収録にあたり、加筆、修正したものです。

鎮 勝也－1966年、大阪府大阪市生まれ。スポーツライター。大阪府立摂津高校、立命館大学産業社会学部卒。デイリースポーツ、スポーツニッポン新聞社で整理、取材記者を経験する。スポーツ紙記者時代は主にアマ・プロ野球とラグビーを担当。野球は久保康生、藪恵壹、山田正雄各氏、ラグビーは坂田好弘氏に師事する。著書に『花園が燃えた日』（論創社）がある。

講談社＋α文庫 君《きみ》は山口《やまぐち》高志《たかし》を見《み》たか
――伝説の剛速球投手
鎮《しずめ》 勝也《かつや》

2016年7月20日第1刷発行

発行者――――鈴木 哲
発行所――――株式会社 講談社
東京都文京区音羽2-12-21 〒112-8001
電話 編集(03)5395-3522
販売(03)5395-4415
業務(03)5395-3615
デザイン――――鈴木成一デザイン室
カバー印刷――――凸版印刷株式会社
印刷――――凸版印刷株式会社
製本――――株式会社国宝社

落丁本·乱丁本は購入書店名を明記のうえ、小社業務あてにお送りください。送料は小社負担にてお取り替えします。
なお、この本の内容についてのお問い合わせは
第一事業局企画部「＋α文庫」あてにお願いいたします。
Printed in Japan ISBN978-4-06-281674-8
定価はカバーに表示してあります。

講談社+α文庫 Ⓖビジネス・ノンフィクション

日本をダメにしたB層の研究	適菜収	いつから日本はこんなにダメになったのか？ ——「騙され続けるB層」の解体新書	630円 G 259-1
Steve Jobs スティーブ・ジョブズ I	ウォルター・アイザックソン 井口耕二 訳	あの公式伝記が文庫版に。第1巻は幼少期、アップル創設と追放、ピクサーでの日々を描く	850円 G 260-1
Steve Jobs スティーブ・ジョブズ II	ウォルター・アイザックソン 井口耕二 訳	アップルの復活、iPhoneやiPadの誕生、最期の日々を描いた終章も新たに収録	850円 G 260-2
ソトニ 警視庁公安部外事二課 シリーズ1 背乗《はいの》り	竹内明	狡猾な中国工作員と迎え撃つ公安捜査チームの死闘。国際諜報戦の全貌を描くミステリ	800円 G 261-1
完全秘匿 警察庁長官狙撃事件	竹内明	初動捜査の失敗、刑事・公安の対立、日本警察史上最悪の失態はかくして起こった！	880円 G 261-2
僕たちのヒーローはみんな在日だった	朴一	なぜ出自を隠さざるを得ないのか？ コリアンパワーたちの生き様を論客が語り切った！	600円 G 262-1
モチベーション3・0 持続する「やる気！《ドライブ！》」をいかに引き出すか	ダニエル・ピンク 大前研一 訳	人生を高める新発想は、自発的な動機づけ！ 組織を、人を動かす新感覚ビジネス理論	820円 G 263-1
人を動かす、新たな3原則 売らないセールスで、誰もが成功する！	ダニエル・ピンク 神田昌典 訳	『モチベーション3・0』の著者による、21世紀版「人を動かす」！ 売らない売り込みとは!?	820円 G 263-2
ネットと愛国	安田浩一	現代が生んだレイシスト集団の実態に迫る。反ヘイト運動が隆盛する契機となった名作	900円 G 264-1
モンスター 尼崎連続殺人事件の真実	一橋文哉	自殺した主犯・角田美代子が遺したノートに綴られた衝撃の真実が明かす「事件の全貌」	720円 G 265-1

＊印は書き下ろし・オリジナル作品

表示価格はすべて本体価格（税別）です。本体価格は変更することがあります

講談社+α文庫 Ⓖビジネス・ノンフィクション

アメリカは日本経済の復活を知っている　浜田宏一
ノーベル賞に最も近い経済学の巨人が辿り着いた真理！ 20万部のベストセラーが文庫に　720円 G 267-1

警視庁捜査二課　萩生田勝
権力のあるところ利権あり——。その利権に群がるカネを追った男の「勇気の捜査人生」！　700円 G 268-1

角栄の「遺言」「田中軍団」最後の秘書 朝賀昭　中澤雄大
「お庭番の仕事は墓場まで持っていくべし」と信じてきた男が初めて、その禁を破る　880円 G 269-1

やくざと芸能界　なべおさみ
「こりゃあすごい本だ！」——ビートたけし驚嘆！ 戦後日本「表裏の主役たち」の真説！　680円 G 270-1

*世界一わかりやすい「インバスケット思考」　鳥原隆志
累計50万部突破の人気シリーズ初の文庫オリジナル。あなたの究極の判断力が試される！　630円 G 271-1

誘蛾灯 二つの連続不審死事件　青木理
上田美由紀、35歳。彼女の周りで6人の男が死んだ。木嶋佳苗事件に並ぶ怪事件の真相！　880円 G 272-1

宿澤広朗 運を支配した男　加藤仁
天才ラガーマン兼三井住友銀行専務取締役。日本代表の復活は彼の情熱と戦略が成し遂げた！　720円 G 273-1

巨悪を許すな！ 国税記者の事件簿　田中周紀
東京地検特捜部・新人検事の参考書！ 伝説の国税担当記者が描く実録マルサの世界！　880円 G 274-1

南シナ海が〝中国海〟になる日 中国海洋覇権の野望　ロバート・D・カプラン 奥山真司 訳
米中衝突は不可避となった！ 中国による新帝国主義の危険な覇権ゲームが始まる　920円 G 275-1

打撃の神髄 榎本喜八伝　松井浩
イチローよりも早く1000本安打を達成した、神の域を見た伝説の強打者、その魂の記録。　820円 G 276-1

*印は書き下ろし・オリジナル作品

表示価格はすべて本体価格（税別）です。本体価格は変更することがあります

電通マン36人に教わった36通りの「鬼」気くばり
ホイチョイ・プロダクションズ
博報堂はなぜ電通を超えられないのか。努力しないで気くばりだけで成功する方法
460円 G 277-1

映画の奈落 完結編 北陸代理戦争事件
伊藤彰彦
公開直後、主人公のモデルとなった組長が殺害された映画をめぐる迫真のドキュメント！
900円 G 278-1

誘拐監禁 奪われた18年間
ジェイシー・デュガード 古屋美登里 訳
11歳で誘拐され、18年にわたる監禁生活から救出された女性の全米を涙に包んだ感動の手記！
900円 G 279-1

真説 毛沢東 上 誰も知らなかった実像
ユン・チアン ジョン・ハリデイ 土屋京子 訳
建国の英雄か、恐怖の独裁者か。『ワイルド・スワン』著者が暴く20世紀中国の真実！
1000円 G 280-1

真説 毛沢東 下 誰も知らなかった実像
ユン・チアン ジョン・ハリデイ 土屋京子 訳
『ワイルド・スワン』著者による歴史巨編、閉幕！〝建国の父〟が追い求めた超大国の夢は——
1000円 G 280-2

ドキュメント パナソニック人事抗争史
岩瀬達哉
なんであいつが役員に？ 名門・松下電器の凋落は人事抗争にあった！ 驚愕の裏面史
630円 G 281-1

メディアの怪人 徳間康快
佐高信
ヤクザで儲け、宮崎アニメを生み出した。夢の大プロデューサー、徳間康快の生き様！
720円 G 282-1

靖国と千鳥ケ淵 A級戦犯合祀の黒幕にされた男
伊藤智永
「靖国A級戦犯合祀の黒幕」とマスコミに叩かれた男の知られざる真の姿が明かされる！
1000円 G 283-1

君は山口高志を見たか 伝説の剛速球投手
鎮勝也
阪急ブレーブスの黄金時代を支えた天才剛速球投手の栄光、悲哀のノンフィクション
780円 G 284-1

ひどい捜査 検察が会社を踏み潰した
石塚健司
なぜ検察は中小企業の7割が粉飾する現実に目を背け、無理な捜査で社長を逮捕したか？
780円 G 285-1

＊印は書き下ろし・オリジナル作品

表示価格はすべて本体価格（税別）です。本体価格は変更することがあります